象棋名局精解系列

屏风马横车名局精解

吴雁滨 编 著

时代出版传媒股份有限公司
安徽科学技术出版社

图书在版编目(CIP)数据

屏风马横车名局精解 / 吴雁滨编著.--合肥:安徽科学技术出版社,2019.1(2023.4重印)
(象棋名局精解系列)
ISBN 978-7-5337-7467-7

Ⅰ.①屏…　Ⅱ.①吴…　Ⅲ.①中国象棋-对局(棋类运动)-研究　Ⅳ.①G891.2

中国版本图书馆 CIP 数据核字(2018)第 000258 号

屏风马横车名局精解　　　　　　　　　　　　　　　　吴雁滨　编著

出 版 人:丁凌云　　选题策划:倪颖生　　责任编辑:倪颖生　王爱菊
责任校对:邵　梅　　责任印制:梁东兵　　封面设计:吕宜昌
出版发行:安徽科学技术出版社　　　　http://www.ahstp.net
　　　　　(合肥市政务文化新区翡翠路 1118 号出版传媒广场,邮编:230071)
　　　　　电话:(0551)63533330
印　　制:唐山富达印务有限公司　　　　电话:(022)69381830
(如发现印装质量问题,影响阅读,请与印刷厂商联系调换)

开本:710×1010　1/16　　　印张:14　　　字数:252 千
版次:2023 年 4 月第 2 次印刷

ISBN 978-7-5337-7467-7　　　　　　　　　　　　定价:58.00 元

前　　言

　　本书主要介绍中炮过河车对屏风马平炮兑车——红进七路马对黑起右横车变例的各种对局评注,简称"屏风马横车名局精解"。屏风马横车布局是中炮过河车对屏风马平炮兑车的重要组成部分,最早出现于 20 世纪 70 年代后期。以后,经过言穆江大师加以论证、总结,得到越来越多棋手的认可。屏风马横车阵法侧重对攻,为广大攻击型棋手所喜用,国内一些顶尖高手如许银川、赵鑫鑫、徐天红、蒋川、王斌等都非常精通此类布局,其已成为他们攻城掠地的重要法宝之一。特别是近几年,为了减少和棋,提高象棋的观赏性,在各种比赛中试行"和棋黑胜""赢棋得 3 分,和棋各得 1 分,输棋不得分"等规则,使此类对攻型布局更加受到广大棋手的青睐。本书精选了一些象棋特级大师、大师和诸多名手的精彩对局 110 余局,并做了详细的评注,以期帮助象棋爱好者研读并掌握这类布局的技巧,提高象棋实战水平。

　　由于作者水平有限,书中难免错漏之处,恳请读者批评指正。

吴雁滨

标准着法示例

1. 炮二平五　马8进7

2. 马二进三　车9平8

3. 车一平二　马2进3

4. 兵七进一　卒7进1

5. 车二进六　炮8平9

6. 车二平三　炮9退1

7. 马八进七　车1进1

基本图形示意

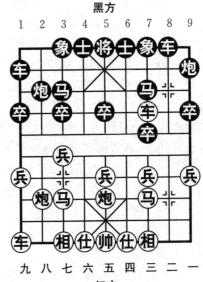

黑方

1　2　3　4　5　6　7　8　9

九　八　七　六　五　四　三　二　一

红方

本书着法分类

		第1—7回合	第8回合	第9回合	第10回合
第一章	左马盘河	1.炮二平五 马8进7	马七进六 ⋮	⋮	⋮
第二章	进中兵	2.马二进三 车9平8	兵五进一 ⋮	⋮	⋮
第三章	动车、 过河炮类	3.车一平二 马2进3	车三平四 ⋮	⋮	⋮
第四章	车换马炮	4.兵七进一 卒7进1	炮八平九 车1平6	车九平八 ⋮	⋮
第五章	马跃河头	5.车二进六 炮8平9		马七进六 ⋮	⋮
第六章	起横车	6.车二平三 炮9退1		车三退一 炮2平1	车九进一 ⋮
第七章	平车八路	7.马八进七 车1进1		车三退一 炮2平1	车三平八 ⋮

目　　录

第一章 左马盘河

第1局 香港赵汝权（红先负）广东许银川

（1998年4月7日弈于广西桂林）

本局选自1998年第9届"银荔杯"象棋全国冠军赛第2轮。

1. 炮二平五	马8进7	2. 马二进三	车9平8
3. 车一平二	马2进3	4. 兵七进一	卒7进1
5. 车二进六	炮8平9	6. 车二平三	炮9退1
7. 马八进七	车1进1		

黑起右横车与红方展开激烈对攻,黑此着如改走士4进5,则形成最流行的变化。中炮过河车进七兵（红跳七路马）对屏风马平炮兑车的两大变化就是黑起右横车和补右士,这两种变化一奇一正,奇正相生,右横车侧重对攻,补右士则非常稳健,犹如花开两朵,各表一枝。棋手们根据自己的喜好,或选择右横车,或选择补右士,真是仁者见仁,智者见智,推动象棋布局不断向前发展。

8. 马七进六 ……

此局面下,象棋大师言穆江在其所著的《象棋攻防战术》一书的第一章第一局中对红方左马盘河的攻法详加分析,各种变例基本都是黑优,说明马七进六容易失先,不是理想的进攻之着。

8. …… 车1平4

黑平右肋车捉马直接挑起战斗,效果比平左肋车要好。

9. 马六进四 ……

红此着除马六进四外,还有马六进五、六进七、炮八进二等各种变化。

9. …… 车8进2

升车保马,攻守兼备。

10. 兵五进一 ……

此着红方选择炮八平七的比较多。

10. ……	炮9平7	11. 车三平四	炮7平5

黑方先走炮9平7打车,再平中炮进行对攻,次序井然。

12. 炮八平七   马7进6   13. 车四退一 ······

退车吃马,正着。红此着如改走车九平八捉炮,黑则马6进4,车八进七,马4进3,黑得子大优。

13. ······   车4进5

黑兑去红马后,红方攻势已消,现黑进车兵线,控制战略要地,局面已呈反先之势。

14. 车九平八   炮5进4!

妙棋!针对中兵浮起的弱点,抓住机会立即出手反击。

15. 仕四进五   车8平4(图1-1)   16. 马三进五 ······

如图1-1形势,实战红方续走马三进五解杀。除此之外,红方另有三种应着:

(1)炮七平六,后车平6!车四平三,象7进5,车三进三(红如车三退一,则炮2进3,黑优),炮2进4,车三平七,马3退5,车七退二,卒5进1,车七平三,车6平7!车三进一,马5进7,兵三进一,士6进5,黑控制局面占优。

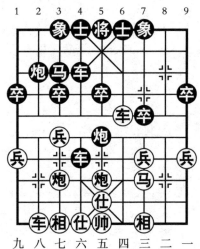

图1-1

(2)相七进九,后车平6!车四进二,炮2平6,兵七进一,车4平3,车八进四(红如兵七进一,则车3进1,兵七进一,象7进5,车八进四,卒5进1,帅五平四,士6进5,兵七进一,车3退1!黑优),卒3进1!车八平五,炮6平5,车五平四,车3进1,黑优。

(3)帅五平四,后车平6!车四进二,炮2平6,兵七进一,马3退5!兵七进一(红如炮五进四,黑则马5进3!杀个回马枪,红难解黑平车叫将和马吃中炮的双重打击,黑大优),马5进6,帅四平五,象7进5,炮五进一,卒7进1!兵三进一,马6进7,炮五退一,车4平3,车八进四,卒5进1,炮七平六,炮6平7,马三退一,车3平6控制将门,黑胜势。

16. ······   炮5进2   17. 相三进五   炮2平1

黑平边炮避免交换,正着。黑如改走前车平5吃马交换,形势反而不如红方;黑又如改走炮2进4封车,红则马五进六,黑立刻陷入两难境地:退马吧,形势落后;交换吧,又容易和棋。至此,黑多卒略先。

18. 马五退三   前车平7   19. 车八进七   炮1进4

炮打边兵,黑已净多3个卒。许银川的老师杨官璘老先生常说"棋大双兵可胜",许银川不但深得其真传,而且"青出于蓝胜于蓝"。

20. 兵七进一 车 7 平 3 **21.** 兵七进一 车 3 退 3

22. 炮七进五 炮 1 平 3!

精妙之着。此局面下,一般棋手多走车 4 平 3 吃炮,红兑去车后,黑虽占优但易和。

23. 炮七退四……

红此着选择一车换双,争取和棋,但实战效果并不理想。红如改走车四平三吃卒,黑则炮 3 退 4,相七进九(红如车八退三,则车 4 进 6,相七进九,炮 3 平 5,马三进四,车 3 进 3,车三进四,车 3 平 9,黑优;红又如改走车八退四,黑则象 3 进 5,车三进一,车 3 进 4,车三平五,车 4 进 6,相七进九,车 3 平 1,黑优),象 3 进 5,车三进一,车 4 进 4,兵一进一,炮 3 退 1,黑优。

23. …… 车 4 平 2 **24.** 炮七平五 象 3 进 5

25. 车四平三 士 4 进 5 **26.** 车三平四 车 2 进 4

27. 兵一进一 车 2 平 3(图 1-2)

如图 1-2 形势,黑方联起霸王车,兑子时就能占便宜。棋谚云"重叠车,兑子偏宜",这里的重叠车,指的就是霸王车。

28. 炮五平一 前车退 2

退车邀兑,正着。黑方不宜改走前车平 7 捉马,因为红可接走炮一进三打卒,黑如卒5 进 1,则炮一平九,卒 5 进 1,炮九退四,容易成和。结果同样有可能是和棋的局面,高明的棋手就选择对方不易守和的定式,给对方守和增加难度,换句话说,提高己方的胜率。

29. 车四平七 ……

红方选择兑车,以后必定形成"马炮仕相全对车双卒"的残局定式,这种局面只有

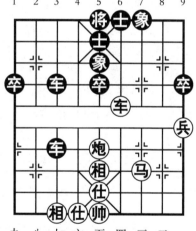

图 1-2

苦守,而且在一马换不到一卒时很有可能是负局,还不如退车防守和棋机会多。

29. …… 象 5 进 3!

用象吃车,好棋。黑车坚守在卒林线,等红炮打边卒后,立即挺中卒反捉抢先。

30. 炮一进三 卒 5 进 1 **31.** 炮一退一 ……

红当然不能改走炮一平九以炮换卒,因为马仕相全是守不和车高卒的。

31. ……	卒 5 进 1	**32.** 马三进一	象 3 退 5
33. 马一退二	卒 5 平 6	**34.** 马二进三	车 3 进 1

黑车巡河,使红马前进无路。

35. 马三退一	卒 1 进 1	**36.** 炮一进一	卒 1 进 1

双卒过河,已形成例胜局面。

37. 马一进二	车 3 平 8	**38.** 马二退三	卒 6 平 5
39. 马三进一	卒 1 进 1	**40.** 马一进三	卒 5 平 6
41. 炮一平九	车 8 平 7		

平炮顶马,正着,黑如改走卒 6 平 7 以卒换马,红炮仕相全刚好能守和车卒。

42. 马三退四	车 7 进 3	**43.** 炮九平六	卒 1 平 2
44. 炮六退四	卒 6 进 1	**45.** 马四退三	车 7 进 1
46. 炮六退一	车 7 退 1	**47.** 炮六进一	车 7 进 1
48. 炮六退一	车 7 退 1		

双方形成"两打一还打",红方"两打"必须变着,不变判负。

49. 炮六平七	卒 2 进 1	**50.** 马三进一	车 7 平 8
51. 马一退三	车 8 平 7	**52.** 兵一进一	卒 2 进 1
53. 炮七进一	车 7 进 1	**54.** 炮七平九	卒 6 平 5
55. 兵一平二	卒 2 平 3		

红马被困,黑下一步卒 3 平 4 塞相眼再中卒吃相威胁底马,红防线崩溃,赵汝权见败局已定,推枰认负。

第 2 局　浙江俞云涛(红先负)江苏王斌

(2005 年 9 月 4 日弈于浙江嘉兴)

　　2005 年"三环杯"浙江省象棋公开赛第 6 轮比赛,全国农运会冠军浙江俞云涛对阵江苏特级大师王斌,王斌祭出江苏队的"镇山宝"屏风马右横车与农运会冠军展开激烈对攻。

1. 炮二平五	马 8 进 7	**2.** 马二进三	马 2 进 3
3. 车一平二	车 9 平 8	**4.** 兵七进一	卒 7 进 1
5. 车二进六	炮 8 平 9	**6.** 车二平三	炮 9 退 1
7. 马八进七	车 1 进 1	**8.** 马七进六	车 1 平 4
9. 马六进五	……		

红用马六进五踩中卒的变化来应对,看来俞云涛要用新招来试试王斌的应

变能力。

　9.……　　　马7进5　　　　**10.** 炮五进四　马3进5

　11. 车三平五　炮2平5　　　**12.** 仕六进五　……

　上左仕败着,岂不闻"避车锋宜背补"的古棋谚?此着选择相七进五好一些,就是选择仕四进五,也好于仕六进五。

　12.……　　　车4进7!

　对方开门揖盗,哪有不入之理!黑进车卡住红方咽喉重地,红败局已定。

　13. 车五平一　炮9平5

　重炮对准红帅,准备发动攻击。

　14. 炮八进四　车8进9!(图2-1)

　如图2-1形势,黑方马口献车,石破天惊!算定红方不敢退马吃车,否则中路重炮杀,黑胜。

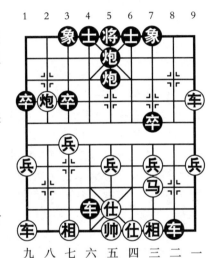

图 2-1

　15. 车一平六　……

　红平车邀兑,意图缓解局势,但已经来不及了。

　15.……　　　后炮进5!

　弃炮打兵,再出妙手!

　16. 马三进五　……

　只好吃炮。红如改走相三进五,黑则后炮进5打相绝杀,黑胜。

　16.……　　　车4平5!

　大胆穿心,红不能仕四进五吃车,否则黑车8平7杀。

　17. 帅五平六　车5进1　　　**18.** 帅六进一　车8退1

　19. 马五退四　……

　退马送吃,无奈之着。红如改走帅六进一,黑则车5平4照将,马五退六,车4退1,帅六平五,车8退1,连将杀,黑速胜。

　19.……　　　车8平6　　　**20.** 帅六进一　车5平4!

　平车叫将,打个顿挫后再吃仕,使红帅在中路,起不到助攻作用,减少不必要的麻烦。

　21. 帅六平五　车4平6

　红方双仕尽失,无法抵挡黑双车炮的强烈攻势,遂停钟认负。

　此局短小精悍,黑方妙手迭出,攻杀犀利,值得观赏。

第3局　河南蒋俊鹏(红先负)河南刘欢

(2008年6月28日弈于河南荥阳)

本局选自2008年荥阳"楚河汉界杯"象棋棋王争霸赛第2轮。

1. 炮二平五	马8进7	2. 马二进三	车9平8
3. 车一平二	卒7进1	4. 车二进六	马2进3
5. 兵七进一	……		

红如改走马八进七,黑应以卒3进1,则形成非常流行的"中炮过河车正马对屏风马两头蛇"布局。

5. ……	炮8平9	6. 车二平三	炮9退1
7. 马八进七	车1进1	8. 马七进六	车1平4
9. 马六进七	车4进6	10. 炮八进四	车4平2
11. 炮八平五	马7进5	12. 炮五进四	马3进5
13. 车三平五	炮9平5(图3-1)		
14. 相七进五	……		

红如改走马七进八做杀,黑则车2平4,仕六进五,车4退6,车五平八,车4平2,兵七进一,车8进2,黑多子大优。

14. ……　　　　炮2平5

黑此着也可改走车8进7捉马,红如接走马三退五,则炮2平5,车五平一,后炮进5,车一平五,车2退1,马七进五,象3进5,车五平四,车8退1,兵九进一(红如车四退三,则卒7进1,黑大优),车8平7,黑当头炮镇住红窝心马,黑大优。

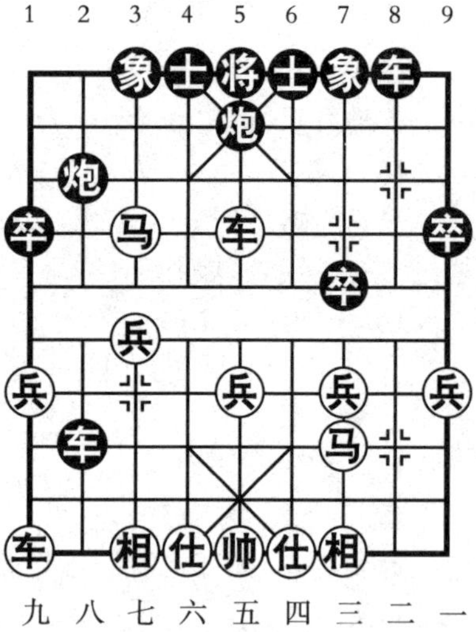

15. 车五平六　　车8进7

16. 仕六进五　　后炮平9

卸窝心炮,正着。黑不可改走车8平7吃马,否则红车九平六双车并线做杀,前炮进5,相三进五,炮5进6,仕五进四,士6进5,前车退四,车2退4,马七退六,车7平6,前车平五,红得子优。

17. 车九平六	士4进5	18. 前车平一	炮5平9
19. 车一平五	车8平7	20. 车六进五	车2进2

图3-1

21. 车六退五 车 2 退 3

沉车叫将后再退车,抢了一步。

22. 车六进五 后炮进 5 **23.** 帅五平六 ……

出帅,自找死路,红可改走马七退六,黑虽多子占优,但不致立即崩溃。

23. …… 车 2 进 3 **24.** 帅六进一 前炮进 2

25. 仕五进四 车 7 进 1 **26.** 仕四退五 车 7 退 2

27. 仕五进四 后炮平 5

黑应改走车 7 进 2,仕四退五,车 7 进 1 带将军抽相,仕五进四,车 7 退 1,待红仕四退五后再走后炮平 5,会赢得更轻松。

28. 车六进三 车 7 进 2 **29.** 仕四退五 车 2 退 1

30. 帅六退一 车 7 平 5!

已成绝杀之势,黑胜。

第 **4** 局 湖北胡远茂(红先负)江苏言穆江

(1981 年 9 月 19 日弈于温州)

这是 1981 年全国象棋个人赛湖北胡远茂与江苏言穆江大师的对局。言穆江大师精于屏风马右横车布局,对此类布局的全面发展做出了不可磨灭的贡献。

1. 炮二平五 马 8 进 7

2. 马二进三 车 9 平 8

3. 车一平二 马 2 进 3

4. 兵七进一 卒 7 进 1

5. 车二进六 炮 8 平 9

6. 车二平三 炮 9 退 1

7. 马八进七 车 1 进 1

8. 马七进六 车 1 平 4

9. 炮八进二 卒 3 进 1(图 4-1)

10. 相七进九 ……

如图 4-1 形势,红实战续走飞边相,软着。不如改走马六进四或炮五平六较有发展,详变如下:

(1)马六进四,炮 9 平 7,马四进三,炮 7 进 2,前马进二,卒 3 进 1,炮八退三,车 4 进

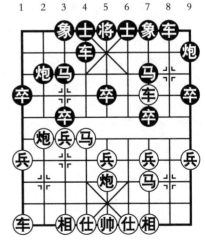

图 4-1

7,炮八平九,卒 7 进 1,车九平八,炮 2 进 3,炮五平七,双方对攻激烈。

(2)炮五平六,车 4 平 6,车三退一,象 3 进 5(当然黑方也可选择卒 3 进 1 或车 6 进 1,另有变化),车三进二,卒 3 进 1,马六进五!马 3 进 4,车三退三,卒 3 平 2,车三平六,车 8 进 3,车六进一,车 8 平 5,车六平八,炮 2 平 4,车八退一,车 6 进 5,相七进五(红如改走车八平三保兵,黑可炮 4 进 7 轰仕,帅五平六,车 5 平 4,仕四进五,炮 9 平 4,帅六平五,炮 4 进 6,黑有攻势),车 6 平 7,车八平三,红略先。

10. ……   炮 9 平 7

11. 车三平四   马 3 进 4!

跃马蹬车,妙着!黑方开始强烈反攻。

12. 炮五平六   马 4 退 6   **13.** 炮六进六   车 8 进 7!

14. 马三退五   炮 2 平 5!   **15.** 马五进七   卒 7 进 1!

黑连环三手,重拳出击,先进车逼退红马,再平中炮要打中兵,然后弃 7 卒攻红右侧空门,红只有招架之功,没有还手之力。

16. 兵七进一   ……

红如改走兵三进一,黑则马 6 进 7,炮八退二,车 8 退 3,兵七进一,后马进 6!马六进四(红如相三进一,则马 6 进 4,马七进六,马 7 进 6,黑胜势),炮 7 进 8,仕四进五,车 8 平 6,黑大优。

16. ……   卒 7 进 1   **17.** 炮八平七   象 3 进 1

18. 炮六平九   卒 7 平 6   **19.** 车九平八   卒 6 平 5

20. 相三进五   前卒进 1

进卒吃相后黑优势已经非常明显。

21. 马六进七   马 6 进 7   **22.** 车八进一   前马进 6

23. 车八平四   马 7 进 6   **24.** 炮九进一   将 5 进 1

25. 前马进五   象 7 进 5   **26.** 炮九平四   车 8 进 2

黑应改走炮 7 进 8,仕四进五,炮 7 平 9,炮四退七,车 8 进 2,仕五退四,车 8 退 1,仕四进五,车 8 平 6,炮七平四,车 6 平 8,后炮进三,车 8 进 1,后炮退四,车 8 退 5 抽炮,黑胜定。

27. 马七进五?   ……

进马劣着,导致速败。红如改走炮四退七打马,黑则马 6 进 7,炮四平三,炮 7 进 6,车四平三,前卒平 6,马七进五,马 7 进 9,车三平一,炮 7 进 2,仕四进五,炮 7 平 4,仕五退四,马 9 退 7,帅五平六,车 8 平 6,帅六进一,车 6 平 2,炮七退三,车 2 退 1,帅六退一,马 7 进 5,炮七平五,车 2 进 1,帅六进一,马 5 退 3,马五退七,车 2 退 2,黑胜定。

27. ……   炮 7 进 8   **28.** 仕四进五   炮 7 退 1!

红认负。下面续着是仕五退四,卒 5 进 1!仕六进五,炮 7 进 1 闷杀,黑胜。

第二章 进 中 兵

第 5 局　浙江于幼华（红先和）广东许银川

（2008 年 7 月 14 日弈于广东惠州）

　　本局选自 2008 年"惠州华轩杯"全国象棋甲级联赛第 21 轮,也就是倒数第 2 轮。比赛采用赛会制,两位特级大师坐镇第 1 台,由浙江慈溪波尔轴承队的于幼华先手挑战广东惠州华轩队的许银川。

1. 炮二平五	马 8 进 7	**2.** 马二进三	车 9 平 8
3. 车一平二	卒 7 进 1	**4.** 车二进六	马 2 进 3
5. 兵七进一	炮 8 平 9	**6.** 车二平三	炮 9 退 1
7. 马八进七	车 1 进 1	**8.** 兵五进一	炮 9 平 7
9. 车三平四	马 7 进 8	**10.** 兵五进一	卒 7 进 1

11. 兵五平四　……

　　此着红还有车四平三、马三进五、兵五进一等着法,另具不同攻守变化。

11. ……　　　　　象 7 进 5

12. 兵四平三　马 8 进 7

13. 马三进五　车 1 平 4

14. 兵三进一　卒 7 平 6!

弃卒引车,妙着!

15. 车四退二(图 5-1)　炮 2 进 4

　　如图 5-1 形势,黑实战续走炮 2 进 4 是一步新着。以往此着黑多走马 7 退 8 捉车瞄相,红则车四平二,炮 7 进 8,仕四进五,马 8 退 9,兵三平二,炮 7 平 9,兵二进一,车 4 平 7,双方对攻。

16. 炮五平三　车 4 进 5

17. 兵三进一　……

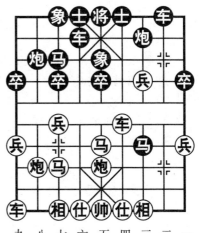

图 5-1

红如改走车四平六邀兑,黑则车 4 平 3,马五进六,车 3 进 1,马六进七,士 6 进 5,相七进五,马 7 退 6!炮三平七,马 6 进 4,炮七进一,炮 2 平 9,下一步仍有炮平中路照将的棋,黑优。

17. ……　　　炮 2 平 5　　18. 车四退一　……

红如改走兵三进一吃炮,黑则马 7 进 5,马七进五,马 5 进 3,马五退六,前马进 1,黑得车胜定。

18. ……　　　炮 7 平 5!　　19. 车四平三　象 5 退 7

黑象 5 退 7 不如改走象 5 进 7,可避免底象被牵。

20. 马七进五　车 4 平 5　　**21.** 车三平五　象 5 进 5

黑方兵种好且有空头炮,局势明显占优。

22. 兵九进一　马 3 退 5

黑可改走象 7 进 5,红如接走车九进三,则炮 5 退 2,炮八进三,车 8 进 7,车九平三,车 8 退 2,帅五进一(红如兵七进一,则车 8 平 5,仕六进五,车 5 平 7,车三平五,车 7 进 2,炮八平五,卒 5 进 1,兵七进一,马 3 进 5,兵三平四,马 5 进 7,黑得子胜势),车 8 平 3,黑优。

23. 车九进三　炮 5 退 2　　**24.** 炮八进三　车 8 进 7

25. 车九平三　马 5 进 4　　**26.** 车三进一　……

红如改走兵七进一,黑则马 4 进 5,炮八平五,卒 5 进 1,车三进三(红如误走炮三平五,则车 8 平 5!相七进五,马 5 进 7,黑胜定),马 5 进 6,帅五进一,卒 3 进 1,黑多卒占优。

26. ……　　　马 4 进 3　　27. 车三平七　车 8 平 7

28. 炮八退四　卒 3 进 1?

黑卒 3 进 1 是漏着,以为红不敢吃卒,其实红方是可以吃的,黑此着可改走象 3 进 1,仍是黑方先手。

29. 车七进一

黑方发现弃卒之后抽不到车,因为黑如接走车 7 平 5 将军,红则炮八平五,车 5 平 3,车七平五白吃炮,黑反而要输棋。最后,双方握手言和。

第 6 局　　山西张致忠(红先负)湖北柳大华

(1992 年 10 月 23 日弈于北京)

本局选自 1992 年全国象棋个人赛第 4 轮。

1. 炮二平五　马 8 进 7　　**2.** 马二进三　车 9 平 8

3. 车一平二　马 2 进 3　　　4. 兵七进一　卒 7 进 1

5. 车二进六　炮 8 平 9　　　6. 车二平三　炮 9 退 1

7. 马八进七　车 1 进 1　　　8. 兵五进一　炮 9 平 7

9. 车三平四　马 7 进 8　　　10. 兵五进一　卒 7 进 1

11. 兵五平四　象 7 进 5　　　12. 兵四平三　马 8 进 7

13. 马三进五　车 1 平 4

14. 炮八进二　车 4 进 5(图 6-1)

15. 仕六进五　……

红方另一较流行的着法是:车四进二
捉炮。

15. ……　　　　士 6 进 5

黑此着也可改走炮 7 平 3,双方另具不
同变化。

16. 相七进九　……

红如改走炮八平三打卒,黑则炮 7 进 4,
马五进三,车 8 进 5,以下红有三种着法:

(1)炮五平三,炮 2 进 5,炮三平八,车 8
平 7,黑优。

(2)车九平八,车 8 平 7,车八进七,车 7
平 3,马七退六(红如车八退五,则马 7 退 5,
车四平一,马 5 退 7,黑子力位置好占优),马
7 退 5,车四退五,车 3 进 3,车八平七,马 5
进 4,仕五进六,车 3 平 6,仕六退五,车 4 平 3,黑优。

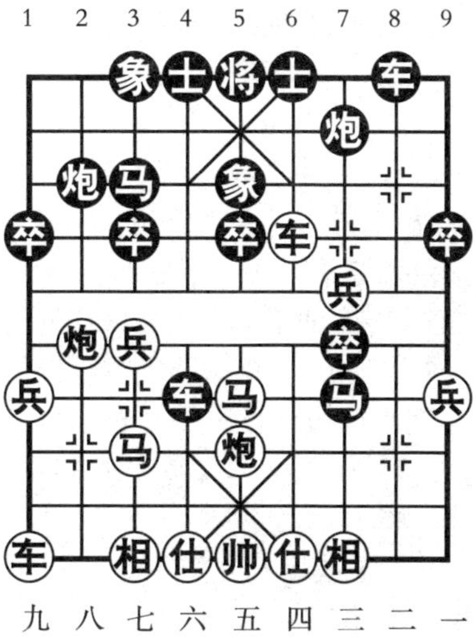

(3)车四退二,车 4 平 3,车九平八,炮 2 平 1,马七退六,炮 1 进 4,黑反先。

16. ……　　　　卒 7 平 6!

黑利用红底相存在的弱点果断献卒,妙着!

17. 炮八平四　马 7 进 6　　　18. 炮四平三　……

红如改走车四平三捉炮,黑则马 6 退 5,车三进二(红如马七进五,则炮 7 进
3,车九平八,车 4 平 5,车八进七,车 8 进 7! 车八平七,车 8 平 7,车三退一,车 7
退 3,车七退一,车 7 进 5,黑优),马 5 退 4,车九平八,炮 2 进 4,炮四退二,炮 2
平 9,黑有攻势。

18. ……　　　　马 6 退 5　　　19. 炮三进四　……

红如改走马七进五吃马,黑则炮 7 进 4 打炮,马五进三,车 8 进 5,车九平
八,炮 2 进 4,马三退四,车 4 平 9,黑棋好走。

19. ……　　　　马 5 退 4　　　20. 车四退四　炮 2 进 2

图 6-1

21. 兵三进一　　车8进5　　**22.** 炮三退一　……

红方应先走车九平八捉炮,待黑方炮2进2后再炮三退一较好。

22. ……　　马4进6

弃马,有胆有识,拉开弃子抢攻的序幕。

23. 兵七进一　……

红方弃兵,意在暂时阻止黑炮左移。红如改走炮三平七打马,黑则炮2平6打车,以下红有两种应着:

(1)炮五进二,炮6进3,炮五平二,炮6平5!相三进五(红如仕五进四,则炮5退3,车九进一,车4进1,马七进八,马6进4,车九平四,车4平5!帅五平六,炮5平4,炮二平六,马4进3,炮六平二,车5进2,帅六进一,马3退4,炮二平六,马4进6杀,黑胜),马6进5,仕五进六,马5进7,帅五进一,马7退6,帅五退一,马6进4,帅五进一,马4退6,帅五退一,马6进7,帅五进一,车4平3,黑捉死红马得回一子后有攻势占优。

(2)车四平一,车4平7,炮五进一(红如炮五平六,则车7进3,车九平八,炮6进5,仕五退四,马6进7,黑胜势),炮6平7,相三进五,车7平5!马七进五,马6进5,黑必可抽回一车占优。

23. ……　　卒3进1　　**24.** 炮三平七　卒3进1

25. 车九平六　……

红如改走相九进七吃卒,黑则马6进8,车四平二,车8平3,炮五进一,马8退9,车二进三,车3进2,车二平八,马9进8,车八平四,车4平5,红如接走炮七平八,黑则马挂角叫将逼红弃车砍马,黑得子胜势。

25. ……　　卒3进1(图6-2)

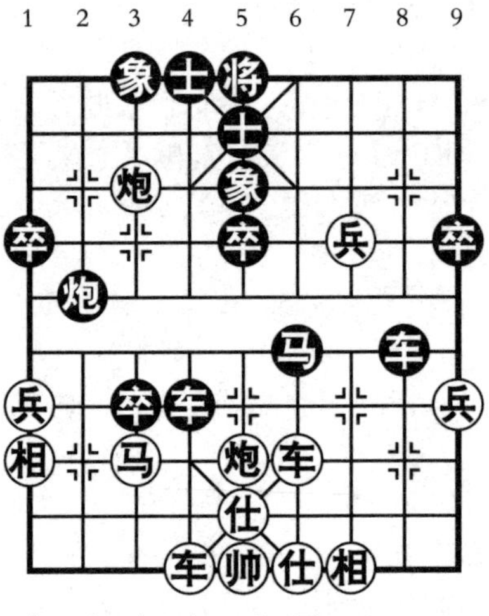

26. 炮七退三　……

红如改走车六进三兑车,黑则马6进4,马七进五,车8进1,车四进三,象5进3(黑切不可改走马4退3,否则红车四平七吃马,象5进3,炮七退四伏打象叫杀和打车双重打击,红得子胜定),炮五进四,士5进4,车四退三,车8平5,炮五平七,马4进3,帅五平六,炮2进1,后炮进三,士4进5,相九进七,炮2退2,后炮退一,炮2平7,黑大优。

26. ……　　车4进3　　**27.** 帅五平六　……

图6-2 (棋盘图)

九 八 七 六 五 四 三 二 一

图6-2

红如改走马七退六,黑则马 6 进 4,车四进六(红如车四进一,则炮 2 进 2!伏抽车和捉炮双重打击,黑大优),车 8 平 3! 黑大优。

27. ……　　马 6 进 8　　**28.** 车四平二　　卒 3 进 1

黑得回一子后兵种好且多卒,大占优势。

29. 炮五进二　车 8 平 5　　**30.** 车二进一　车 5 平 4

31. 帅六平五　卒 3 进 1　　**32.** 车二平八　炮 2 平 5

33. 车八平五　车 4 进 1!

捉车,乘机占领兵线,好棋!

34. 车五进一　车 4 平 1　　**35.** 炮七退二　车 1 进 1

36. 炮七平五　炮 5 平 2

黑不如改走炮 5 平 3 生根。

37. 炮五进四?　……

败着,造成黑方速胜。红应改走车五平八捉炮,虽属黑优,但不致速败。

37. ……　　卒 3 平 4

红认负。因为红方如接着走仕五退六,黑则炮 2 进 5 叫将,仕六进五,车 1 平 3,车五平八,车 3 进 2,仕五退六,车 3 平 4 杀,黑胜。

第 7 局　机电魏国同(红先负)湖南罗忠才

(2000 年 5 月 11 日弈于江西宜春)

本局选自 2000 年全国象棋团体赛。

1. 炮二平五　马 8 进 7　　**2.** 马二进三　车 9 平 8

3. 车一平二　马 2 进 3　　**4.** 兵七进一　卒 7 进 1

5. 车二进六　炮 8 平 9　　**6.** 车二平三　炮 9 退 1

7. 马八进七　车 1 进 1　　**8.** 兵五进一　炮 9 平 7

9. 车三平四　马 7 进 8　　**10.** 兵五进一　卒 7 进 1

11. 兵五平四　象 7 进 5　　**12.** 兵四平三　马 8 进 7

13. 马三进五　车 1 平 4　　**14.** 炮八进二　车 4 进 5(图 7-1)

15. 兵三进一　车 8 进 8!

进车相眼,点中要穴,好棋! 黑此着也可改走炮 7 平 3。

16. 仕六进五?　　……

上仕,劣着。

16. ……　　卒 7 平 6!

弃卒,妙着! 下一步伏马 7 退 8 捉车叫杀。

17. 车四进二 ……

红此着如改走炮五平三,黑则卒 6 平 5,以下红有三种应法:

(1)炮八平五,马 7 退 5,车四退二,炮 7 进 6,黑得子大优。

(2)马五退四,马 7 退 8,车四退四,炮 7 进 6,车四平三,车 8 平 6,黑得子大优。

(3)马五进三,马 7 进 9,相七进五,马 9 进 7,车四退五,车 4 平 6! 炮八退三,炮 7 进 4,帅五平六,车 6 进 2,炮八平四,车 8 退 1! 黑得子优。

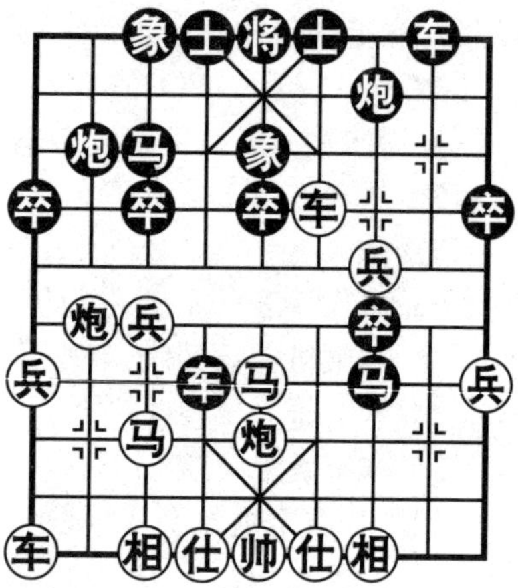

17. ……　马 7 进 9

18. 炮五进四　……

弃炮打卒,无奈之着。红如改走炮五平三,黑则马 9 进 7,马五退四,炮 7 进 6,黑胜定。

18. ……　马 3 进 5　　**19. 车四平三　马 9 进 7**

20. 马五退四　马 7 退 8　　**21. 炮八退三　……**

红如改走马四进五,黑则卒 6 进 1,炮八退三,车 8 退 1,红要失子。

21. ……　车 4 进 2!　　**22. 炮八平九　……**

红如改走炮八进五,黑则马 5 进 4! 马七进六(红如马七进五,则车 4 平 2 捉死炮,黑大优),车 8 平 6,马六退五,车 4 平 2 捉死炮,黑胜势。

22. ……　车 8 平 6

红见无法挽回局面,认负。以下续着是马七进五,车 6 退 2! 马五退六,马 8 进 7,帅五平六,炮 2 平 4,马六进八,马 5 进 4,炮九平六,马 4 进 3,炮六平七,车 6 平 4,仕五进六,车 4 进 1,连将杀,黑胜。

第8局　北京洪磊鑫(红先和)江苏徐天红

(1986 年 11 月 10 日弈于湖南湘潭)

这是 1986 年全国象棋个人赛第 1 轮比赛对局,本届比赛徐天红获得亚军。

1. 炮二平五　马 8 进 7　　**2. 马二进三　车 9 平 8**

图 7-1

图 7-1

3. 车一平二　　卒 7 进 1　　　　**4.** 车二进六　　马 2 进 3

5. 兵七进一　　炮 8 平 9　　　　**6.** 车二平三　　炮 9 退 1

7. 马八进七　　车 1 进 1

此时,徐天红祭出江苏队的"镇山宝"——屏风马右横车。

8. 兵五进一　　……

洪磊鑫深知徐天红擅长此类布局,故意不走炮八平九形成流行布局,而选用相对冷僻的进中兵。

8. ……　　　　炮 9 平 7　　　**9.** 车三平四　　马 7 进 8

黑方平炮打车再跃外马,是积极有力的对攻之着。

10. 兵五进一　　卒 7 进 1

立即开始反击,俗话说"先下手为强"。

11. 兵五平四　　象 7 进 5　　　**12.** 兵四平三　　马 8 进 7

13. 马三进五　　车 1 平 4　　　**14.** 炮八进二(图 8-1)　卒 7 平 6

白送一卒。不如改走车 4 进 5,红方各种应变如下:

⑴马五进三,炮 7 进 4,炮八平三,马 7 退 5,车四退五,车 8 进 5,炮三退二,马 5 退 7,黑优。

⑵炮八平三,炮 7 进 4,马五进三,马 7 退 5,车四退五,车 8 进 5,马七进五,马 5 退 7,炮五平三,炮 2 进 4,炮三进一,炮 2 平 5,炮三平六,车 8 平 7,车九平八,炮 5 退 2,黑有空头炮占优。

⑶车四进二,炮 7 退 1,车四平七,马 7 进 8,车九进一,卒 7 平 6,兵三平四,卒 6 进 1,车七退一,炮 7 进 2,炮五进四,士 6 进 5,车七进二,卒 6 平 5,车七退三,马 8 退 7,兵四平三,车 8 进 7,黑优。

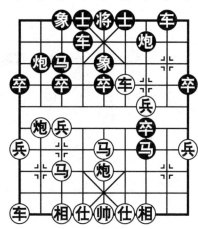

图 8-1

15. 车四退二　　马 7 进 5

马兑中炮简化局势。黑如改走马 7 进 8,红则兵三平四(红如兵三平二,则车 8 进 4,车九进一,马 8 退 7,车四平三,马 7 进 5,相七进五,炮 2 进 2,黑多卒略优),炮 7 退 1,炮五平一(红如炮八进二,则卒 3 进 1,兵七进一,车 4 平 7,黑有攻势),马 8 退 7,相七进五,马 7 进 9,相三进一,红略优。

16. 相七进五　　象 5 进 7　　　**17.** 仕六进五　　……

补仕软着,红可先走车四进一,等黑退象后再补仕,可避免底相被黑炮牵制,红阵形好略先。

17.…… 车8进8 **18.** 车四进一 马3退5

19. 车九平六 ……

红如改走车四平三吃象,黑如接走炮2平7打车,则车三平八(红不可走车三平四,因为黑有车8平6,相三进一,前炮进7!相一退三,马5进7,黑有叫杀捉车的双重打击,黑必可得子胜定),马5进6,仕五退六,车8平6,黑优。

19.…… 炮2平7

平炮叫杀,正确,黑如改走8平6,红则车四平三,炮2平7,车六进八,炮7进3,帅五平六,红胜势。

20. 马五进三 车4进8 **21.** 帅五平六 前炮进3

22. 炮八平三 炮7进4 **23.** 相五进三 车8退2

双方同意和棋。

第9局 广东蔡玉光(红先负)河北李来群

(1979年2月弈于广东江门)

本局选自1979年江门四省市象棋邀请赛。

1. 炮二平五 马8进7 **2.** 马二进三 车9平8

3. 车一平二 卒7进1 **4.** 车二进六 马2进3

5. 兵七进一 炮8平9 **6.** 车二平三 炮9退1

7. 马八进七 车1进1 **8.** 兵五进一 炮9平7

9. 车三平四 马7进8 **10.** 兵五进一 卒7进1

11. 兵五平四 象7进5 **12.** 兵四平三 马8进7

13. 马三进五 车1平4 **14.** 车九进一(图9-1) ……

如图9-1形势,红方起横车出路不好,不如改走炮八进二稳健。

14.…… 士4进5

黑也可改走炮2进4压制对方。

15. 炮八进二 车4平5 **16.** 兵三进一 ……

红另有以下两种应着:

(1)炮八平三,炮7进4,马五进三,车8进5,车九平八,炮2进4,黑优。

(2)马五进三,卒3进1!车四平三,炮7进3,兵七进一,车4平3,马七进五,马7退5!相三进一,马5退3,黑优。

16. …… 炮 2 进 1

17. 车四进二 ……

红此时另有三种应着:

(1)炮八平三,炮 7 进 4,马五进三,卒 3 进 1!车四退二,马 3 进 4,车四平六,车 4 退 1,马七进六,卒 3 进 1,马三进二,炮 2 平 7,马二进三,将 5 平 4,相三进一,卒 3 平 4,炮五平六,车 8 进 1,马三退四,车 8 平 6,马四退三,马 7 进 9,黑大优。

(2)马五进三,卒 3 进 1,车四退二,马 3 进 4,车四平六,车 4 退 1,马三进二(红如炮八平六,则炮 7 进 4,相三进一,炮 7 平 5,仕六进五,卒 3 进 1,黑大优),车 8 进 3!马七进六,车 8 平 7,黑得子大优。

(3)兵三进一,卒 3 进 1,车四退三,卒 3 进 1,兵三进一,卒 3 平 2,马七进八,车 4 平 3,车九平六,马 7 进 8,车四退二(红如兵三平四,则卒 7 平 6!黑优),车 3 平 5,车四平二,车 8 进 8,车六平二,炮 2 退 2,车二平七,马 3 进 2,黑优。

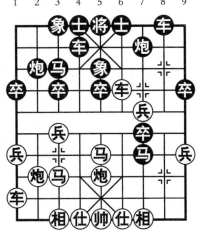

图 9-1

17. …… 炮 2 退 2

18. 车四退二 卒 3 进 1

19. 兵七进一 车 8 进 4(图 9-2)

20. 炮五平四 ……

红此时另有两种着法:

(1)车四退一,车 8 平 6,马五进四,卒 7 平 6,马四退六(红如马四进二,则车 4 平 3,黑优),卒 6 平 5,兵七进一,前卒平 4,兵七进一,车 4 平 3,车九进一,马 7 退 6!相三进一,车 3 退 4,黑控制局面大优。

(2)兵七进一,车 8 平 3,兵七进一,车 3 进 1,车四平五,车 3 进 2,仕四进五,车 3 退 7,黑优。

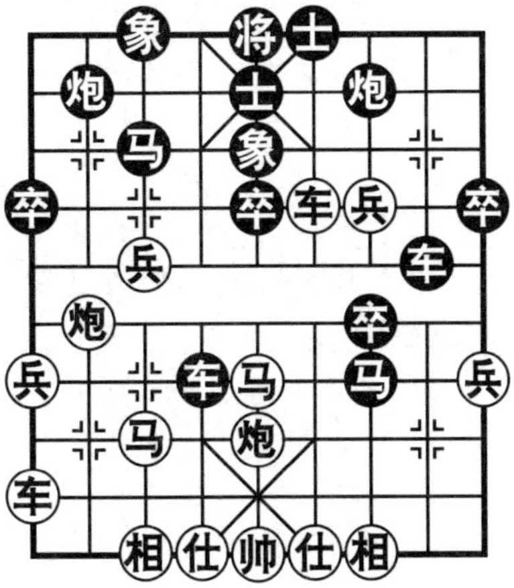

20. …… 马 7 退 5

21. 车四退三 ……

图 9-2

红如改走炮四进一,黑则车 4 退 5!车四进二,车 4 进 2,打死车,黑胜定。

21. ……　　车8平3　　22. 马七退五　……

红如改走相三进五,黑则马3进4,炮八平六,卒7进1,车四进二,炮2平3,车九进一,炮3进6,车九平七,车3进3,炮四平七,车4退1,黑得子大优。

22. ……　　车4平2　　23. 兵三进一　卒7进1

黑也可改走炮7退1,红方马、炮必失其一。

24. 车四进一　车2退1　　25. 炮四平五　……

红如改走兵三进一吃炮,黑则马3进4捉双,黑必得一子,大优。

25. ……　　马3进4　　26. 车四平五　车2平5

27. 炮五进二　马4进5　　28. 兵三进一　车3进1

捉死炮,黑胜。

第10局　重庆吕道民(红先负)浙江熊学元

(2004年4月13日弈于四川成都)

本局选自2004年全国象棋团体赛第4轮。

1. 炮二平五　马8进7　　2. 马二进三　车9平8

3. 车一平二　马2进3　　4. 兵七进一　卒7进1

5. 车二进六　炮8平9

6. 车二平三　炮9退1

7. 马八进七　车1进1

8. 兵五进一　炮9平7

9. 车三平四　马7进8

10. 兵五进一　炮7平5(图10-1)

如图10-1形势,黑方还架中炮是一种比较少见的应法。

11. 兵五平四　卒7进1

12. 兵四平三　马8进7

13. 车九进一　车1平4

14. 车九平四　象7进5

15. 后车进二　车4进3

16. 兵三进一　……

红如改走前车退一邀兑黑车,则局势比较平稳。

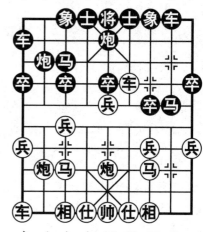

图10-1

16. ……   卒 3 进 1   17. 兵七进一   ……

红如改走马三进五,则车 4 进 2,兵七进一,象 5 进 3,炮八进四,象 3 退 5,炮五平三,炮 5 平 3,也是黑优。

17. ……   车 4 平 3   18. 马七进六   车 3 进 5

19. 仕四进五   炮 5 平 4   20. 帅五平四   ……

出帅过急,不如改走马六进五踩中卒实惠。

20. ……   士 4 进 5   21. 马六进五   马 3 进 5

22. 前车平五   炮 4 进 7   23. 车五平四   炮 4 退 8

24. 兵三进一?……

白送一兵,漏着。

24. ……   车 3 退 2!   25. 炮八进一   炮 2 平 7

先退车捉炮,再平炮打兵,次序正确。黑如直接走炮 2 平 7 打兵,红则炮八进七弃炮,黑难解红方杀招。红胜。

26. 炮八平五   ……

此时红如改走炮八进六,黑则车 3 平 5 弃车砍炮换双,黑优。

26. ……   炮 7 平 8   27. 前车平五   ……

红如改走前炮平三打马,黑则炮 8 进 4!黑可得回一子占优。

27. ……   炮 8 进 7   28. 马三退二   车 8 进 9

29. 前炮进四   象 3 进 5

30. 炮五进五   士 5 进 6

31. 帅四平五   炮 4 进 2

32. 仕五退四   马 7 进 8

33. 相三进五   车 3 退 1!

退车捉车,妙!红不敢吃车,否则会被连将杀。

34. 车四进二   ……

不如改走车四进三联车较好。

34. ……   马 8 退 9

35. 车五平六   车 3 平 5!(图 10 - 2)

以下红方续变有:

(1)车六进一,车 5 进 1,仕六进五,马 9 进 7,车四退三(红如车四退四,黑则车 5 进 1 弃车杀仕,车四平五,车 8 进 6 杀,黑胜),车 8 平 6!车四退二,车 5 进 1,帅五平六,马

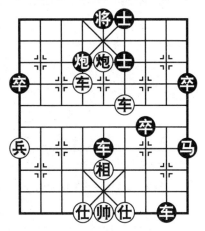

图 10 - 2

7进6,黑胜定。

(2)炮五退二,车5进1,仕六进五,马9进7,车六平五,士6退5,车五平四(红如车五平二,黑则车5退3,四车相见,黑多子胜定),将5平4,后车退三,车8平6!后车退二,车5进1,帅五平六,马7进6,车四退六,车5退4,黑胜定。

红算定无法挽救败局,推枰认负。

第11局　安徽邹立武(红先负)辽宁孟立国

(1977年9月弈于山西太原)

本局选自1977年全国象棋赛。

1. 炮二平五	马8进7	**2.** 马二进三	车9平8
3. 车一平二	卒7进1	**4.** 车二进六	马2进3
5. 兵七进一	炮8平9	**6.** 车二平三	炮9退1
7. 马八进七	车1进1	**8.** 兵五进一	炮9平7
9. 车三平四	马7进8	**10.** 兵五进一	卒7进1

11. 兵五进一(图11-1)……

如图11-1形势,红方连冲中兵是早期的着法,近期一般改走兵五平四。

11. ……　　　炮7平5　　**12.** 车四退五　卒7进1

13. 马三进五　马3进5!

弃马吃兵,消灭心头之患,妙手!

14. 马五进六　……

红如改走炮五进四打马,黑则炮2平5,炮八进四(红如马七进六,则后炮进2,马六进五,炮5进4,黑得回一子大优),卒3进1,马七进六,卒3进1,马六进七,车1平3,马七进五,炮5进2,相七进五,象7进5,黑大优。

14. ……　　　车1平4　　**15.** 车四平六?　……

平车保马,作茧自缚,不如改走马七进五形成连环马稳健。

15. ……　　　炮2平7!

逼相飞边,打个顿挫,妙着!

16. 相三进一　炮7平4

黑应改走炮5进6兑炮,红如接走炮八平五,则马5进6(图11-2):

如图11-2形势,以下红方有六种变化:

(1)车六进三,马6进5,相七进五,车4平5,车六退二,车5进3,马六进八,炮7平2(伏车5平2捉死马),车六进五,车5进3,仕六进五,车5退5,车六平五,象3进5,车九平六,士6进5,黑优。

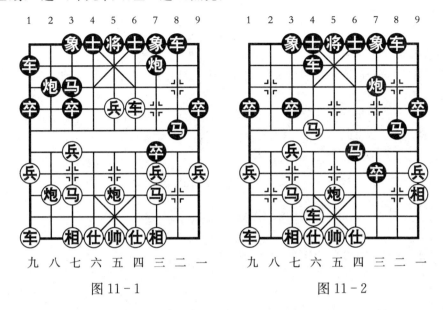

图 11-1　　　　　　　　　图 11-2

(2)马六进五,马6进5,车六进七,马5进3,车六退七,马3进1,车六平九,象7进5,黑得子胜定。

(3)马六退四,车4进7,马四进三(红如马四进五,则炮7平5,炮五进五,象7进5,黑多子胜定),马8进6! 车九平八,车8进7,黑胜定。

(4)马六退五,马6进5,车六进七,马5进3,车六退七,马3进1,车六平九,卒7平6,车九退一,卒6平5,黑得子得势胜定。

(5)炮五退一,车4进3,马七进五(红如车六进四,则马6退4,车九平八,马8进6,车八进七,炮7平3,相一退三,马6进4,黑胜势),炮7平5,车六进四,马6退4,炮五进六,马4进5,黑胜定。

(6)炮五进二,马8退6! 马六进四(红如马六进五,则后马进5,车六进七,马5进6,帅五进一,车8进8,绝杀,黑胜),车4进7,马四进三,将5进1,车九平八,将5平6,黑大优。

17. 马六退八　炮4进4　　18. 马八进七　……

红如改走兵七进一,以下黑有两种变化:

(1)炮4平5,炮五进四,象7进5,马七进五,车4进7(黑如误走炮5进2打炮,则炮八平五,车4进7,炮五进四,士6进5,马五退六,红得回一车胜定),马五退六,炮5进2,马八进七,象5进3,马七进六,炮5退2,炮八进六,红多子优。

(2)炮5进6,炮八平五,炮4平5,马七进五,车4进7,炮五平二,马8进6,

马五退六,车8进7,兵七进一,马6进5,仕六进五,前马进7,帅五平六,车8平9,车九进二,黑优。

18.……　　　车4进2　　19.炮五进六　　士6进5

20.兵七进一　　马5进6　　21.后马进八　　……

跳马不妥,造成中路空虚。红应改走炮八进四,车4退1,车九平八,红尚可应战。

21.……　　　车4平5　　22.仕六进五　　炮4平5

黑大优,结果胜。

第12局　广东李广流(红先负)上海胡荣华

(1978年9月18日弈于河南郑州)

本局选自1978年全国象棋个人赛决赛。

1.炮二平五　　马8进7　　2.马二进三　　车9平8

3.车一平二　　卒7进1　　4.车二进六　　马2进3

5.兵七进一　　炮8平9　　6.车二平三　　炮9退1

7.马八进七　　车1进1　　8.兵五进一　　炮9平7

9.车三平四　　马7进8　　10.车四平三　　……

红车四平三是早期着法,本意是防止黑方从7路线反击,现此着大多改走兵五进一。

10.……　　　卒7进1(图12-1)

黑此着可改走炮2进1。

11.兵五进一　　……

红方另有两种着法:

(1)车三退二,象7进5,炮八进四,车1平6,车九进一(红如炮八平五,则马3进5,炮五进四,士6进5,车九平八,马8进6,车八进七,马6退5,黑兵种好占优),士4进5,双方对攻。

(2)兵三进一,马8退9,车三退一,象3进5,车三平八(红如车三进二,则士4进5,炮八平九,马3退4,打死车,黑大优),炮2

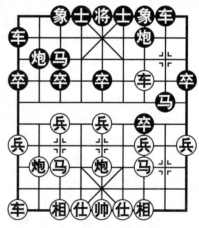

```
  1  2  3  4  5  6  7  8  9
象 士 将 士 象　　　　　 车
   车　　　　　　　　　 炮
   炮 马　　　　　　 车
卒　　　 卒　　 卒　　　 卒
　　　　　　　　　　　　 马
　　 兵　　 兵　　 卒
兵　　　　　　　　 兵　　 兵
   炮 马　　 炮　　 马
车　　 相 仕 帅 仕 相
  九 八 七 六 五 四 三 二 一
```

图12-1

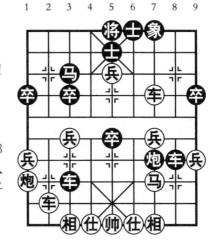

进5,炮五平八,卒3进1,车八进二,车1平3,兵七进一,马3进4!黑马顺利跃出,略优。

11. ⋯⋯　马8进6　　**12.** 兵五平四　炮7平5

13. 车九进一　⋯⋯

红另有两种着法:

(1)炮五进六,马6进4,车九进一,马4进2,炮五平三,卒7平6,相七进五,车8进2!马三进五,车1平4,车九平四(红如改走车九进一,则马2退3,马五进七,车8平7,车三进一,炮2平7,黑优),车8平7!车三进一,炮2平7,车四平八,卒6进1,炮三平二,卒6平5,炮二退一,炮7进7,相五退三,马2退3,仕六进五,车4平8,炮二平六,车8进6,黑优。

(2)马七进五,车1平4,车三退二,马6进4!炮八平六,马4进2,炮五平八,车4进6捉双,黑优。

13. ⋯⋯　马6进4　　**14.** 炮五进六　士4进5

15. 炮八平九　卒7平6　　**16.** 马三退五　⋯⋯

红如改走车九平八捉炮,黑则车1平4,仍是黑优。

16. ⋯⋯　车1平4　　**17.** 马五进六　车4进5

18. 车九平八　炮2进4　　**19.** 马七退五　⋯⋯

红应改走马七进八,尽量创造对攻机会。

19. ⋯⋯　车4平3　　**20.** 马五进三　象3进5

21. 兵三进一　卒6平5　　**22.** 兵四平五　车8进6!

进车兵线,牢牢控制住局势,好棋!

23. 兵五进一　车3进1

24. 兵五进一　炮2平7!(图12-2)

如图12-2形势,黑平炮打车,妙手!算到红兵破士后有惊无险。

25. 兵五进一　士6进5

26. 马三退一　车8退4

退车防守,老练。黑也可改走炮7退3打车,红如接走马一进二,则车3平1,车八进六,炮7进6,仕四进五,车1平8,车八平七,车8退1,黑多子胜势。

27. 车三平七　炮7平3

28. 车七平三　炮3进3

29. 仕六进五　车3平1

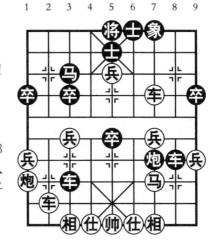

图12-2

30. 车三进三　士5退6　　　**31.** 车八进二　……

升车寻求对攻机会,红不想坐以待毙。

31. ……　　车1进2

沉车底线,暗伏妙手,黑如想下得稳一些,也可改走车8平6守住肋道。

32. 车八平四　卒5平6!

解捉还捉,兼伏杀着,妙棋!

33. 车四平五　马3退5　　　**34.** 车三退三　卒6进1!

冲卒欺车,抢先一着,着法细腻传神。

35. 车五进二　……

红如改走车五平四吃卒,黑则炮3退1,仕五退六,车8平5,仕四进五,炮3进1,连将杀,黑胜。

35. ……　　车8平4　　　**36.** 仕五进六　将5平4

出将解杀,居安思危,黑如不察改走卒6进1,红则车五进三,将5平4(黑如士6进5,则车三进三,绝杀,红胜),车五进一,将4进1,车三进二,士6进5,车三平五,绝杀,红胜。

37. 兵七进一　卒6进1

兵贵神速,不知不觉小卒已进入九宫,对红帅构成严重威胁。

38. 车五平四?　……

平车捉卒,大漏着?红如改走车五平六,黑则车4进2,兵七平六,卒6进1,帅五平六,炮3退4,帅六进一,车1退3,帅六退一(红如改走马一进三,则炮3平4,仕六退五,车1平4,仕五进六,炮4进2,仕四进五,炮4退3,仕五进六,炮4平7,下一步伏车吃仕绝杀,黑胜),卒6进1!帅六进一,车1进2,帅六退一,炮3平4!仕六退五,车1平5,已成绝杀之势,黑胜。

38. ……　　炮3平6

炮打仕带响将抽车,黑胜。

第13局　北京傅光明(红先胜)河北黄勇

(1987年2月10日弈于北京)

本局选自1987年"金菱杯"中国象棋大师邀请赛第3轮。

1. 炮二平五　马8进7　　　**2.** 马二进三　车9平8

3. 车一平二　卒7进1　　　**4.** 车二进六　马2进3

5. 兵七进一　炮8平9　　　**6.** 车二平三　炮9退1

7. 马八进七　　车1进1　　　　　**8.** 兵五进一　　炮9平7

9. 车三平四　　马7进8　　　　　**10.** 车四平三　　马8退7

11. 车三平四　　马7进8　　　　　**12.** 车四平三　　马8退7

13. 车三平四　　马7进8　　　　　**14.** 马三进五(图13-1)……

如图13-1形势,双方出现循环局面,红如再走车四平三,黑方接走马8退7后提和即可判和,现红主动求变,表明红有强烈的求胜欲望,实战证明变招的策略是正确的,因为红方取得了最后的胜利。

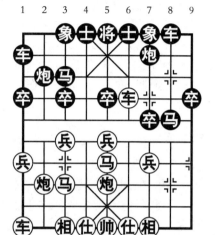

图13-1

14. ……　　　　　卒7进1

15. 车四平三　　卒7平6

16. 炮五平三　　炮7平5

黑也可改走马8退7,车三平四,卒6平5,黑优。

17. 仕六进五　　炮5进4

18. 炮八进二　　象7进5

19. 炮三平五　　炮2进1

黑进炮卒林暗伏冲3卒打死车,红方已失去先手。

20. 炮八平五　　卒6平5

21. 马五进三　　……

红如改走炮五进二,黑则卒5进1,炮五平二(红如车三平七,则卒5进1,马五进三,炮2进3,车七进一,卒5平6,车九平八,炮2平3,车七进六,卒6平7,黑得子大优),炮2平7,炮二进五,象5退7,相三进一(红如马五进三,则卒5进1,相七进五,卒5平6,马三进二,车1平8,捉死马,黑大优),卒5进1,马五退四,车1平6,马四进二,马8进7,黑大优。

21. ……　　　　　马8进6　　　　　**22.** 车三进一　　……

红如改走车三平四,黑则卒3进1,车四进一(红如车四退一,则炮2进1,车四进一,卒3进1,黑大优),士4进5,车四进一,炮2退2,车四退二,卒3进1,车九平八,马3进4,车四退一,马4进2,车四平八,马2进3,前车进三,车1平2,车八进八,马6进5,相三进五,前卒平6,马三进四,车8平7,黑优。

22. ……　　　　　炮2进1　　　　　**23.** 马三进四　　……

红如改走车九平八,黑则炮2平7,车八进七,车8进5!相三进一,车1平3,炮五平四,卒3进1,兵七进一,马3进2!黑大优。

23. ……　　　　　车1平6　　　　　**24.** 马四退五　　炮2平7!

平炮打相,逼红相飞边,好棋!

25. 相三进一　炮7平8　　　26. 车三退三　炮8进5

27. 相一退三　炮8平9　　　28. 炮五平四(图13-2)　马6进7

黑也可改走车8进9! 红如接走相七进
五,则马6进5! 相三进五,卒5进1! 车九
平六(红如马五退七,则炮9平6,仕五退四,
车6进6,黑胜势),卒5进1,车六进七,炮9
平6,相五退三,车8平7,车六退五,炮6退
1,仕五退四,炮6平9,车三平五,炮9进1,
黑有强烈攻势。

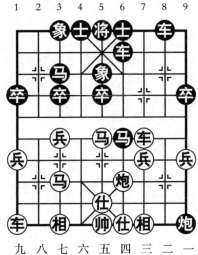

图 13 - 2

29. 马五进六　车8进9

黑此着可改走马7进6! 吃仕,红如仕
五退四吃马,则车8进7! 黑先弃后取占优。

30. 相七进五　马7进9

黑此着仍可改走马7进6吃仕,红如仕
五退四,则车8退2捉炮,黑优。

31. 车九平六　车8平7

弃车砍相,冒险。黑应改走马9进7吃
相,红如车六进四,则马7退6,仕五进四,车6平4,黑优。

32. 车三平二　……

红如改走相五退三吃车,黑则马9进7吃相,仕五进六,马7退6,帅五进
一,马6进8,黑胜势。

32. ……　　　车7退2

黑改走车7退3叫将抽兵较好,红如接走车二退四,则马9退8,炮四平二,
炮9退2,黑优。

33. 车二退四　马9退8　　　34. 车六进四　马8进7

35. 帅五平六　车7平8　　　36. 车二平三　车6平4

黑可改走马7退5吃相,红如接走车六退二,则车8平6,车三平一,后车平
4,车一平二,车6退2,仍是黑优。

37. 马七进五　士4进5?

黑应改走马7退5,红如炮四进三,则炮9平8,车六退二,士6进5,炮四平
八,车8退5,黑优;红又如炮四进五,则车8平6,车三平一,车6退5,黑优。

38. 帅六进一　……

进帅好棋,可摆脱黑底炮的牵制。

38. ……　　　马7退5

此时吃相,为时已晚。

39. 车三平一　　车 4 平 2　　　　**40.** 车六退二　　车 8 退 3

41. 车六平五　　士 5 进 4　　　　**42.** 马五退七　　卒 3 进 1

43. 车五平六　　马 3 进 4　　　　**44.** 兵七进一　　马 4 进 5

45. 帅六退一　　……

退帅,正着。红如改走车六平五,黑则车 8 平 3,红反而自找麻烦。

45. ……　　　　车 8 平 3　　　　**46.** 帅六平五　　车 3 退 1

47. 车一平二　　车 2 进 6

黑此着可改走车 2 进 2,优于实战。

48. 车二进六　　车 2 平 1

黑如改走马 5 进 3,红则炮四平七,车 2 平 3,车六平七,车 3 进 4,车二平五,红多子胜势。

49. 车二平五　　马 5 退 3　　　　**50.** 车六进二　　车 1 平 3

51. 车五平二　　将 5 平 4　　　　**52.** 马六进四!　后车退 1

53. 炮四进三!

黑难解红下一步平炮叫将的恶手,认负。

第 14 局　　广西陈湖海(红先负)广西秦劲松

(2008 年 2 月 12 日弈于广西北流)

这是 2008 年广西北流市"永顺名门杯"象棋公开赛第 8 轮的一个对局。

1. 炮二平五　　马 8 进 7　　　　**2.** 马二进三　　车 9 平 8

3. 车一平二　　马 2 进 3　　　　**4.** 兵七进一　　卒 7 进 1

5. 车二进六　　炮 8 平 9　　　　**6.** 车二平三　　炮 9 退 1

7. 马八进七　　车 1 进 1　　　　**8.** 兵五进一　　炮 9 平 7

9. 车三平四　　马 7 进 8　　　　**10.** 马三进五　　……

此着红方一般选择兵五进一。

10. ……　　　　卒 7 进 1

11. 车四平三　　卒 7 平 6(图 14 - 1)

12. 兵五进一?　……

进中兵为劣着,只顾进攻,忽视防守。红应改走炮五平三,可一着三用:一可修补底线漏洞;二可反捉黑炮;三可避免中马被过河卒捉死。

12. ……　　　　马 8 退 9!

黑方抓住红方漏洞,立即进行反击。

13. 车三退一　……

红方必须在车三平四和车三退一之间进行选择,已陷入两难境地:平车则底相被轰,黑方立即大举进攻,九宫告急;退车则要承担车可能被捉死的风险。

13. ……　　　象 3 进 5
14. 车三进二　马 3 退 5
15. 车三进一　马 9 退 7

黑方通过以上一系列着法逼红方弃车砍炮得子,尚有顾忌的是:红方中路的攻势和己方窝心马的处理。

16. 兵五进一　……

红方不甘束手就擒,对黑方中路进行进攻。

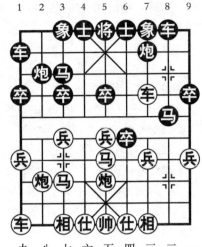

图 14-1

16. ……　　　车 8 进 4!

底车巡河,防守要着,攻守两利。

17. 车九进一　卒 6 进 1　　**18.** 车九平四　卒 6 平 5
19. 马七进五　马 5 进 3

黑方再得一子之后立即跳出窝心马,先解除中路危机,再集中兵力进行进攻。

20. 兵五平六　士 4 进 5
21. 车四进七　车 1 平 4

黑也可走马 7 进 8,保持多子优势。

22. 兵六平七　马 3 进 5!

进马,妙! 不怕红中炮打马,因为黑有车 8 平 5 捉双的手段。

23. 车四平三　车 4 进 5
24. 马五进三　将 5 平 4
25. 仕六进五(图 14-2)　车 4 平 3

黑改走车 8 平 7 邀兑红车更好,红方应变如下:

(1)车三平四,车 4 平 7,相三进一,前车平 3,炮八平六,车 3 进 3,炮六退二,炮 2 退

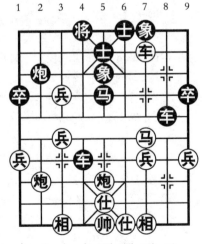

图 14-2

1,车四退五(红如兵七平六叫将,则车3平4弃车砍炮后再炮打车,黑胜定),炮
2进8,车四平六,将4平5,车六平八,车7平4,炮五平六,炮2平4,黑胜定。

(2)炮八平六,车4进1! 仕五进六(红如车三退三吃车,则炮2进7,仕五退
六,车4进2,帅五进一,车4退1,绝杀,黑胜),车7退3,黑胜定。

(3)炮五平六,车4平7,车三平四,后车进1,前兵平六,马5进4,相七进五,
后车平5,炮八进二,车7平2,炮八平六,车5平4,黑多子胜定。

26. 相七进九　　车8平7　　　**27.** 车三平四　　马5进4

黑此着可车3平7吃兵,待红相三进一后再走马5进4更好。

28. 车四退二　　马4进5

简化局势,英明,可减少不必要的麻烦。

29. 相三进五　　车3进1　　　**30.** 炮八进四　　车3平5

31. 车四平六　　将4平5　　　**32.** 前兵进一　　炮2退2

33. 后兵进一　　车5平1　　　**34.** 炮八退一　　车7退2

退车,正着,黑如改走车7平3吃兵,红则马三进二,车3平7,炮八进三,黑
方反而麻烦。

35. 前兵进一　　车1平3　　　**36.** 车六平八　　炮2平4

37. 后兵进一　　……

进兵,正着,红如改走前兵平六捉炮,黑则车3进2叫将,仕五退六,车3平
4,帅五进一,车4退8,车八平三,车4进7! 帅五平六,车7进1,黑胜定。

37. ……　　　　车3退3

黑此着应走车7进1,可消灭红兵,黑大优。

38. 炮八退三　　车7进1　　　**39.** 车八平九　　车7平5

40. 炮八平六　　车3进5　　　**41.** 炮六退二　　车3退6

42. 车九进二　　车3平1　　　**43.** 车九退二　　车5平1

红见车被逼兑,大势已去,遂投子认负。

第15局　广东赖颖(红先负)广东张俊杰

(2009年12月6日弈于广东广州)

本局选自2009年广州市象棋甲组联赛第6轮。

1. 炮二平五　　马8进7　　　**2.** 马二进三　　车9平8

3. 车一平二　　马2进3　　　**4.** 兵七进一　　卒7进1

5. 车二进六　　炮8平9　　　**6.** 车二平三　　炮9退1

7. 马八进七　车1进1　　**8.** 兵五进一　炮9平7

9. 车三平四　马7进8　　**10.** 车四退四（图15－1）……

如图15－1形势,红退车保马是尝试之着,但实战效果不佳。

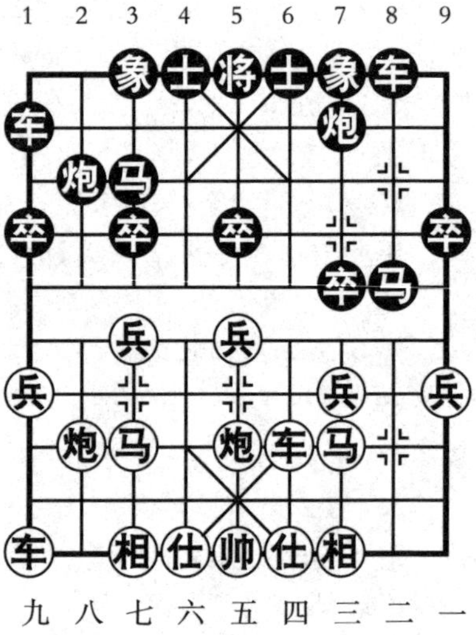

1 2 3 4 5 6 7 8 9

图 15－1

10. ……　　　　车1平4

黑此着也可改走象7进5。

11. 兵五进一　炮7平5

12. 兵五进一　……

红此着可改走兵五平四保持变化。

12. ……　　　　马3进5

红兵长途跋涉交换黑卒后,黑方已经反先。

13. 炮八进四　炮2平5

14. 仕四进五　马8进7

15. 炮八平五　……

红如改走帅五平四做杀,黑则马5退7,车四进五,马7进6,黑优。

15. ……　　　　后炮进2　　**16.** 车四进四　前炮进2

17. 马七进五　车4进4

黑也可改走车4进5,红如接走车四平五,黑则后炮退1!炮五进二,象7进5,车五平七,马7退5,红双马呆滞,黑优。

18. 车四平五　车8进8　　**19.** 炮五进二　车4平5

20. 车五退二　马7退5　　**21.** 兵九进一　……

红如改走相七进五,黑则车8退2,红如接走马五退七逃马,黑则马5进4连将杀;红如不逃马,黑必可得子胜定。

21. ……　　　　卒7进1!　**22.** 车九进三　……

红如改走马五进三吃卒,黑则车8平7,马三退五,车7进1,仕五退四,车7退2,黑胜定。

22. ……　　　　卒7进1　　**23.** 马三退四　卒7平6

24. 马五退七　卒6进1　　**25.** 马七进六　卒6进1

26. 马六进七　马5进4

红见己方只有仕五进六吃马解将,黑下着卒6平5绝杀,遂推枰认负。

第三章 动车、过河炮类

第16局 上海单霞丽（红先负）江苏张国凤

（2000年5月6日弈于北京）

2000年"翔龙杯"女子象棋大师快棋赛在北京中央电视台开枰。比赛采用淘汰制，第一局张国凤胜单霞丽，第二局（即本局）单霞丽执红先走，张国凤执黑，双方展开激烈的博杀。最后张国凤取胜，顺利进入四强，为最终夺冠奠定了坚实的基础。

1. 炮二平五　　马8进7　　**2.** 马二进三　　车9平8

3. 车一平二　　卒7进1　　**4.** 车二进六　　马2进3

5. 兵七进一　　炮8平9　　**6.** 车二平三　　炮9退1

7. 马八进七　　车1进1

江苏队棋手擅长起横车。张国凤上局取胜，本局只需弈和就行，但她没有追求平稳的变化，而是表现出勇于攻杀的风格。

8. 车三平四（图16－1）　……

如图16－1形势，单霞丽考虑张国凤擅长此类布局，遂平车形成冷僻布局。此着红方一般走炮八平九。

8. ……　　　　马7进8

跃马，立即展开反击。

9. 车四退二　　炮2进4

10. 炮五平六　　……

卸炮，不如改走兵五进一展开对攻。

10. ……　　　　炮2平7

11. 相七进五　　车1平7!

卒底藏车，好棋！可集中优势兵力攻击红方薄弱的右翼。

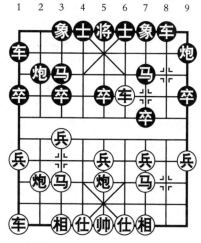

图16－1

12. 炮八进二　　卒 7 进 1！

弃卒,好棋!

13. 车四平三　　车 7 进 4　　　　**14.** 炮八平三　　马 8 进 6

15. 车九平八　　象 7 进 5　　　　**16.** 车八进六　　马 3 退 5！

退马调整阵形,及时!

17. 车八平七　　马 5 进 7　　　　**18.** 车七平六　　……

红此着如改走车七平九吃卒,黑则车 8 进 7,车九平六,炮 9 进 5,车六退二, 马 6 进 7,炮六平三,炮 7 进 3! 前炮退四,车 8 平 7,炮三进七,车 7 平 5,仕四进 五(红如马七退五,则炮 9 进 3,炮三退七,车 5 平 6,黑必可得回一子,大优),车 5 平 3,黑大优。

18. ……　　　　士 6 进 5　　　　**19.** 车六退二　　马 7 进 8

20. 兵五进一　　……

挺中兵轻率,不如改走仕六进五稳健。

20. ……　　　　车 8 平 6　　　　**21.** 马七进八　　马 8 进 9

22. 车六退一　　马 6 进 7　　　　**23.** 炮三退二　　炮 7 进 3

24. 相五退三　　马 9 进 7

先弃后取,白得一相。至此,黑方占优。

25. 仕六进五　　马 7 退 8　　　　**26.** 马八进九　　马 8 进 6

27. 炮六平四　　马 6 退 7

马退象角,位置极好。

28. 炮四平五　　车 6 进 5　　　　**29.** 车六平五　　炮 9 平 7

30. 相三进一　　车 6 退 1　　　　**31.** 马九进七　　炮 7 平 8

32. 马七退五　　马 7 进 6　　　　**33.** 炮五平四　　炮 8 进 5！

黑方上着进马,就是要诱红方卸炮打车,红果然上当。

34. 车五退一　　……

红如改走炮四进三,黑则炮 8 平 5 叫将抽马,黑得子胜势。

34. ……　　　　炮 8 进 3　　　　**35.** 相一退三　　马 6 进 8

36. 帅五平六　　马 8 进 7　　　　**37.** 帅六进一　　车 6 平 4

38. 车五平六　　……

平车,不如改走仕五进六,还可负隅顽抗。

38. ……　　　　炮 8 退 1！　　　　**39.** 炮四退一　　……

红如改走帅六退一,黑则马 7 退 6! 吃炮叫杀,黑胜定。

39. ……　　　　马 7 退 6

黑方已构成连将杀,红方认负。

第17局 北京史思璇(红先负)江苏张国凤

(2005年4月15日弈于甘肃兰州)

本局选自2005年全国象棋团体赛首轮比赛对局。

1. 炮二平五	马8进7	**2.** 马二进三	车9平8
3. 车一平二	卒7进1	**4.** 车二进六	马2进3
5. 兵七进一	炮8平9	**6.** 车二平三	炮9退1
7. 马八进七	车1进1	**8.** 车三平四	马7进8
9. 车四退二	象7进5	**10.** 炮八平九	炮2进2(图17-1)

如图17-1形势,双方摆兵布阵已毕,即将进行决战。

11. 兵七进一 ……

白送一兵,不如出车捉炮。变化如下:车九平八,卒7进1,车四平三,炮2平7,车八进七,炮9平7,车八平七,后炮进4,兵三进一,炮7退2,炮五进四,士6进5,车七退一,双方对攻。

11. …… 卒3进1

12. 马七进八 卒7进1

13. 车四平三 马8进9

14. 车三平六 ……

红如改走马三进一兑马,黑则炮9进5,炮九平七,车1平6,仕六进五,车8进9,炮五平一,炮9平5,帅五平六,马3进4,相七进五,炮5进2!仕四进五,马4进6,黑弃子有攻势。

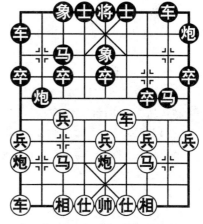

```
1  2  3  4  5  6  7  8  9
```

九 八 七 六 五 四 三 二 一

图17-1

14. …… 车1平6 **15.** 炮五平七 卒3进1!

弃卒,妙棋!便于跃马出击。

16. 车六平七 马3进4(图17-2)

17. 车七平六 ……

红另有以下三种变化,均难以抵挡黑方攻势:

(1)相七进五,马9进7,炮七平三,马4进5,车七退三(红如车七平五,则马5进7,炮九平三,车8进7,炮三退一,车6进7,红要失子),炮2平5,仕六进五,马5进7,炮九平三,车8进7,炮三退一,车6进7,红要失子。

(2)相三进五,马9进7,炮七平三,马4
进5,车七平五,马5进7,炮九平三,炮2平
9! 仕六进五(红如炮三平一拦炮,则前炮平
1打车,闪击得子,黑大优),前炮进5,炮三
退二,车8进9! 帅五平六,车6进7! 炮三
平一,车6平5! 车五平四,炮9进8,黑胜。

(3)马三进一,炮9进5,相七进五,车8
进9! 仕六进五,炮9进3,帅五平六,车6进
7,帅六进一,炮9退1! 帅六退一,炮9平5!
黑胜势。

17. ……　　　　马4进2

18. 车六平八　　炮2平7!

平炮罩住红马,向红方右翼施加压力。

19. 相七进五　　车8进7!

进车捉马,步步紧逼。

20. 车八进二　　……

红如改走马三退五,黑则车6进7,相五进三(红如相三进一,则车8进2,黑
胜定),马9进8,红方难应。

20. ……　　　　车6进7　　　21. 车九平八　　炮7进3

22. 炮七平三　　马9进7　　　23. 仕六进五　　炮9平7!

叶底藏花,妙!

24. 前车平五　　马7进6!

马踩仕弃车伏杀,妙着!

25. 车五平三　　车8平5

伏车吃中仕连将杀。红如接走车八进一保仕,则车5平1吃炮,黑得子得势
胜定,红投子认负。

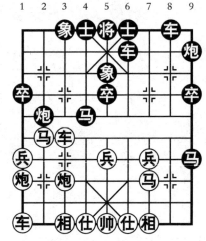

图 17-2

第18局　泰国刘伯良(红先负)中国言穆江

(1981年12月22日弈于泰国曼谷)

本局选自第1届亚洲城市名手邀请赛。

1. 炮二平五　　马8进7　　　2. 马二进三　　车9平8

3. 车一平二　　卒7进1　　　4. 车二进六　　马2进3

5. 兵七进一　炮8平9　　6. 车二平三　炮9退1

7. 马八进七　车1进1　　8. 车三平四　马7进8

9. 马七进六　卒7进1　　10. 车四平三　卒7进1

11. 马三退五　象7进5(图18-1)

12. 马五进七　……

红如改走马六进五吃中卒,黑则炮9平5,炮八进四(红如前马进七,则炮5进5,车三平五,卒7平6,炮八进一,马8进6,车五退二,马6进8,黑胜定),马3进5,炮八平五,炮2进1!前炮平八,炮5进5,黑虽少子,但中炮镇住窝心马,黑还是有一定优势的。

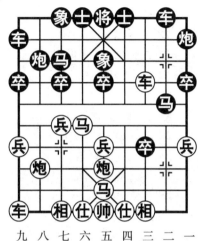

图18-1

12. ……　　炮9进5

13. 车九进一　……

起横车,正着,可以接应空虚的右翼。

13. ……　　车1平6

14. 车三平一　……

红如改走车九平一,黑则车6进4,炮五平二,车8平7,无论红兑不兑车,黑都可抗衡。

14. ……　　卒7进1　　15. 车九平二　炮9平7

16. 车一退六　……

红如改走车一退一,黑则车6平8,以下红有两种着法:

(1)车一退五,马8进6,车二进七,车8进1,黑优。

(2)马六进五,炮7进3,仕四进五,马8退7!车二进七,车8进1,马五进七(红如改走车一退五,则炮7平4,仕五退六,马3进5,黑大优),车8进8,车一退四,炮7平4,仕五退四,炮4平6,帅五进一,炮6退7!前马退五,车8平3,黑胜势。

16. ……　　士6进5　　17. 仕四进五　炮2进4

18. 炮五平六　……

红如改走马七进八,黑则车6进4捉马,马六进五,马3进5,炮五进四,炮7平8,相三进五,炮8进1,车一平四(红如炮八平三,则马8退7捉炮兼伏抽车,黑大优),车6平8伏抽,黑优。

18. ……　　炮2平3　　19. 相七进五　炮7平8

20. 炮八进一　……

红不如改走炮六平三打卒实惠。

20.…… 马8进6

黑也可改走车6进4捉马,红如接走炮八进一保马,则卒3进1,马六进五,马3进5,炮八平四,马8进6,兵七进一,马5进3,车一进四,卒7进1,车二进一,车8平6,黑略优。

21. 车一进五　炮8进1　　**22.** 相五进三　马6退7!

23. 车一退一　……

红如改走车一平四(红如车一进一,则马7进5,黑优),车6进3,马六进四,卒7进1! 黑可得子胜势。

23.…… 卒3进1

黑也可改走马7进5。

24. 兵七进一　车6进4　　**25.** 兵七进一　车6平4

26. 兵七进一　车4平2

27. 炮八退一　车2进1

28. 帅五平四　……

红如改走炮六平二,则车2进1,红要丢子。

28.…… 卒7进1!

弃卒,妙手!

29. 车二进一(图18-2)　……

29.…… 车8进7?

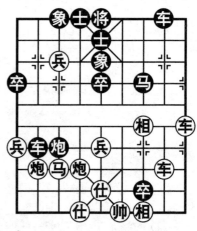

图 18-2

直接吃车,欠佳,黑应改走卒7进1将军,红如接走帅四进一(红如帅四平五,则车8进7吃车,红无法破士,黑胜定),黑则车8进7,车一进五,士5退6,车一平四,将5进1,兵七进六,马7进9(黑也可改走车2退1,准备叫将兑车),车四退一,将5退1,兵六进一,车8进1,帅四进一,马9进7,帅四平五,炮3退2,炮六进七(红如兵六进一,则将5平4,马七进六,将4平5,马六退八,炮3平5,绝杀,黑胜),车8退1,仕五进四,炮3平5,帅五平六,车8平6,车四退六,马7进6,黑胜定。

30. 车一进五　士5退6　　**31.** 车一平四　将5进1

32. 兵七平六　车8进1　　**33.** 车四平六　……

红如改走炮六平五,黑则卒7平6,帅四平五,炮3平1,炮八平九(红如炮五进四,则象5进3,车四平六,将5平6,黑胜定),车8平7,相三退一,炮1平5,

车四退六,卒 6 平 5!仕六进五,车 7 平 5,帅五平四,车 5 进 1,帅四进一,车 2 进 2,炮五退一,炮 5 退 2,车四进三,车 5 平 3,车四平三,车 3 退 2,车三进二,将 5 退 1,兵六进一,车 3 平 5,黑胜定。

33. ……　　　　卒 7 平 6　　　**34.** 帅四平五　　炮 3 平 1

35. 仕五进四　……

红如改走炮八平九,黑则炮 1 平 5,炮六平五,将 5 平 6!马七进五,车 2 平 5,炮九退一,车 5 平 7,炮九平四,车 8 平 6,相三进一,车 7 平 8,相一退三,车 8 退 1!相三退一,车 8 平 5,红炮难逃,黑胜定。

35. ……　　　　炮 1 平 5　　　**36.** 炮六退一　　车 8 进 1

37. 相三退一　炮 5 退 2　　　**38.** 马七进六　……

红如改走兵六进一,黑则将 5 平 6,车六平五,象 5 进 3,车五退三,车 2 平 5,仕六进五,卒 6 进 1!红帅无论平哪边,黑都可抽车胜。

38. ……　　　　车 2 平 5　　　**39.** 仕六进五　　车 5 进 2

40. 帅五平六　车 5 平 4!　　　**41.** 帅六进一　　炮 5 平 4

平炮叫将抽车,黑胜。

第 19 局　厦门郑乃东(红先负)云南郑新年

(1997 年 5 月 12 日弈于上海松江)

本局选自 1997 年全国象棋团体赛。

1. 炮二平五　马 8 进 7　　　**2.** 马二进三　车 9 平 8

3. 车一平二　马 2 进 3　　　**4.** 兵七进一　卒 7 进 1

5. 车二进六　炮 8 平 9　　　**6.** 车二平三　炮 9 退 1

7. 马八进七　车 1 进 1　　　**8.** 车三退一　炮 9 平 7

9. 车三平八　炮 2 进 5

10. 炮五平八　卒 3 进 1(图 19-1)

11. 车八平七　……

吃卒不妥,车立险地,易受攻击。红方另有两种着法如下:

(1)车八退一,车 8 进 4,车九进一,炮 7 平 3,车八进三,车 1 进 1,车八平九,象 3 进 1,兵七进一,车 8 平 3,黑优。

(2)车八进二,车 1 进 1,车八平九,象 3 进 1,兵七进一,象 1 进 3,车九进一,车 8 进 6,兵三进一,车 8 平 7,相三进一,象 3 退 5,车九平四,炮 7 平 3,车四进一,马 3 进 2,双方对攻。

11. ……　　　车1平3！

12. 马七进六　……

红如改走兵三进一,黑则象7进5,车七进一,马7进8,兵三进一,象5进7,车七平六,象7退5,相七进五,马8进7,相五进三(红如马七进八,则车8进7,马三退五,马7进5！黑胜势),马3进2,车六退一,车3进4,车六平八,车3进2,马三退五,车3平6,马五退七,马7进6！相三退一(红如相三进一,则马6进4！黑胜势),车6平7(下一步伏有车8进8塞相眼的手段),炮八退一,马6退5,黑大优。

12. ……　　　象3进5

黑此时宜改走象7进5更好,避免右翼受骚扰。

13. 车七进一　　炮7进5！

14. 相七进五　……

红如逃车,黑则炮打底相,红也难以应付。

14. ……　　　炮7退3

打死车,奠定胜局。

15. 兵七进一　　炮7平3　　16. 兵七进一　　车3平4

黑方改走车3平2更好。

17. 马六进八　　马3退1　　18. 车九平七　　马7进6

19. 马三进四　　……

红方跃马过急。可改走马八进九,尽量对黑方右翼增加压力,争取对攻。

19. ……　　　车8进5　　20. 车七进四　　象5进3！

飞象撑住红马脚,好棋!

21. 炮八进二　　车4平3　　22. 兵七进一　　……

只得弃兵,红如改走兵七平八,则黑马6退4提双。

22. ……　　　马1进3　　23. 车七进一　　车8平6

24. 炮八平七　　象7进5　　25. 车七进一　　车3平6！

平车妙手!一着两用,既可脱身,又伏有跳马闪击的好棋。

26. 仕六进五　　……

补仕,无奈之着。红如改走马八进七吃马,黑则前车进4,帅五平四,马6进4,黑抽回一车胜定;红又如改走车七进一吃马,黑则马6退4,车七平五,士4进

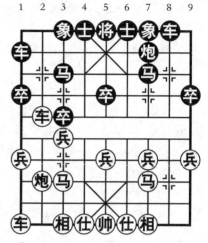

图 19 - 1

5,仕六进五,马4进2,黑净多一车胜定。

26. ……	马3退1	**27.** 车七平五	后车平2
28. 车五退一	车2进2	**29.** 兵五进一	车6进1
30. 炮七平八	车2平3	**31.** 马八进九	车3退1
32. 炮八进一	车3平1	**33.** 炮八平四	士6进5
34. 炮四平二	车6平8		

黑净多一车,红认负。

第20局　新加坡刘明辉(红先负)中国党斐

(2010年2月21日弈于新加坡)

选自2010年党斐新加坡1对8象棋车轮战第1场。

1. 炮二平五	马8进7	**2.** 马二进三	车9平8
3. 车一平二	马2进3	**4.** 兵七进一	卒7进1
5. 车二进六	炮8平9	**6.** 车二平三	炮9退1
7. 马八进七	车1进1	**8.** 车三退一	炮9平7
9. 车三平八	炮2进5	**10.** 炮五平八(图20-1)	马7进8

黑也可改走卒3进1,红如接走车八平七吃卒,则车1平3,以后有飞象逐车等手段,红容易失先。

11. 车九进一　　……

红如改走车八进二捉马,黑则马8进6!车八平七,马6进4,车九进一,马4进2,车七平三,车8进7,黑反先。

11. ……　　　　马8进6

12. 马三退一　　车1平4

13. 车九平四　　马6进8

14. 车八平四?　……

平车吃士,容易造成己方左翼空虚,而黑防守严密,红难以下手。此着红可改走相七进五或车八进二。

14. ……　　　　士4进5

15. 马七进八　　……

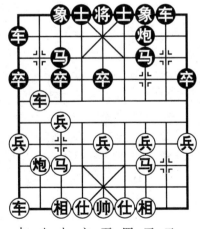

图 20-1

红可改走前车进一,黑如接走马 8 进 9,则前车平三,先弃后取,尚可抵挡。

15. …… 　　　车 4 进 6

黑应改走马 8 进 9,前车平三,车 8 进 7,炮八平五,马 9 进 7,车三进三,将 5 平 4,仕六进五,车 4 进 7,黑优。

16. 炮八平七　象 7 进 5	**17.** 仕四进五　车 4 退 2
18. 炮七平二　马 8 退 9	**19.** 炮二平三　炮 7 进 6
20. 马一进三　车 8 进 7	

至此,黑明显占优。

21. 马三退四　车 4 平 3	**22.** 后车进三　卒 3 进 1
23. 相三进五　车 3 平 6	**24.** 车四退一　车 8 退 1
25. 兵一进一　马 9 退 7	**26.** 车四平六　车 8 平 7
27. 车六进二　马 7 进 6	**28.** 仕五进六　车 7 平 5
29. 车六平七　马 3 退 4	**30.** 马八进九　车 5 平 1
31. 仕六进五　象 3 进 1!	

飞象别马腿,伏有马 4 进 2 捉双得子的棋,妙手!

32. 马九退八　车 1 平 2	**33.** 马八进九　……

红如误走车七平八保马,黑则马 6 进 4,红要失子。

33. ……　　　　马 4 进 2	**34.** 车七平六　车 2 平 4

35. 车六退三　……

红如避兑而改走车六平八,黑则马 2 进 4 捉车,也是黑优。

35. ……　　　　马 6 进 4	**36.** 马九进七　马 2 进 4
37. 马七退六　后马进 5	**38.** 马四进三　马 5 退 7!

退马控制红方马路,又给己方中卒让路,高明!

39. 相七进九　卒 5 进 1	**40.** 马六退五　卒 5 进 1
41. 马五进三　卒 5 平 6	**42.** 前马进四　卒 6 进 1
43. 马四退五　马 4 退 5	**44.** 相九退七　马 5 进 7
45. 马三退一　前马退 8	**46.** 马五进六　马 8 进 9
47. 马六进七　将 5 平 4	**48.** 马七退九　卒 6 平 7

黑净多三卒大优,红认负。

第21局　山西王晓波(红先和)辽宁王成港

(2008年10月31日弈于山西太原)

本局选自第20届"棋友杯"全国象棋大奖赛对局。

1. 炮二平五	马8进7	**2.** 马二进三	车9平8
3. 车一平二	卒7进1	**4.** 兵七进一	马2进3
5. 车二进六	炮8平9	**6.** 车二平三	炮9退1
7. 马八进七	车1进1		
8. 车三退一	车1平6(图21-1)		

如图21-1形势,红如接着走炮八平九,则形成流行布局,实战红方选择车三平八。

9. 车三平八　炮2进5

10. 炮五平八　车8进6

黑方也可选择车8进5骑河。

11. 车九进一　车8平7

12. 车九平二　炮9平7

13. 马三退五?　……

回马窝心,埋下祸根。

13. ……　士6进5

黑方抓住红方窝心马弱点不放,准备下一步出将做杀。

14. 车二进八　……

此时红方应委曲求全赶紧马五进三跳出窝心马,尚无大碍。

14. ……　马7退9?

退马劣着,将送上门的机会白白放走。黑应改走车7进3! 吃相叫杀,红如接走车二平三(红如马五退三,则炮7进8,仕四进五,马7退8,黑得子大优),则士5退6,马五退三(红如马五进三,则炮7进6,黑大优),炮7进8,仕四进五,炮7退9,黑得子大优。

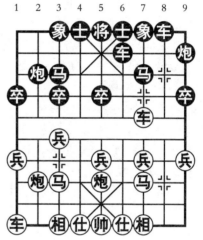

图21-1

15. 相三进一	将5平6	**16.** 车二退九	马9进8
17. 马五进六	炮7平8	**18.** 车二平一	炮8进1
19. 仕四进五	象3进5	**20.** 相七进五	车6进4

21. 车一平四　车6进4　　**22.** 仕五退四　车7平6

不如改走车7平9吃兵捉相实惠。

23. 仕六进五　车6退1　　**24.** 车八进一　车6平3

25. 马六进八　车3进1　　**26.** 车八平七　车3退3

兑车后双方基本是和棋。

27. 马八进七　马8进6　　**28.** 相一退三　炮8进5

29. 仕五进四　……

上仕正着。红当然不能走后马进六,否则黑马6进4,炮八平二,马4退3,黑得子大优。

29. ……　　　象5进3

黑方还想围困红马,但为时已晚。

30. 炮八进三!……

红炮骑河打马,解危妙着! 此着一出,红方就不怕马被捉死。

30. ……　　　马6退5　　**31.** 前马进五　马3进2

32. 马五退三　将6平5　　**33.** 马三进四

均势,双方握手言和。

第 22 局　四川曾东平(红先负)湖南罗忠才

(1991年10月17日弈于大连)

本局选自1991年全国象棋个人赛第3轮。

1. 炮二平五　马8进7　　**2.** 马二进三　车9平8

3. 车一平二　卒7进1　　**4.** 车二进六　马2进3

5. 兵七进一　炮8平9　　**6.** 车二平三　炮9退1

7. 马八进七　车1进1　　**8.** 车九进一　车1平4

黑平右肋车,保持左右翼均衡发展,求稳之着。黑也可改走左肋车与红方对攻。

9. 炮八平九　炮2进4(图22-1)

弃马抢攻,有冒险精神。

10. 兵三进一　……

红可改走车三进一吃马,黑如接走炮2平7打兵,则车三平七,炮7进3,仕四进五,炮7平9,仕五进四,车8进9,帅五进一,车8退2,马三进四,车8平6,马四进五,车4平8,车七进二,红优。

10. ……　　　车 8 进 2

11. 车九平四　士 4 进 5

12. 车四进七　车 4 进 1

13. 兵三进一　……

红如改走车四平一吃炮,黑则车 8 进 6,车一平三,车 8 平 3!(注:伏车 4 进 7 吃仕叫将,帅五平六,炮 2 进 3 杀)仕四进五,车 3 退 1,前车退一,象 3 进 5,红方多子,黑方有势,双方各有千秋。

13. ……　　　车 8 进 6

14. 仕六进五　炮 2 退 5

15. 车四退四　炮 9 平 7

16. 车三平四　车 4 进 6

17. 仕五退六　……

红应改走兵三进一,黑如接走车 4 平 3,则马七进八,车 3 进 1,仕五退六,马 7 退 9,炮五平七,象 3 进 5,后车退三,双方对攻。

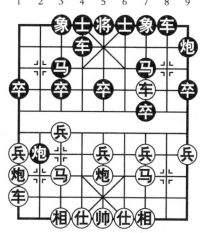

图 22 - 1

17. ……　　　炮 7 进 3　　18. 后车平三　……

红如改走马三进二,黑则马 7 进 8,前车退一,车 4 平 7,炮五平三,车 7 退 1!炮九平三,炮 7 进 5,仕四进五,马 8 进 6,车四退一,炮 7 平 9,仕五进六,炮 2 进 7!黑有攻势。

18. ……　　　炮 7 进 3　　19. 车三退二　马 7 进 8

20. 车四退一　炮 2 进 5　　21. 炮五平四　……

红可改走炮九进四打卒,黑如接走马 3 进 1 吃炮,则炮五进四,象 3 进 5,炮五平九,双方对攻。

21. ……　　　象 3 进 5(图 22 - 2)

22. 仕六进五?　……

上仕软着,给了黑方平车捉马进攻的机会。红应改走炮四进一邀兑黑炮,黑如炮 2 进 1,则炮四退一,双方不变作和,黑如变招,红也足可应付。

22. ……　　　车 4 平 3　　23. 相七进五　炮 2 进 3

24. 车四平八　……

红如改走炮九退二,黑则卒 3 进 1!车三进二,卒 3 进 1,车三平七,车 3 进 1,马七退六,车 3 退 4,马六进七,车 3 平 6!车四退一,马 8 进 6,黑多子胜定。

24. ……　　　炮 2 平 1　　25. 车三进二　马 8 进 9

26. 车三退一　……

红如改走车三平六,黑则车 8 平 6,车八进二,马 9 进 8! 炮四平三(红如车八平七吃马,则车 3 平 5! 仕四进五,炮 1 平 7,下一步车 6 进 1 或马 8 进 6 绝杀,红无解),马 3 退 4,车八退一,马 8 退 6! 仕五进四,车 3 进 1,马七退六(红如车六退四,则车 6 平 4,黑胜),车 6 进 1,帅五平四,车 3 平 4,帅四进一,车 4 退 4,炮九进四,炮 1 退 6,车八平九,车 4 进 1,车九平七,车 4 平 5,黑优。

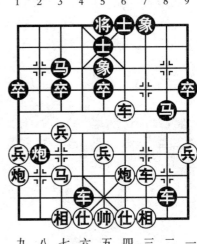

图 22-2

26. ……	马 9 退 8
27. 车三进一	马 8 进 9
28. 车三退一	马 9 退 8
29. 车三进一	马 8 进 9
30. 车三退一	卒 3 进 1
31. 车八进二?	……

败着,应改走车八进一,黑虽占优,但红暂时没有危险。

| 31. …… | 将 5 平 4 |

出将助攻,已成绝杀之势。红如接走马七进六,黑则车 3 进 1,仕五退六,车 8 平 4,红见无法解杀,认负。

第 23 局　河北白天晓(红先和)辽宁孙思阳

(2010 年 4 月 11 日弈于江苏邳州)

本局选自 2010 年首届中国邳州海峡两岸中国象棋公开赛第 5 轮。

1. 炮二平五	马 8 进 7	2. 马二进三	车 9 平 8
3. 车一平二	马 2 进 3	4. 兵七进一	卒 7 进 1
5. 车二进六	炮 8 平 9	6. 车二平三	炮 9 退 1
7. 马八进七	车 1 进 1	8. 炮八进四(图 23-1)	……

如图 23-1 形势,红进炮瞄中卒非常少见。白天晓富有创新精神,为红方开辟了新的进攻方式,精神可嘉,有时在比赛中突然使出冷着,会使对手防不胜防。至于此着效果如何,有待更多的实战来检验。

| 8. …… | 车 1 平 4 |

控制红马出路,着法正确。

9.兵五进一　……

冲中兵,意在加强中路攻势。红如改走炮八平五,黑则马7进5,车九平八,炮2平1,炮五进四,马3进5,车三平五,炮1平5,相七进五,车8进7,马三退五,炮9平5,车五平四,车4进7,车八进五,前炮进5!相三进五,炮5进6,马五退三,车8进1,车八平四,车8平5,绝杀,黑胜。

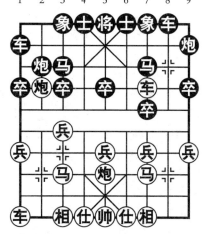

图 23-1

　　9.……　　　　　**车4进6**

　　10.车九进二　　　**炮9平7**

　　11.车三平四　　　**炮7平5**

　　12.炮八退五　　　……

退炮灵活,准备平窝心炮在中路形成叠炮攻势。

　　12.……　　　　　**车4进1**

　　13.炮八进二　　　**车4退2**

　　14.炮八退二　　　**车4进2**　　　**15.炮八进二**　　　**车4退2**

　　16.炮八退二　　　**马7进8**

黑方长捉犯规,只好变着。

　　17.炮八平五　　　**卒7进1**

黑也可改走象7进5,红如接走车九平八,则炮2进4,马七进八,车4平3,车四平一,马8退7!车一退二,炮5平2,相三进一,车3进3,兵五进一,卒5进1,后炮进四,士4进5,以下红有三种着法:

　　①后炮平七,后炮进3,马三进五,车8进7,相一退三,车8平4,黑优。

　　②马三进五,车8进8,车一平六,车3退3,黑优。

　　③仕四进五,卒3进1!兵七进一,车3退5,前炮退二,马3进4,车一平六,马7进6!前炮进二,马4退3,车六平五,马6进7,车五退一,马7进9,后炮平一,车8进7,黑必可得回一子,大优。

　　18.车四退一　　　**卒7进1**(图23-2)

　　19.马三进五　　　……

红如改走车四平八捉炮,黑则炮2平1,车八进二,卒7进1,车八平七,马8进6,以下红有四种着法:

　　①车七平四,马6进8,前炮进四,象7进5,车四退一,马8进6,后炮平四,马6退5,车四平三,车8平7!车三平二,卒7平6,黑胜势。

　　②车七进二,炮1平7,相三进一,卒7平6,前炮进四,马6退5,炮五进五,

炮5进4,车七退二,车8进8,黑胜。

(3)前炮进四,炮5进4,相七进五,马6退5,车七退一,炮5进3,仕六进五,马5进6,黑得子得势胜定。

(4)马七进八,马6进8,前炮进四,炮5进4,后炮平四,卒7平6,车七平五,士4进5,车五平七,士5退4,车七平五,士4进5,车五平二,将5平4!车二进二,卒6平5,仕四进五,车4进3绝杀,黑胜。

19.……　　　　炮2进4

20.兵五进一　炮2平3!

压马做杀,逼红车退守,妙棋!

21.车九退二　卒7平6

黑可改走卒5进1吃兵,以下红有三种着法:

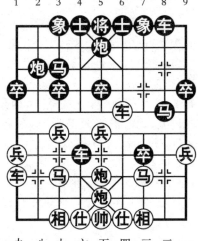

图 23-2

(1)车四平五,象7进5,车五平六,马8进6!车六退二(红如前炮进五,则炮5进5!黑胜定),马6进4,后炮平六,炮3平5,黑得子大优。

(2)马五进三,卒5进1,后炮进三,象7进5,马三进五,炮5进3,后炮进三,士6进5,前炮平二,车4进1,车九进二,炮3平5,黑优。

(3)前炮进三,炮5进5,相七进五,炮5进2,仕六进五,车4平6,车四平三(红如车四退二兑车,则卒7平6,车九平六,马8进6,黑多子大优),象7进9,车三进一,马8进6,车三平五,马3退5!车五平二,马5进7,车二平六,马6进4,车九平六,马4退5,前车进三,将5进1,后车进八,将5进1,后车平三,车8平7,车三平七,车6平4,黑多子大优。

22.马五进六　马8进7　　23.车四平三　……

红如改走车四进二捉马,黑则马7进8,红如接走马六进七吃马,则马8退6,后炮平四,炮5进3,仕六进五(红如炮五进四,则车4平5,仕四进五,车5进2!帅五平四,马6进8,炮四平三,炮5平6!车四退二,车5平7,帅四平五,车7进1,帅五进一,车7退1,帅五退一,马8退7,车四退二,车8进9,车四退三,车8平6!帅五平四,车7进1杀,黑胜),车8进8,车四退一,士4进5,车四平五,炮5进2,黑胜势。

23.……　　　　象7进5　　24.车三退一　马7进8

25.车三退三　马8退7　　26.马六进七　卒6进1

27.前炮进四(图23-3)　卒6进1

黑此时也可改走车8进4,以下红有前炮进二、前马进五、后炮进二、相七进五等着法,双方将形成非常复杂的对攻局面。以下试演一例:前炮进二,士6进5,炮五进二(红如炮五平八,则卒6进1,车三进一,马7退5,仕六进五,卒6进1!帅五平四,炮3平9,相三进一,车8进5,车三退二,车8退2,车九进二,炮9平6,帅四平五,炮6平5!帅五平四,炮5退2,黑胜势),车4进1,车九进二,卒6进1,车三平一(红如仕六进五,则卒6平7,仕五进六,车8平5,炮五退一,卒7进1,车九平八,炮3进3,黑大有攻势),卒6进1!帅五进一(红如帅五平四,则炮3进3,炮五退三,车4平6,车一平四,车6进1,连将杀,黑胜),车8平5,炮五退一,车5平4,车九退一,炮3平5,黑胜定。

28. 车三进一 　卒6平5

双方议和。

最后一着黑方可改走车4平6,后炮平八,卒6进1,帅五进一,炮5进2,兵五进一,车8进5,黑优。

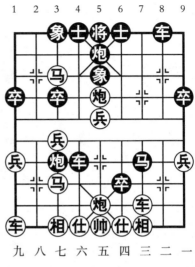

图 23 - 3

第四章　车换马炮

第 24 局　浙江高文散(红先负)浙江赵鑫鑫

(2008 年 1 月 12 日弈于浙江温岭)

本局是 2008 年浙江省"温岭中学杯"象棋棋王赛上的一个精彩对局。温岭中学是浙江省重点中学,也是赵鑫鑫的母校,自从赵鑫鑫获得全国冠军后,温岭市象棋协会开始举办省棋王赛。这是棋王赛的第二届,赵鑫鑫在家门口比赛发挥特别稳定,最后获得冠军。

1. 炮二平五	马 8 进 7	2. 马二进三	车 9 平 8
3. 车一平二	卒 7 进 1	4. 车二进六	马 2 进 3
5. 兵七进一	炮 8 平 9	6. 车二平三	炮 9 退 1
7. 马八进七	车 1 进 1	8. 炮八平九	车 1 平 6
9. 车九平八	……		

红出直车,打算一车换取马炮,近年来一车换双红方战绩不好,主要原因是黑方已经找到抗衡的办法。

9. ……　　　炮 9 平 7
10. 车八进七　炮 7 进 2
11. 车八平七(图 24-1)　车 8 进 8

黑此时也可选择车 8 进 8、炮 7 进 3、车 6 进 7 等变化。本局黑方选择的车 8 进 8 是传统着法。

12. 炮五平六　炮 7 进 3
13. 相七进五　……

红飞左相,不如飞右相稳健。

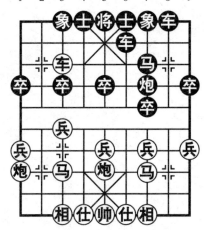

13. ……　　　车 8 平 6

逼相飞边,下一步再平车捉马,次序井然,这是赵鑫鑫特级大师对棋谱的改进。

图 24-1

14. 相三进一　……

红此着如改走仕四进五,黑则炮7进3打相叫杀,仕五进四,炮7平9,仕六进五,后车平8,帅五平六,车8进8,帅六进一,车8平3,黑捉马伏杀,红方难应。

14. ……　　前车平3　　　　**15.** 马七进六　车6进4

16. 车七平六　士6进5　　　　**17.** 车六退二　……

红如改走车六平三吃马,黑则车6平4吃马,车三退二,车4进2,车三进四,士5退6,车三退六,车4平5,仕四进五,车5平1,黑胜定。

17. ……　　象7进5　　　　**18.** 炮九平七　……

红如改走炮六进一,黑则炮7平4,马三进四,炮4退2,马四进六,车3平4,红必丢子,黑胜定。

18. ……　　卒5进1!

冲中卒,妙着,犹如三国时诸葛亮斜谷出兵,起到出奇制胜的效果。

19. 炮七进四　车3平4　　　　**20.** 仕六进五　卒5进1!

再冲中卒,着法强硬而又灵活!

21. 炮七平三　……

红如改走兵五进一吃卒,黑则车6平5,兵七进一,马7进5,马六进八,车5平4,炮七平六(红如车六平五,则马5进3,车五退二,后车平2,炮六平七,马3进4,仕五退六,车2进4,仕四进五,马4进5,黑胜定),后车退1,兵七平六,马5进6,兵六平五,车4平2,马八退六,车2退3,兵五平六,马6进8,双方虽然大子相同,但黑有车对红无车,又有强大攻势,红很难守和。

21. ……　　车6进1　　　　**22.** 炮三退三　车6平7

23. 兵五进一　车7平3!

红认负。因为红不管怎么下都要丢子,红如接着走仕五退六,黑则车4退1吃炮得子胜定;红又如接着炮六平七,黑则车3进1吃炮,马六退七,车4退4,黑胜定。

第25局　南方棋院陈幸琳(红先负)成都郭瑞霞

(2004年4月13日弈于成都)

这是2004年全国象棋团体赛上的一个对局。由于红方中局出现大漏着,故双方仅十几个回合就结束战斗。本局属超短局。

1. 炮二平五　马8进7　　　　**2.** 马二进三　车9平8

3. 车一平二　卒7进1　　　　**4.** 车二进六　马2进3

5. 兵七进一　炮 8 平 9　　**6.** 车二平三　炮 9 退 1

7. 马八进七　车 1 进 1　　**8.** 炮八平九　车 1 平 6

9. 车九平八　炮 9 平 7　　**10.** 车八进七　炮 7 进 2

11. 车八平七　车 8 进 8　　**12.** 炮五平六　炮 7 进 3

13. 相三进五　车 8 平 7(图 25 - 1)

14. 仕四进五?……

如图 25 - 1 形势,实战红续走仕四进五是致命的大败招,红方应改走仕六进五,黑如接走炮 7 平 8,则相五退三,双方对攻。

14. ……　车 6 进 7!

进车卡住红方咽喉重地,妙手! 黑由此奠定胜局,红已无药可救。

15. 炮六进一　……

红如改走炮九退一打车,黑则车 7 进 1叫将,马三退四(红如仕五退四,则车 7 平 6!马三退四,炮 7 进 3,连将杀,黑胜),车 7 平8! 炮九平四,炮 7 进 3,闷杀,黑胜。

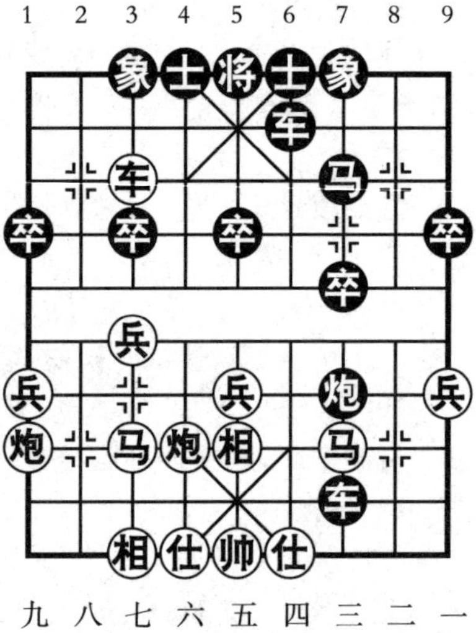

15. ……　车 7 退 1

16. 仕五退四　车 7 平 6!

平车叫杀,做个过门,已成绝杀之势。

17. 仕四进五　后车平 8

红如接走仕五退四,黑则车 8 进 2,仕六进五,炮 7 进 3,绝杀,黑胜。红见无法解杀,投子认负。

第 26 局　沈阳队金松(红先和)中国队赵国荣

(1998 年 8 月 24 日弈于沈阳)

本局选自 1998 中国沈阳亚洲体育节"商业城杯"亚洲象棋冠军赛第 3 轮。

1. 炮二平五　马 8 进 7　　**2.** 马二进三　车 9 平 8

3. 车一平二　马 2 进 3　　**4.** 兵七进一　卒 7 进 1

5. 车二进六　炮 8 平 9　　**6.** 车二平三　炮 9 退 1

7. 马八进七　车 1 进 1　　**8.** 炮八平九　车 1 平 6

9. 车九平八　炮 9 平 7　　**10.** 车八进七　炮 7 进 2

11. 车八平七　车 8 进 8　　**12.** 炮五平六　炮 7 进 3

图 25 - 1

13. 相三进五　　车8平7　　14. 仕六进五　　车6进7(图26-1)

如图26-1形势,黑车6进7卡相眼是赵国荣的新着,以往此着多走炮7平8,相五退三,炮8平7,相三进五,炮7平8,双方不变可弈成和棋。

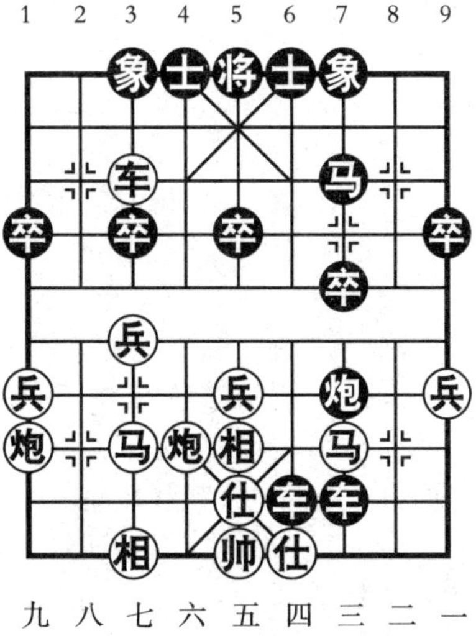

15. 帅五平六　……

红如改走炮九退一打车,黑则炮7平8,帅五平六,炮8进3,帅六进一,象7进5,马七进六(红如炮六进五,则车6进1,炮六平三,车6平3,黑必可得回一子优),马7进6!马六进七(红如马六进四兑马,则车6退4,车七平八,卒7进1,黑大优),车6进1,炮九退一,炮8退7!车七进一,车6平3,炮九进六,炮8进6,红难以抵挡黑方凌厉的攻势。

15. ……　　炮7平8

16. 车七平三　　炮8进3

17. 帅六进一　　象7进5　　18. 马七进六　……

红方也可改走车三平二捉炮,以下黑方主要有两种变化:

⑴车6进1,炮九退二,车6平3,炮九平二,车3退2,车二平一,车7平8,车一退一,红略优。

⑵炮8平7,马七退六,车6退4(黑如炮7平4,则帅六退一,红下一步有炮九退一打死车的手段),相五退三,车6平2,马六进四,车7平6,炮九进四,车2退1,炮九进三,士6进5,炮六平五,红优。

18. ……　　炮8平7

平炮打马,正着。黑如改走车6进1吃仕,红则炮九退二,车6平3,炮九平二,车3平8,红大优。

19. 炮九进四　……

炮打边卒,不惧丢子,积极寻求对攻。

19. ……　　炮7退2　　20. 炮九平五　　士4进5(图26-2)

21. 炮六平三　……

兑炮正着。红如改走车三退二吃卒,黑则炮7平4!车三平八(红如车三退四,黑则车6平7,帅六进一,车7退4,黑必可得子胜定),车6进1,车八进四,将5平4,马六进七,车6平5,马七进八,将4进1,相五进三,车5平3伏杀,相三退一,车3退1,帅六退一,车7平8,黑胜定。

21. ……　　车7退1

图26-1

九　八　七　六　五　四　三　二　一

退车吃炮,必走之着。黑如发动强攻而改走车 6 进 1 杀仕,红则车三退二,车 6 平 3,马六退四! 车 7 平 6,车三平六,绝杀,红胜。

22. 车三退一?……

退车,软着。红此着应改走炮五平二,黑如接走车 7 平 8,则车三退一,红优。

22.……　　　　车 7 退 1

23. 炮五平一　　车 7 平 5

黑如改走车 7 平 9 吃兵,红则车三平六,士 5 退 4(黑如车 9 平 5,则马六退七! 车 5 平 3,炮一平五,红胜),炮一平五,士 6 进 5,马六进四,将 5 平 6,马四进三,将 6 进 1,炮五平七,车 9 平 5,炮七进二,黑难以抵挡红方车马炮联攻。

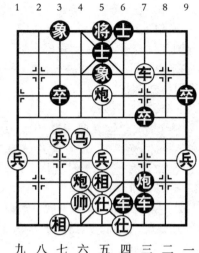

图 26－2

24. 帅六退一　　车 5 平 4　　　　**25. 帅六平五　　车 4 退 1**

26. 炮一进三　　象 5 退 7　　　　**27. 车三进三　　车 6 平 8**

28. 车三退四　　车 8 退 8　　　　**29. 炮一退五**

和棋。

第 27 局　广州张俊杰(红先负)四川吴优

(2001 年 3 月 11 日弈于四川乐山)

本局选自 2001 年全国象棋团体赛第 6 轮。

1. 炮二平五　　马 8 进 7　　　　**2. 马二进三　　车 9 平 8**

3. 车一平二　　马 2 进 3　　　　**4. 兵七进一　　卒 7 进 1**

5. 车二进六　　炮 8 平 9　　　　**6. 车二平三　　炮 9 退 1**

7. 马八进七　　车 1 进 1　　　　**8. 炮八平九　　车 1 平 6**

9. 车九平八　　炮 9 平 7　　　　**10. 车八进七　　炮 7 进 2**

11. 车八平七　　车 8 进 8　　　　**12. 炮五平六　　炮 7 进 3**

13. 相三进五　　车 6 平 4

肋车右移捉炮,比较少见。

14. 仕四进五　　车 4 进 5(图 27－1)

15. 炮九退一 ……

红如改走车七进二吃象，黑则车 4 平 3，马七退九，车 3 平 1，车七退三，车 1 平 2，车七平九，车 2 进 2，炮九平七，象 7 进 5，黑优。

15. …… 车 8 退 7

16. 车七进二? ……

红方应改走马七进八，避免丢子。

16. …… 车 4 平 3

17. 马七退八 车 3 进 2

18. 炮九进五 车 3 平 2

19. 炮九进三 车 8 平 1

20. 炮六平九 ……

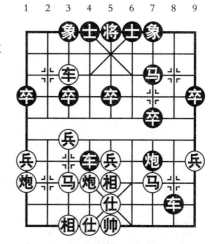

图 27-1

红如改走炮九平六，黑则象 7 进 5，前炮退一，将 5 进 1，红炮难逃，黑得子后净多一车，胜定。

20. ……	车 1 进 5	**21.** 前炮平六	象 7 进 5
22. 炮六退一	将 5 进 1	**23.** 车七退一	将 5 退 1
24. 车七进一	将 5 进 1	**25.** 车七退一	将 5 退 1
26. 车七进一	将 5 进 1	**27.** 车七退一	将 5 退 1

28. 炮六平二 ……

红一将一捉(即一将一抽)犯规，只好变着。

28. ……	车 1 进 1	**29.** 车七平三	……

红不如改走炮二退七打车，黑如接走车 1 平 2，则炮二平八，车 2 进 1，车七退一，马 7 进 6，车七退一，马 6 进 4，车七平九，车 2 进 1，车九进三，将 5 进 1，兵五进一，红虽少子处于下风，但总比实战少一车强得多。

29. ……	车 1 退 3	**30.** 炮二进一	象 5 退 7
31. 炮二平一	马 7 进 8	**32.** 车三平四	车 2 进 1
33. 马三退四	车 2 退 5		

黑净多一车胜势，红认负。

第28局 贵州郭家兴(红先负)云南郑新年

(1996年5月23日弈于四川成都)

本局选自1996年全国象棋团体赛。

1. 炮二平五	马8进7	**2.** 马二进三	车9平8
3. 车一平二	马2进3	**4.** 兵七进一	卒7进1
5. 车二进六	炮8平9	**6.** 车二平三	炮9退1
7. 马八进七	车1进1	**8.** 炮八平九	车1平6
9. 车九平八	炮9平7		
10. 车八进七	炮7进2		
11. 车八平七	车8进1		
12. 炮五平六	炮7进3		
13. 相三进五	车8平7		
14. 仕六进五	炮7平8		
15. 相五退三	炮8平7(图28-1)		
16. 车七进二	……		

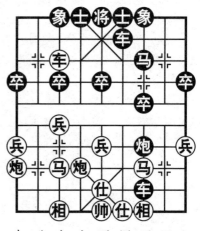

图28-1

如图28-1形势,实战红续走车七进二
破象,效果不佳。红应改走相三进五,炮7
平8,相五退三,炮8平7,双方不变可成
和局。

16. …… 车7退1

17. 相三进五 ……

红如改走相七进五,黑则车6进7,帅五
平六,车7平5,以下红有两种着法:

(1)炮九退一,车6进1,帅六进一(红如仕五退四,则车5平4,帅六平五,车
4平3,黑得子胜势),则车6平7,马七进六,炮7进2,仕五退六,车5平6,车七
平六,将5进1,炮九平三,车7退1,仕六进五,车6进1,黑胜定。

(2)马七进六,车5退1,车七平六,将5进1,马六进七,车6退3!相三进
五,车5平1,车六退一,将5退1,马七进九,车1进1,马九进七,车1进2,帅六
进一,车6平3!车六退四(红如相五进七吃车,则车1退1,帅六退一,炮7进3
杀,黑胜),车3退4,黑多子胜势。

17. …… 车7进1 **18.** 马七进六 ……

红如改走炮九退一打车,黑则车7平6叫杀,仕五进四(红如帅五平六,则炮

7 进 3,帅六进一,后车平 2,黑胜势),后车平 8! 黑伏有车 7 进 8 沉底叫杀的凶着,红难解。

18. ……　　　　车 6 平 2　　　　**19.** 车七平六　　将 5 进 1

20. 马六进七　　车 2 平 3　　　　**21.** 兵七进一　　炮 7 平 8

22. 帅五平六　　……

红如改走仕五进四,黑则车 3 进 1,仕四进五,象 7 进 5,炮九进四,象 5 进 3,炮六平七,炮 8 进 3,黑大优。

22. ……　　　　车 3 进 1

黑也可改走炮 8 进 3,以下帅六进一,炮 8 平 3,炮六平七,炮 3 退 5,黑优。

23. 炮九进四　　炮 8 进 3(图 28－2)

24. 相五退三　　……

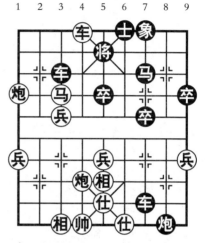

图 28－2

红如改走帅六进一,黑则车 3 平 2,炮六进二,车 2 进 6,帅六进一,炮 8 退 2,相五退三,车 7 退 1,以下红有两种着法:

(1)相三进五,车 2 退 1,帅六退一,车 7 平 5! 炮六平五,象 7 进 5,车六退一,将 5 退 1,车六平二(红如炮五退二,则车 2 进 1,帅六退一,炮 8 进 2,连将杀,黑胜),车 5 平 3,黑胜。

(2)相七进五,则车 2 退 1,帅六退一,炮 8 进 1,仕五进四,车 7 进 1,仕四退五,车 7 进 1,仕五进四,车 7 退 1,仕四进五,车 2 进 1,帅六进一,车 7 平 5! 仕四退五,车 2 退 1,黑胜。

24. ……　　　　车 7 进 1　　　　**25.** 炮九进二　　马 7 进 6

26. 相七进五　　车 7 退 4　　　　**27.** 相五退三　　……

红如改走帅六进一,黑则车 7 平 2,相五退三,炮 8 退 1,仕五进四,车 2 平 4,车六平四,马 6 进 5,相三进五,车 4 进 2! 白吃一炮,黑胜定。

27. ……　　　　车 7 进 4　　　　**28.** 帅六进一　　车 7 退 4

红难以抵挡黑车马炮联攻,推枰认负。

第29局　山西张琳(红先胜)安徽棋院赵冬

(1990年6月弈于河北邯郸)

本局选自1990年全国象棋团体赛。

1. 炮二平五	马8进7	2. 马二进三　车9平8
3. 车一平二	马2进3	4. 兵七进一　卒7进1
5. 车二进六	炮8平9	6. 车二平三　炮9退1

7. 马八进七　车1进1

8. 炮八平九　车1平6

9. 车九平八　炮9平7

10. 车八进七　炮7进2

11. 车八平七　车8进8

12. 炮五平六　炮7进3

13. 相三进五　车8平7

14. 仕六进五　炮7平8(图29-1)

15. 相五退三!　……

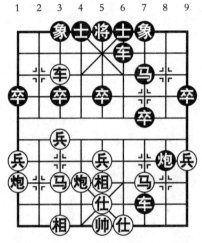

图 29-1

如图29-1形势,红方续走相五退三巧着,是对棋谱的突破。除此之外,红另有两种应着如下:

(1)车七平三,炮8进3,相五退三,车7退1,车三平二(红如相七进五,则车7平5,黑胜势),车7进2,炮六平四,炮8平9,相七进五,车7退3,车二退七,车7平9,黑优。

(2)马七进六,车6进7,帅五平六,炮8进3,帅六进一,马7进6或象7进5,黑优。

15. ……　　　　车7进1?

进车吃相不妥,应改走炮8平7重新压马。黑另有一种着法是车7退1吃马,变化如下:车7退1,相七进五,车7进1,炮九退一,车7退2,炮六进一,车7进1,炮六平二,马7进8,炮二退二,红阵形工整,略优。

16. 马三退一!炮8进2　　17. 炮九退一　车7平9

18. 炮九平二　车9退1　　19. 炮二进一　马7退5?

退马窝心,不如跃马出击。

20. 车七退一　马5进6　　21. 炮二平五　士6进5

22. 炮五进四　象3进5　　**23.** 炮六进六!……

进炮打车,好棋,顺便给黑方安个定时炸弹。

23. ……　　车6进1　　**24.** 炮五平九!　士5进4

25. 炮九进三　将5进1

黑如改走士4进5,红则炮六平八,将5平6,车七进三,士5退4,车七平六,将6进1,炮九退一,连将杀,红胜。

26. 炮六平八　将5平6　　**27.** 车七进二　士4进5

28. 车七进一!

进车妙手。黑如接走士5退4,红则炮九退一,将6退1,车七平六,构成连将杀,黑认负。

第30局　南京马龙亭(红先负)贵州周松云

(1993年4月22日弈于江苏南京)

本局选自1993年全国象棋团体赛。

1. 炮二平五　马2进3　　**2.** 马二进三　马8进7

3. 车一平二　车9平8　　**4.** 兵七进一　卒7进1

5. 车二进六　炮8平9　　**6.** 车二平三　炮9退1

7. 马八进七　车1进1

8. 炮八平九　车1平6

9. 车九平八　炮9平7

10. 车八进七　炮7进2

11. 车八平七　车8进8(图30-1)

12. 兵五进一　……

如图30-1形势,实战红方续走兵五进一,此着红方一般走炮五平六调整阵形,从实战看,兵五进一容易受攻,不是理想的进攻之着。

12. ……　　炮7进3

13. 马三进五　车8平7

14. 相三进一　……

红如改走炮五平三,黑则车7进1吃底相,仕六进五,车6进5,帅五平六,象7进5,

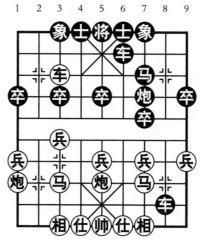

图30-1

车七平六,士6进5,车六退四,马7进6,红难逃丢子失势的命运。

14.…… 炮7平8 **15.** 炮五平二 马7进6

16. 兵五进一 马6进5 **17.** 马七进五 车7退2

18. 马五进六 **……**

红如改走马五进四,黑则车7进1,炮二退一,卒5进1,红也难应。

18.…… 炮8退2 **19.** 马六进八 炮8平5

红认负。其实红方此时认负早了点,因为红方可以接走马八进七卧槽将军,以下黑有两种应着:

(1)将5进1,炮九进四,象3进1,炮九平八,车7平2,黑大优。

(2)车6平4,车七退一,士6进5,炮二进六,车7平5,仕六进五,车5平8,炮九平五,车8退5,车七平五,车4平3,车五退一,象7进5,车五平三,车8平6,车三退一,车3平2,黑虽占优,但红还有一线和棋机会,总比早就认输要好。

第31局 大连张俊恒(红先负)沈阳金松

(2000年12月弈于辽宁丹东)

本局选自第12届"棋友杯"比赛。此局黑方应法新颖,具有代表性。

1. 炮二平五 马8进7 **2.** 马二进三 车9平8

3. 车一平二 马2进3

4. 兵七进一 卒7进1

5. 车二进六 炮8平9

6. 车二平三 炮9退1

7. 马八进七 车1进1

8. 炮八平九 车1平6

9. 车九平八 炮9平7

10. 车八进七 炮7进2

11. 车八平七 炮7进3!(图31-1)

如图31-1形势,黑打兵瞄相是好棋,下一步再双横车并线兑车,构思巧妙!以往此着黑多走车8进8塞相眼。

12. 相三进一 车8进1!

横车并线,深得棋谚"霸王车,兑子便宜"之说。

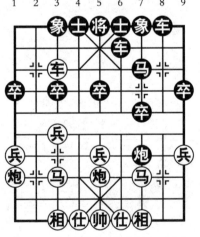

图31-1

13. 车七进二　车6平3　　　**14.** 车七平九　车3平1

15. 车九平八　车8平2　　　**16.** 车八平七　车2平3

17. 车七平八　车1平2

黑来回邀兑,红不敢兑车,因为兑车后剩下无车棋对红方不利,黑如有战略和棋需要,也可来回邀兑,双方不变作和。

18. 车八平九　卒3进1

黑通过邀兑把红车逼到角落,同时把己方的车位调好准备反攻。

19. 兵五进一　　……

红如改走兵七进一吃卒,黑则车3进3,马七进六,车3平4,马六退七,车2平3,黑优。

19. ……　　　卒3进1　　　**20.** 兵五进一　士6进5

21. 马七进五　　……

红可改走兵五进一,黑如接走卒3进1,则兵五平四,将5平6,马七进五,车2进6,炮九退一,车2进1,车九退三,卒3平4,双方对攻。

21. ……　　　卒3平4　　　**22.** 车九退三　　……

红如改走兵五进一,则卒4进1,兵五进一,卒4平5,兵五进一,马7退5,马三进五,车2进5,马五进四,炮7平5,黑多子占优。

22. ……　　　车3进8　　　**23.** 炮五平七　　……

红如改走兵五进一,黑则卒4进1,马五进六,卒4进1,捉炮并伏弃车吃仕连将杀棋,黑大优。

23. ……　　　车2进8!

车沉底吃仕好棋,黑如改走卒4进1,红则马三退五,红不失子。

24. 仕四进五　卒4进1　　　**25.** 炮七进四　车2退2

黑必得一子大优,结果胜。

第32局　天津刘德钟(红先负)山东张志国

(2005年4月16日弈于甘肃兰州)

本局选自2005年全国象棋团体赛第6轮。

1. 炮二平五　马8进7　　　**2.** 马二进三　车9平8

3. 车一平二　卒7进1　　　**4.** 车二进六　马2进3

5. 兵七进一　炮8平9　　　**6.** 车二平三　炮9退1

7. 马八进七　车1进1　　　**8.** 炮八平九　车1平6

9. 车九平八　　炮 9 平 7　　10. 车八进七　　炮 7 进 2

11. 车八平七　　炮 7 进 3!　　12. 相三进一　　车 8 进 1

13. 车七进二　　车 6 平 3

14. 车七平九　　车 3 平 1(图 32 - 1)　15. 车九退一　……

如图 32 - 1 形势,实战红方续走车九退一兑车,红如坚决不兑车,则变化见下:车九平八避兑,黑则车 8 平 2 再邀兑,车八平七,车 2 平 3,车七平八,车 1 平 2,车八平九,卒 3 进 1,马七进六,卒 3 进 1,马六进五,马 7 进 5,炮五进四,车 2 进 6,马三退二,车 3 进 2,炮五平九,车 2 平 8,马二进四,车 8 平 6,后炮平五,士 6 进 5,马四进六,卒 3 平 4,黑大优。

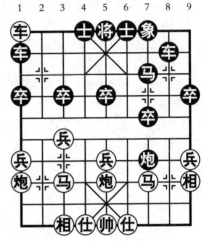

图 32 - 1

15. ……　　　　车 8 平 1

16. 马七进六　　车 1 平 4

17. 马六进七　　车 4 进 7

18. 炮九进四　　卒 7 进 1!

弃卒逼红飞高相,下一步再平车捉马,次序井然!

19. 相一进三　　车 4 平 7　　20. 炮五平八　　……

红此着不弃马也没有好棋。红如改走马三退五,黑则炮 7 平 8,炮五平二,车 7 退 3 吃相,也是黑优。

20. ……　　　　车 7 退 1　　21. 相三退五　　车 7 进 1

22. 炮八进七　　将 5 进 1　　23. 炮九进二　　车 7 平 4!

平车守肋,兼塞相眼,攻守兼备,妙哉!

24. 兵七进一　　马 7 进 6

跃马出击,马到之时,必定成功。

25. 炮八退一　　将 5 退 1　　26. 炮九进一　　将 5 进 1

27. 炮九退一　　将 5 退 1　　28. 马七进九　　士 4 进 5

必应之着。黑如改走他着,红马九进七卧槽叫将,黑只有退车送吃解将,红得子后胜定。

29. 炮九进一　　士 5 进 6　　30. 兵七进一　　炮 7 退 4!

攻不忘守,好棋! 瓦解了红方仅有的一点攻势。

31. 马九进八　　将 5 进 1　　32. 炮九退一　　将 5 退 1

33. 炮八退二　　马 6 进 4

进马,捉相捉兵又保卒,真是一着三用。

34. 兵七进一　马 4 进 5　　　**35.** 仕四进五　马 5 进 7

36. 帅五平四　车 4 退 4　　　**37.** 帅四进一　车 4 平 6

38. 仕五进四　炮 7 平 8

红已难解杀着,认负。红如接着走仕六进五,黑则炮 8 进 6 叫将做个过门,帅四退一,炮 8 退 3! 形成绝杀,黑胜。

第五章 马跃河头

第 33 局 法国许松浩(红先负)中国台北吴贵临

(2001 年 12 月 9 日弈于澳门)

本局选自 2001 年第 7 届世界象棋锦标赛。

1. 炮二平五	马8进7	**2.** 马二进三	车9平8
3. 车一平二	马2进3	**4.** 兵七进一	卒7进1
5. 车二进六	炮8平9	**6.** 车二平三	炮9退1
7. 马八进七	车1进1	**8.** 炮八平九	车1平6
9. 马七进六	士6进5	**10.** 马六进五	马3进5
11. 炮五进四	马7进5		

12. 车三平五 卒7进1!（图 33-1）

如图 33-1 形势，黑弃卒巧妙，红如接走兵三进一吃卒，黑则炮2平7。以下红有两种变化：

(1)相三进五,炮9平7,马三退一,车8进8,炮九进四,车8平6,仕六进五,前车平9,炮九进二,前炮平8,车五平二,车6进2!车二进一（红如车二平四吃车,则炮8进7,相五退三,炮7进8,黑速胜）,炮7平1,黑得子大优。

(2)炮九进四,车6进6!车五平七,象7进5,车七平一,炮9平7,炮九平三,车6退4,兵三进一,前炮进2,相三进五,前炮平1!车九平八,炮7进6,黑得子大优。

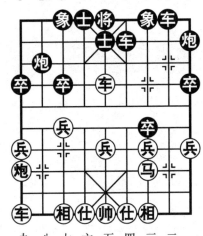

图 33-1

13. 车五平三 卒7平6

14. 车九平八 车6进1 **15.** 仕六进五 ……

红如改走相七进五,黑则卒6进1,仕六进五,车6平8,车三进二,炮9进1,

车八进六,炮2平7,车八平七,卒6进1!马三退一,卒6进1,车七平四,炮7平5,车四退五,炮5进5,仕五退六,炮5平2,车四平八,炮2退5,黑先。

15.……   车6平8!

车平8路给右炮左移提供便利,好棋!

16. 车三平七   炮2平7   17. 车七进三   ……

红如改走车八进二保马,黑则炮9平7,车七进三(红如改走相三进一,则前车进5,红要失子,黑大优),前炮进5,炮九平三,前车进5,黑必得一子大优。

17.……   炮7进5   18. 炮九进四   前车平1

19. 车七退三   ……

红如改走炮九平五,黑则象7进5,车七平六,将5平4,车八进九,将4进1,车八平二,车1进1,炮五进二,炮9进5,车二退六,将4平5,车二平一,炮7平2,黑多子大优。

19.……   炮9进5   20. 车七平五   车8进2

黑也可改走炮9平5打兵叫将,黑优。

21. 炮九平七   车1平3   22. 相七进五   车8平5

23. 车五平一   炮9平5   24. 兵七进一   车5进2

25. 车八进五   象7进5   26. 兵七平六   车5平7

27. 车一平五(图33-2) 车7退1!

退车邀兑好棋,可简化局势,保持多子优势,黑此着也可改走卒6进1保炮,下一步再退车邀兑,效果可能更好。

28. 车五进一   车3进1

29. 车五退四   车3平6

30. 车八退二   炮7平8

31. 兵三进一   炮8退5

32. 车五进四   炮8平6

33. 车八平三   卒6进1

34. 车三退一   炮6平7

35. 车五退三   车6退3

36. 兵九进一   车7平2

37. 车三平二   车2进6

38. 仕五退六   卒6进1

冲卒,进入攻坚阶段。

39. 仕四进五   卒6进1

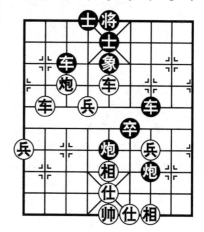

图 33-2

40. 相三进一   炮7平4

41. 兵六平五　炮4进6

黑也可改走卒6平5,帅五进一,车6进9,黑胜势。

42. 车五平七　炮4平1　　**43. 车七退四　车2退5**

44. 兵五进一　车2平6!

平车做杀,逼红退车。

45. 车二退二　前车平5!

做了个过门后再平中路捉双,妙着!

46. 车二进二　炮1退1　　**47. 车七进二　炮1进2**

48. 车七退二　炮1退2　　**49. 车七进二　炮1进2**

50. 车七退二　炮1退2　　**51. 车七进二　炮1进2**

52. 车七退二

按照现行《象棋比赛规例》(亚洲规则)规定,红方长捉犯规,黑方一将一捉是允许着法,红方必须变招,不变判负,红只好弃相,黑吃相后胜定,红认负。

第34局　河北刘殿中(红先胜)江苏徐天红

(2000年6月15日弈于山东淄博)

本局选自2000年"嘉周杯"象棋特级大师冠军赛小组赛。

1. 炮二平五　马8进7　　**2. 马二进三　车9平8**

3. 车一平二　卒7进1　　**4. 车二进六　马2进3**

5. 兵七进一　炮8平9　　**6. 车二平三　炮9退1**

7. 马八进七　车1进1　　**8. 炮八平九　车1平6**

9. 马七进六　士6进5　　**10. 炮五平七(图34-1)　……**

如图34-1形势,红方卸中炮至七路,新着。因为徐天红及江苏队擅长右横车布局,所以刘殿中早就准备好圈套,等徐天红"上钩"。以往此着多走车三退一杀卒或车九平八准备一车换双。

10. ……　炮9平7　　**11. 炮七进四　象3进1**

12. 车三平二　车8进3　　**13. 炮七平二　马3进4**

14. 车九平八　炮2平4　　**15. 兵七进一　马4进6**

16. 相七进五　车6进2!

进车捉炮,可使己方阵形舒展,可走之着。

17. 炮九进四　……

红边炮担负保马重任,现重炮轻发,防守就会出现空虚。

17.‥‥‥　　　　　炮4进1　　18.车八进七(图34-2)　将5平6!

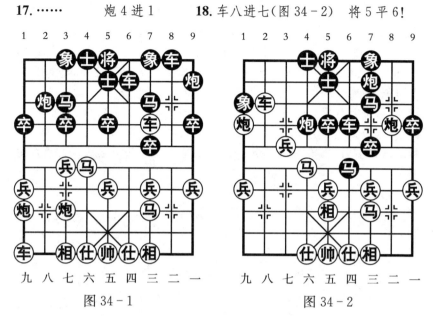

图34-1　　　　　　　　　　　图34-2

出将,正确。黑如改走马6进7吃马叫杀,红则仕六进五。以下黑有四种变化:

(1)车6退1,车八平四,士5进6,炮二平六,象1进3,炮九进三,士4进5,炮九平三,红优。

(2)车6进2,车八平三,车6平4,车三进一,炮4平8,车三进一,士5退6,炮九平二,象1进3,炮二进三,车4平8,炮二平四,红优。

(3)车6平8,车八平三,炮7平9(黑如改走炮7平6,则炮九平五,士5退6,炮五退二,车8平6,兵七进一,炮4退2,车三平五,士6进5,车五进一! 将5平6,车五平六,红胜势;黑又如改走车8平7,则车三平九,将5平6,马六进五,卒7进1,兵三进一,马7退5,车九平三,象7进5,车三平五,炮4平2,车五平八,红胜定),车三进二,士5退6,车三退一,炮9进5,马六进四! 炮4平2,马四进五,红胜势。

(4)后马退9,炮二进三,士5退6,车八平九,车6平8,车九平五,士4进5,炮九平五,将5平4,车五平八,炮4进1,兵七平六,车8平5,兵六平七! 车5平4,车八进二,将4进1,马六进七,车4平3,兵七进一,红胜定。

19.仕六进五　‥‥‥

红如改走车八平三吃马,黑则马6进8,马六退四,车6进3,仕六进五,车6退1,仕五进四,马8进7,帅五进一,车6进2,帅五平六,炮4退2,黑大优。

19.‥‥‥　　　　　马6进8　　20.马六退四　马7进6?

进马不妥。黑应改走马 7 退 9,既可捉炮,又不妨碍车吃马,变化如下:马 7 退 9,炮二进三,象 7 进 5,兵七平六,车 6 进 3,兵六进一,卒 7 进 1! 车八平九,车 6 退 2,仕五进六,卒 7 进 1,车九平五,炮 7 进 6,炮九进三,将 6 进 1,炮九退一,将 6 退 1,炮九平一,车 6 进 5,帅五进一,车 6 退 1,帅五退一,车 6 平 4,红只有弃车解杀,黑胜。

21. 炮二进三　　象 7 进 5　　　22. 车八退三　　卒 7 进 1

23. 车八平三　　车 6 退 2　　　24. 炮九平八　　马 6 退 7

费了这么多力气,再回到老路上来,可见先前马 7 进 6 之失。此着黑可改走马 8 退 7。

25. 车三进三　　车 6 进 5　　　26. 炮八退五　　炮 4 退 2

27. 兵七进一　　卒 5 进 1　　　28. 兵七进一　　车 6 退 3

29. 兵七进一　　车 6 平 2　　　30. 马三退一!　……

退马邀兑,好棋! 黑必失子。

30. ……　　　　车 2 进 5　　　31. 马一进二

黑见丢子失势,遂推枰认负。

第 35 局　　河北刘殿中(红先胜)江苏徐天红

(2001 年 4 月 20 日弈于北京)

本局选自 2001 年第 1 届 BGN 世界象棋挑战赛第 2 轮。

1. 炮二平五　　马 8 进 7　　　2. 马二进三　　车 9 平 8

3. 车一平二　　马 2 进 3　　　4. 兵七进一　　卒 7 进 1

5. 车二进六　　炮 8 平 9　　　6. 车二平三　　炮 9 退 1

7. 马八进七　　车 1 进 1　　　8. 炮八平九　　车 1 平 6

9. 马七进六　　士 6 进 5　　　10. 炮五平七　　炮 9 平 7

11. 炮七进四　　象 3 进 1　　　12. 车三平二　　车 8 进 3

13. 炮七平二　　马 3 进 4(图 35 - 1)　14. 兵七进一　　……

如图 35 - 1,2000 年 6 月 15 日在山东淄博举行的"嘉周杯"象棋特级大师冠军赛上,两位大师也走成相同布局(详见第 34 局),当时刘殿中续走车九平八捉炮,结果红胜。不到一年时间,再次出现相同布局,可见徐天红已找出失误所在,而刘殿中也研究出了新招,抢先变招。两位老"特大"这种刻苦钻研的精神,值得我们学习。

14. ……　　　　马 4 进 6　　　15. 相七进五　　炮 2 进 5

16. 马三退一　　马 6 进 4

17. 车九平七　　车 6 进 4

18. 马六进七　　马 7 进 6

黑也可改走车 6 进 3 捉马。

19. 兵七平六　　……

逃兵,不如改走仕六进五巩固防线
为好。

19. ……　　　　炮 7 进 5

20. 炮九进四　　将 5 平 6

21. 马七进九?　　……

马踩边象,败着。红仍应改走仕六进五
巩固防线。

21. ……　　　　马 6 退 5?

退马劣着,将胜利果实拱手相让。此着
应改走炮 2 进 2! 弃炮,以下红有两种变化:

(1)炮二退五,马 6 进 4,仕四进五,后马进 2,仕五进六,车 6 进 4,帅五进
一,车 6 退 1,帅五退一,马 2 进 4,绝杀,黑胜。

(2)车七平八,马 6 进 4! 炮二平四(红如仕六进五,则马 4 进 3,帅五平六,
马 4 进 5! 炮九平六,车 6 进 4,帅六进一,马 5 退 3,帅六进一,车 6 平 2,已成绝
杀之势,黑胜),前马进 3,帅五进一,马 4 进 3,帅五平六,车 6 平 4,绝杀,黑胜。

22. 仕六进五　　炮 2 进 1

23. 炮二进三　　象 7 进 9

24. 马一进二(图 35 - 2)　炮 2 退 2?

退炮软着。此着应改走炮 2 进 1! 以下
红有三种应法:

(1)车七进三,马 4 进 5! 仕四进五,炮 7
平 3,打车后重炮叫杀,黑胜定。

(2)车七进七,马 4 进 2,帅五平六(红如
车七平五,则车 6 进 4! 仕五退四,马 2 进 3,
连将杀,黑速胜),马 2 进 3,帅六进一,车 6
平 4,仕五进六,车 4 进 2,连将杀,黑胜。

(3)车七进二,车 6 平 2,兵九进一(红如
炮二退三,则马 4 进 3! 炮九平八,炮 7 平 1,
帅五平六,车 2 平 4,仕五进六,车 4 进 2! 车

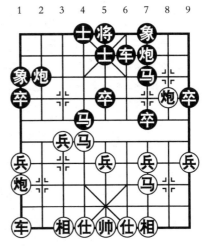

图 35 - 1

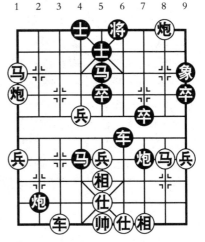

图 35 - 2

七平六,炮1进3,连将杀,黑胜),车2平1,炮二退三,车1进4,马二进三,炮2退6,仕五退六,车1退6,炮二平八,车1平2,马三进一,车2退1,黑多子胜势。

25. 车七进三　马4进5

弃马踩仕,败着。黑应改走车6平8捉双,由于本局是快棋赛,时间紧张,错漏在所难免,这也是快棋的魅力——双方都有赢棋机会。

26. 仕四进五　车6平8　　27. 兵五进一　炮7平9

28. 马二退一

红方得子胜定,黑方认负。

第36局　香港黄志强(红先负)江苏徐超

(2000年11月8日弈于安徽蚌埠)

本局选自2000年"环球药业杯"全国象棋个人赛第1轮。

1. 炮二平五　马8进7　　2. 马二进三　车9平8

3. 车一平二　马2进3　　4. 兵七进一　卒7进1

5. 车二进六　炮8平9　　6. 车二平三　炮9退1

7. 马八进七　车1进1　　8. 炮八平九　车1平6

9. 马七进六　士6进5　　10. 炮五平七　炮9平7

11. 炮七进四　象3进1

12. 车三平二　车8进3

13. 炮七平二　马3进4

14. 车九平八　炮2平4

15. 兵七进一　马4进6

16. 相七进五　车6进2

17. 炮九进四(图36-1)　车6退1

如图36-1形势,实战中黑方续走车6退1。此前徐天红曾走炮4进1,结果负于刘殿中。现在徐超做了改进,一定是上次赛后回队复盘拆解过,免得重蹈覆辙。

18. 马三退一　马6进4

19. 车八进一　车6进3

20. 马六进七　车6平3

21. 车八平四　车3退1

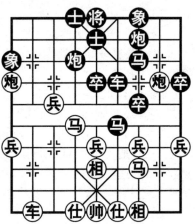

图36-1

22. 马七进九　……

红如改走炮二进三,黑则象7进9,马七进五,马4进3,帅五进一(红如车四平六,则士5进6,下一步黑有炮7平4、将5进1等多种攻击手段,黑大优),炮4退1,红帅位不稳,黑优。

22. ……　　　象7进5　　**23. 炮九平七**　车3平6

24. 车四平八　……

红如改走车四进四兑车,黑则马4进3,帅五进一,马7进6,黑优。

24. ……　　　马7进8

25. 炮二平三　马8进9

26. 马九退八　将5平6!

出将助攻,好棋!

27. 仕六进五　马9进8

28. 马八退六　车6平4

29. 马六退八　车4平2(图36-2)

30. 仕五进六　……

红如改走马八退六,黑则车2进4,马六退八,马4进3,帅五平六,士5进6,红难解黑下一步炮7平4的杀着,黑胜定。

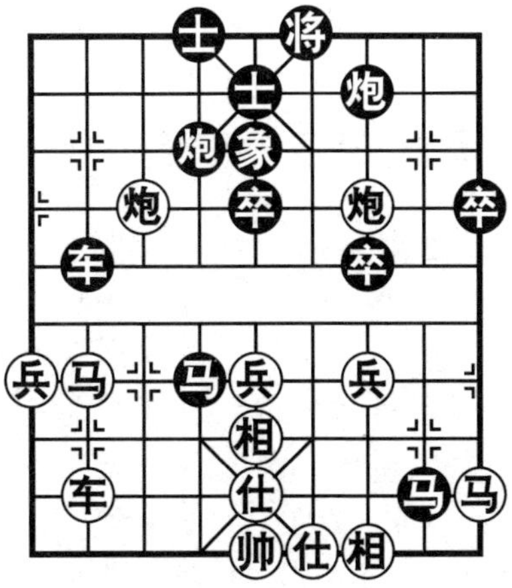

30. ……　　　马8退7

31. 炮三退三　炮7进5

32. 炮七退六　……

红如改走车八平四叫将,黑则将6平5,马八进六,车2进3,仕四进五,马4退2,车四进二,马2退3,马六进七,车2进2,仕五退六,车2平4,帅五进一,卒7进1,黑优。

图 36-2

32. ……　　　将6平5　　**33. 车八平三**　车2进2

34. 车三进二　炮4进5

黑在交换过程中劫得一仕,已大占优势。

35. 车三退二　车2平3　　**36. 马一进二**　卒7进1!

黑乘机渡卒过河,妙着! 红如接走车三进三吃卒,则炮4平1,黑三子归边有强烈攻势占优。

37. 炮七平六　炮4平2　　**38. 车三平八**　卒7进1

39. 车八进一　卒7平8　　**40. 车八进五**　马4进3

41. 帅五进一　车3平5　　**42. 车八平五**　车5平6

黑此着也可改走将5平6。

43. 车五退一　将5平6　　44. 帅五平六　车6进3

45. 相五进七　马3进1　　46. 炮六平五　马1退2

47. 帅六退一　马2退3　　48. 车五平一　马3进1

49. 车一平七　马1进2

红认负。因为红如续走车八退五(红如帅五进一,则车6平5吃炮得子,黑胜定),黑则车6退1捉死车,黑胜。

第37局　福建王晓华(红先负)广东许银川

(2000年11月10日弈于安徽蚌埠)

本局选自2000年"环球药业杯"全国象棋个人赛第3轮。

1. 炮二平五　马8进7　　2. 马二进三　车9平8

3. 车一平二　马2进3　　4. 兵七进一　卒7进1

5. 车二进六　炮8平9　　6. 车二平三　炮9退1

7. 马八进七　车1进1

8. 炮八平九　车1平6

9. 马七进六　士6进5

10. 车九平八　炮9平7

11. 车八进七　炮7进2

12. 车八平七　车8进8

13. 炮五平七　车6进1(图37-1)

如图37-1形势,黑进士角车邀兑好棋,可减缓红方进攻速度。

14. 车七进二　……

红如改走车七平四兑车,黑则士5进6,马六进五,炮7进3,相三进五,象7进5,有车对无车,黑优。

14. ……　　炮7进3

黑也可改走车8平4提马,以下红有两种应着:

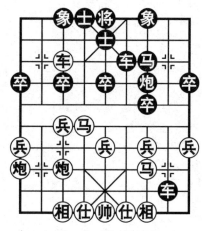

图37-1

(1)马六进七,车4平3,炮九进四(红如炮七平八,则车6平2,炮八进二,车3退3,红要失子),车3退1,炮九进三,车3平2,马七进六,车6平1,相三进五,象7进5,炮九平八,车1退2,兵七进一,车2退6,车七退二,车1平2,马六进八,车2退1,车七平五,炮7进3,黑多子优。

(2)马六退五,象7进5,车七退二,车4退6,车七进一,卒3进1,兵七进一,车6进2,兵七进一,车6平3,炮七进一,车3退1,车七平九,炮7平8,炮九平七,炮8退2,车九进一,车3平2,红马占相位,阵形不整,黑机会较多。

15. 相三进五 ……

红如改走相七进五,黑则车8平6,相三进一,后车平4,马六进七,车6平3,炮七平八,车4平2,炮八进二,车3退1,黑胜势。

15. …… 车8平7 16. 仕六进五 ……

红如改走仕四进五,则车6进6,炮九退一,车7进1,马三退四(红如仕五退四,则车7平6,马三退四,炮7进3,绝杀,黑胜),车7平8! 炮九平四,炮7进3,绝杀,黑胜。

16. …… 炮7平8(图37-2)

17. 炮九进四 ……

红如改走车七退三吃卒,黑则车6平2,马六退四,车7平6,马四进三,炮8退3,车七进一(红如车七进二,则象7进5,前马退五,车6平7,马三进二,马7进6! 黑先),车2平3,炮七进五,士5退6,双方对攻。

17. …… 车6平1

18. 炮七平九 炮8进3

19. 相五退三 车7退1

20. 相七进五 ……

红如改走前炮平五,黑则马7进5,炮九进五,车7进2,仕五进四,马5进4,黑得子胜势。

20. …… 车7退1

21. 马六进七 车1平2

22. 前炮进三 车2进7

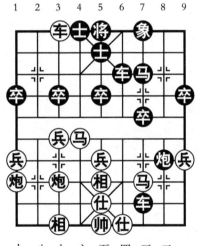

图37-2

进车叫将,正确。黑如改走士5进4,红则车七退二,车2退2,车七平六!(注:伏车六进二,将5进1,车六退一,杀)将5平6,马七进六! 将6进1,车六平四,将6平5,马六进八,红胜定。

23. 仕五退六 士5进4 24. 车七退一 士4进5

25. 马七进八 将5平6 26. 车七平六 ……

红如改走前炮平八,黑则车7平6,相五退七,车6进3,帅五进一,车6平5,

帅五平六,车5平4,帅六平五,车4平5,帅五平六,车2平3,已成绝杀之势,
黑胜。

26.……　　　车7平6　　27.马八进六　车2退9

28.仕六进五　……

红如改走马六退八叫将,黑则车2进1砍马,车六平八,车6进3,帅五进
一,车6退1,绝杀,黑胜。

28.……　　　炮8退8!

退炮打车,红必丢子。红认负。

第38局　安徽余四海（红先负）福建王晓华

（2006年4月3日弈于山东济南）

本局选自2006年全国象棋团体赛第3轮。

1.炮二平五	马8进7	**2.马二进三**	卒7进1
3.车一平二	车9平8	**4.车二进六**	马2进3
5.兵七进一	炮8平9	**6.车二平三**	炮9退1
7.马八进七	车1进1	**8.炮八平九**	车1平6

9.马七进六　士6进5

10.车九平八　炮9平7

11.车八进七　炮7进2

12.车八平七　车8进1

13.炮五平七　车6进1

14.车七进二　炮7进3

15.相三进五　车8平7(图38-1)

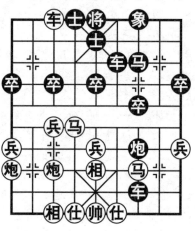

图38-1

如图38-1形势,双方形成了与2000年王晓华执先对许银川相同的局面。王晓华"吃一堑,长一智",活学活用许银川对付自己的套路,最终取得了胜利。

16.车七退三　炮7平8

17.仕六进五　车6平2

18.兵七进一　炮8退3!

打车好棋,一着两用:一可逼车退出卒林,二可守住己方边卒,此着黑也可改走炮8

进3。

19. 车七进二　车2进5?

黑可改走炮8进6。

20. 马三进二　……

红应改走兵七平八,黑如接走炮8进6,则相五退三,车7退1,炮九进四,将5平6,炮七平四,红优。

20. ……　　卒7进1　**21.** 马二退一　……

红仍应改走兵七平八,黑如接走卒7平8,则炮七进五,车7退4(黑如炮8退2,则车七平六,将5平6,炮七进二,将6进1,炮七平八打死车,红优),炮七平九,将5平6,前炮进二,将6进1,前炮平八,车2退3,马六进八,车7平2,炮八平三,红优。

21. ……　　车7平9　**22.** 兵七平八　象7进5

黑如改走车2进1叫杀,红则炮七退一,炮8进6,相五退三,车9退1,炮九进四,将5平6,炮九进三,将6进1,车七退一,红优。

23. 车七退一?　……

红应改走炮九进四,炮8平1,炮七进五,红优。

23. ……　　士5进4　**24.** 车七平六　士4进5

25. 车六平五　马7进6!

献马,妙手!

26. 车五平二　……

红如改走马六进四吃马,黑则炮8进6,相五退三,车2进1,仕五退六,车2平6,仕六进五,车6平5,帅五平六,车5平4,帅六平五,车9平5,连将杀,黑胜。

26. ……　　马6进4　**27.** 车二进二　士5退6

28. 炮七进二　……

红如改走车二退三吃炮,黑则车2平3,车二退四,马4进2,炮九进四,马2进3,帅五平六,车9平6,炮九退二,卒7平6,车二退二,车3退1,仕五退六,车3平4,仕四进五,车6平5,红无解,黑胜。

28. ……　　车9退1　**29.** 车二退三　车9退1

30. 炮九进四　车9平5　**31.** 车二进二　……

红如改走炮七平三打卒,黑则车2进2,红亦难应。

31. ……　　马4进6　**32.** 炮七退三　车2平3

33. 炮七平八　车3进1　**34.** 炮八进一　马6进7

35. 帅五平六　车5平4　**36.** 炮八平六　车3退1

37. 帅六进一　马7退6

退马做杀,红认负。其实黑最后一着改走马 7 退 5 更好,下一步伏有两种杀法:

(1)车 4 进 1! 弃车砍炮,仕五进六,车 3 进 1 杀,黑胜。

(2)车 3 进 1,帅六退一,车 4 进 1,帅六平五,马 5 进 7 杀,黑胜。

第39局　舟山朱武刚(红先负)绍兴卢腾

(2010 年 1 月 1 日弈于浙江杭州)

本局选自 2010"华宇杯"浙江省首届象棋团体锦标赛第 3 轮。

1. 炮二平五	马 8 进 7	2. 马二进三	车 9 平 8
3. 车一平二	马 2 进 3	4. 兵七进一	卒 7 进 1
5. 车二进六	炮 8 平 9	6. 车二平三	炮 9 退 1
7. 马八进七	车 1 进 1	8. 炮八平九	车 1 平 6
9. 马七进六	士 6 进 5	10. 车九平八	炮 9 平 7
11. 车八进七	炮 7 进 2	12. 车八平七	车 8 进 8
13. 炮五平七	……		

红如改走车七平三吃马,黑则炮 7 进 3,车三平七,炮 7 进 3,仕四进五,炮 7 平 9,仕五进四,车 6 平 8,炮五进四,象 7 进 5,仕六进五,前车进 1,仕五退四,前车退 4,仕四进五,前车平 4,黑大优。

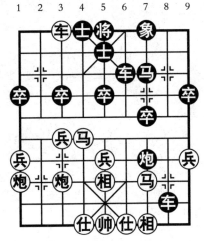

图 39-1

13. ……　　　车 6 进 1

14. 车七进二　炮 7 进 3

15. 相七进五(图 39-1)　……

如图 39-1 形势,红相七进五不妥,此着应改走相三进五。

15. ……　　车 8 平 6!

平车塞相眼逼红相飞边,紧着。由此可见红方上着飞左相之失。

16. 相三进一　……

红如不飞边相而改走仕四进五,以下黑炮 7 进 3,仕五进四,后车平 4,马六进七,炮 7 平 4,也是黑优。

16. ……　　　前车平 4　　17. 马六进七　车 4 平 3

18. 炮七平八　……

红如改走马七退六,黑则马 7 进 6! 马六进四,车 3 退 1,马四退三,车 3 平 1,黑优。

18. ……	车 6 平 2	**19. 炮八进二**	象 7 进 5
20. 车七退一	车 3 退 1	**21. 炮九进四**	车 3 平 5
22. 马三退五	炮 7 平 1	**23. 炮九进三**	车 2 退 2

24. 车七平九　……

红如改走马七退六捉车,黑则炮 1 进 3,炮八退四,车 5 平 4,马五进七,车 2 平 1,红也难以抵挡黑方的攻势。

24. ……　　　炮 1 平 3

捉马叫杀,黑必可得子。红推枰认负。

第 40 局　　北京高建中(红先负)成都陈鱼

(1991 年 5 月 21 日弈于江苏无锡)

本局选自 1991 年全国象棋团体赛第 9 轮。

1. 炮二平五	马 8 进 7	**2. 马二进三**	车 9 平 8
3. 车一平二	马 2 进 3	**4. 兵七进一**	卒 7 进 1
5. 车二进六	炮 8 平 9	**6. 车二平三**	炮 9 退 1
7. 马八进七	车 1 进 1	**8. 炮八平九**	车 1 平 6
9. 马七进六	士 6 进 5	**10. 车九平八**	炮 9 平 7
11. 车八进七	炮 7 进 2	**12. 车八平七**	车 8 进 8

13. 炮五平七　车 6 进 4(图 40－1)

14. 相三进五　……

飞相,求稳。红可改走车七平三吃马,黑如接走炮 7 进 3,则相三进五,车 6 平 4,车三退二,炮 7 平 1,车三进四,士 5 退 6,车三退三,红略优。

14. ……	象 7 进 5	**15. 马六进七**	炮 7 平 8

16. 仕六进五?　……

红背补仕不妥。不如改走仕四进五稍好。

16. ……	车 8 平 7	**17. 帅五平六**	炮 8 进 6
18. 帅六进一	车 6 进 4	**19. 马七进五**	……

弃马踩象,制造对攻机会,方向正确,红如改走炮九退二,黑则车 6 平 3,炮九平二,车 3 退 2,红方只能坐以待毙。

19.……   象3进5

黑也可改走车6平3吃相,红如接走马
五进三,则将5平6,车七平四(红如车七平
三吃马,则车3退1,帅六进一,车3退1,帅
六退一,炮8退1,黑胜定),士5进6,炮七进
七,将6进1,炮七退九,炮8退1,炮七平四,
将6平5,帅六退一,炮8平5,兵三进一,卒
7进1,后马退五,车7平5,相五进三,马7
进6,黑胜定。

20.炮九进四   ……

红如改走炮七平八,黑则车6平3,炮八
进七,象5退3,车七进二,将5平6,车七退
二,将6进1,炮八退一,士5进4,炮九进四,
车3退1,帅六进一,车3退2,黑大优。

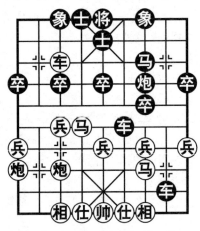

图40-1

20.……	**车6平3**		
21.炮九进三	**象5退3**		
22.车七进二	**车3退1!**	**23.帅六进一**	**车3退1**
24.帅六退一	**将5平6**	**25.车七退二**	**将6进1**
26.车七平三	**车3进1**	**27.帅六进一**	**车3退2**

红认负。

第41局 农协李林(红先负)江苏廖二平

(1990年10月11日弈于浙江杭州)

本局选自1990年全国象棋个人赛。

1.炮二平五	**马8进7**	**2.马二进三**	**车9平8**
3.车一平二	**卒7进1**	**4.车二进六**	**马2进3**
5.兵七进一	**炮8平9**	**6.车二平三**	**炮9退1**
7.马八进七	**车1进1**	**8.炮八平九**	**车1平6**
9.马七进六	**士6进5**	**10.车九平八**	**炮9平7**
11.车八进七	**炮7进2**	**12.车八平七**	**车8进8**

13.仕四进五(图41-1) ……

如图41-1形势,红上仕不如改走炮五平七调整阵形好。

13. ……　　　车 6 进 1

14. 车七平四　　……

车是进攻的主力,兑车后形成无车棋,红很难组织进攻,因此要尽量避免兑车,红此着可改走车七进二吃底象。

14. ……　　　士 5 进 6

15. 炮五进四　　……

红如改走马六进五,则象 7 进 5,马五进三,车 8 退 6 捉死马,黑优。

15. ……　　　卒 7 进 1

16. 炮九平五　　炮 7 进 3

17. 马三退四　　卒 7 平 6

18. 前炮退一　　将 5 平 6

19. 马六进五　　马 7 进 8

20. 马五退三　　象 7 进 5

21. 马三进四　　炮 7 退 4!

退炮好棋,限制红马活动范围。

22. 前炮进一　　……

红如改走前炮平四,黑则马 8 退 6 困住红马,黑优。

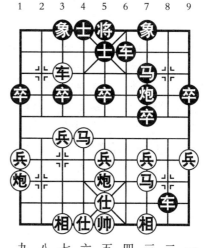

图 41-1

22. ……　　士 4 进 5　　**23.** 前马退五　　马 8 进 7

24. 后炮平四　　将 6 平 5　　**25.** 相三进五　　车 8 退 4

26. 兵五进一　　卒 6 进 1　　**27.** 炮四平三　　马 7 进 9

黑也可改走炮 7 进 5 兑炮,马四进三,马 7 进 9,炮五平三,卒 6 平 7,马三退四,车 8 平 7,炮三平四,马 9 进 7,炮四退五,车 7 平 6,仕五进四,车 6 进 3,帅五进一,车 6 退 2,黑胜定。

28. 炮五平三　　炮 7 平 9

黑仍可兑炮。

29. 相五退三　　马 9 进 8　　**30.** 后炮平八　　炮 9 进 4

31. 炮三平九　　炮 9 进 3(图 41-2)

32. 炮八进三　　……

红如改走相七进五,黑则车 8 进 4,炮八退一,车 8 平 6,相三进一,马 8 退 9,马四进二,马 9 进 8,仕五退四(红如马二退四,则马 8 退 7,马四进二,车 6 进 1,连将杀,黑胜),车 6 平 2,黑胜定。

32. ……　　　马 8 退 9!

退马做杀,妙着!

33. 炮八退四　象 3 进 1

34. 炮九平一　炮 9 平 8

黑也可改走马 9 退 7,红如接走炮一进三,则车 8 进 5,相七进五,卒 6 平 5,马五退三,卒 5 进 1! 相三进五,马 7 进 5,马三退四(红如炮八平六,则炮 9 退 1! 黑可得子胜定),马 5 进 3,前马退六,车 8 退 2! 马四进五,车 8 平 5,黑得子得势胜定。

35. 炮一平六　车 8 进 1

36. 炮六退四　车 8 平 5

37. 马五进七　车 5 平 3

38. 相七进五　……

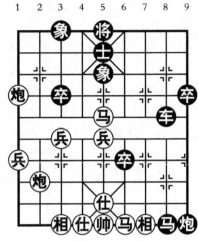

图 41-2

弃马无奈,红如改走马七进五,黑则车 3 进 3 捉炮叫杀,红难以应付。

38. ……　　　车 3 退 2

39. 炮六平一　车 3 平 5

40. 相五退七　车 5 平 7　　　**41.** 炮一退二　……

红如改走相七进五,黑则卒 6 平 5,仕五进四,车 7 进 4 捉双,黑胜定。

41. ……　　　士 5 进 4

黑进攻不够紧凑,应改走车 7 平 3,相七进五,车 3 进 4,步步紧逼,黑得相胜定。

42. 炮八平七　象 5 进 3　　　**43.** 兵九进一　卒 6 平 5

44. 兵九进一　卒 5 平 4　　　**45.** 相七进五　车 7 平 5

46. 相五退七　卒 4 进 1　　　**47.** 炮一进五　卒 4 进 1

48. 炮七进一　卒 4 平 5　　　**49.** 仕六进五　车 5 进 5

50. 帅五平六　车 5 平 6

红认负。

第 42 局　北京密云魏国同(红先胜)
广东东莞蔡植坚

(2005 年 6 月 9 日弈于广州)

本局选自 2005 年"松业杯"全国区县级象棋锦标赛第 8 轮。

1. 炮二平五　马 8 进 7　　　**2.** 马二进三　车 9 平 8

3. 车一平二　　卒7进1　　　4. 车二进六　　马2进3

5. 兵七进一　　炮8平9　　　6. 车二平三　　炮9退1

7. 马八进七　　车1进1　　　8. 炮八平九　　车1平6

9. 马七进六　　士6进5　　　10. 车九平八　　炮9平7

11. 车八进七　　炮7进2　　　12. 车八平七　　车8进8

13. 仕四进五　　炮7进3(图42-1)

如图42-1形势,实战黑炮打兵,不如
改走车6进1邀兑红车较好。

14. 炮九退一　　车8退4

15. 车七进二　　炮7进3

16. 车七退三　　炮7平9

平边炮,不如改走车6进1,红虽占先,
黑尚可周旋。

17. 炮五平八!……

卸中炮至八路,恶手。黑很难抵挡红方
强烈的攻势。

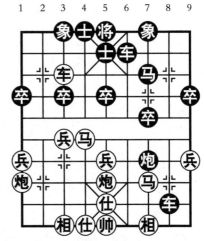

图42-1

17. ……　　　　士5进4

18. 炮八进七　　士4进5

19. 车七进三　　士5退4

20. 车七退一!……

通过叫将占领战略要地,高明!

20. ……　　　　士4进5　　　21. 炮九进五　　车8进5

22. 仕五退四　　车8平6　　　23. 帅五进一　　后车进7

24. 帅五进一　　后车退1　　　25. 帅五退一　　前车退1

26. 帅五退一　　将5平6　　　27. 车七进一　　将6进1

黑如改走士5退4,红则车七平六,将6进1,车六平三,将6平5(黑如后车
平7吃马,则车三退一叫将,不管黑将进或退,红都可重炮杀,红胜),炮九进二!
马7退6,车三退一,后车退6,炮八退一,将5退1,车三平四,红胜定。

28. 车七平三　　前车进1　　　29. 帅五进一　　后车进1

30. 帅五进一　　前车平5　　　31. 帅五平六　　车5平4

32. 帅六平五

黑不成杀,认负,黑如续走车6平2,红则车三退一,将6进1,车三退一,将6
退1,马六进五,将6退1,车三进二,连将杀,红胜。

第43局　黑龙江刘沛(红先胜)安徽倪敏

(2005年4月15日弈于兰州)

本局选自 2005 年全国象棋团体赛第 4 轮。

1. 炮二平五	马8进7	**2.** 马二进三	卒7进1
3. 车一平二	车9平8	**4.** 车二进六	马2进3
5. 兵七进一	炮8平9	**6.** 车二平三	炮9退1
7. 马八进七	车1进1	**8.** 炮八平九	车1平6
9. 马七进六	士6进5	**10.** 车九平八	炮9平7
11. 车八进七	炮7进2	**12.** 车八平七	车8进8

13. 炮五平六(图43-1)……

如图 43-1 形势,红炮卸六路,不如炮
五平七,在调整阵形的同时可对黑方右翼施
加压力。本局黑中盘软着频出,结果红胜。

13. …… 炮7进3

14. 相七进五 ……

红如改走相三进五,另有变化。

14. …… 车8平2

黑可改走车 8 平 6,红如接走相三进一,
则后车进 4,马六进七,前车平 4,仕四进五,
象 7 进 5,黑略优。

15. 仕四进五 车6进7

16. 相三进一 象7进5

17. 兵九进一 ……

挺边兵,正着。防止黑炮打边兵。

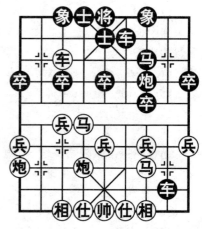

图 43-1

17. …… 炮7平8

平炮软着。黑应改走卒 5 进 1,红主要有以下两种应着:

(1)车七退一,车 6 退 3,车七平六(红如炮六进一,则车 6 平 4,炮六平三,马
7 进 8,炮三平二,车 2 退 1,黑优),卒 5 进 1,兵五进一,车 6 平 5,马六进七,车 2
退 1,炮九进四,车 5 进 2,黑优。

(2)马六进七,卒 5 进 1!兵五进一,炮 7 平 3,兵五进一,马 7 进 8,马三进
五,马 8 进 7,马五进六,马 7 进 5!马六退七,马 5 进 7,炮六退一,车 2 平 4!后
马退六,车 6 退 2,绝杀,黑胜。

18. 炮九平七　炮 8 进 1　　**19.** 马三退二　……

退马,不如改走车七退一吃卒。

19. ……　　车 6 退 3

退车捉马,不如车 6 平 8 压马,红如接走炮六平二,则车 8 进 1,相一退三,车 2 进 2,炮二平三,车 8 退 4,炮三进五,车 8 平 4,车七退一,车 2 平 5,车七平九,卒 7 进 1! 黑优。

20. 炮六平二　车 6 平 4　　**21.** 车七退一　车 4 平 8

22. 马二进四　车 8 平 6

黑可改走马 7 进 6 抢攻。

23. 马四退二　车 6 平 8　　**24.** 马二进四　士 5 退 6

退士废棋,黑如不想进攻,让红方变招好了,反正黑一捉一闲没有犯规。

25. 兵七进一　士 4 进 5　　**26.** 兵七平六　车 2 退 2

27. 兵六进一　车 8 平 6　　**28.** 炮七退一　车 2 退 2

退车无益,应改走卒 5 进 1。

29. 炮二退二　车 6 平 1　　**30.** 马四进三　车 1 进 1

31. 炮七进八!　……

弃炮轰象,有胆有识!

31. ……　　象 5 退 3

退象吃炮无奈,黑如不吃炮,也无好棋可走。黑如改走车 1 平 5 吃兵,红则炮七平九,车 5 平 7,车七进三,士 5 退 4,车七退六,车 2 退 4,车七平三,车 2 平 1,车三平四,红大优。

32. 车七进三　士 5 退 4　　**33.** 车七退二　车 1 平 5

黑如改走马 7 退 8,则马三进二,马 8 进 6,车七平四,也是红优。

34. 车七平三　车 5 平 7　　**35.** 炮二进九　将 5 进 1

36. 兵六进一　将 5 平 6　　**37.** 兵六平五　士 6 进 5

38. 车三进一　将 6 退 1　　**39.** 炮二平六!　士 5 进 4

40. 炮六退一

下一步红伏有兵五进一定心形成绝杀的棋,黑认负。

第 44 局　河北申鹏(红先负)江苏王斌

(2009 年 8 月 19 日弈于广东惠州)

本局选自 2009 年"惠州华轩杯"全国象棋甲级联赛第 12 轮。

1. 炮二平五　　马8进7　　　　2. 马二进三　　马2进3

3. 车一平二　　车9平8　　　　4. 兵七进一　　卒7进1

5. 车二进六　　炮8平9　　　　6. 车二平三　　炮9退1

7. 马八进七　　车1进1　　　　8. 炮八平九　　车1平6

9. 马七进六　　……

跃马攻法为河北队所喜用,老特大刘殿中就多次用此招战胜世界冠军徐天红。

　　9. ……　　　　士6进5

补仕正着。黑如改走炮9平7直接打车,红则马六进五,马7进5,车九平八,仕6进5,车八进七,马5进6,形成红方机会稍多的对攻局面。

10. 车九平八　　炮9平7　　　　11. 车八进七　　炮7进2

12. 车八平七　　车8进8　　　　13. 炮五平六　　……

现在此着大多走炮五平七,对黑方更具威慑。

　　13. ……　　　　车6进1(图44-1)

如图44-1形势,黑升士角车邀兑比较新颖,是从应对红炮五平七的着法移植过来的。

14. 车七进二　　炮7进3

15. 相三进五　　……

红如改走相七进五,黑则车8平6,相三进一,以下黑有后车平2、前车平4、炮7平1等手段,足可与红方抗衡。

　　15. ……　　　　车8平7

16. 仕六进五　　……

上左仕,正着。红如改走仕四进五,黑则车6进6!炮九退一,车7进1,马三退四

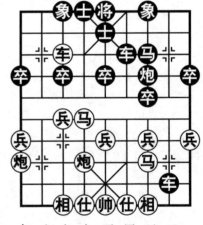

图44-1

(红如仕五退四,则车7平6,马三退四,炮7进3连将杀,黑胜),车7平8,下一步炮7进3杀,红无解。

　　16. ……　　　　炮7平8　　　　17. 车七退三　　车6平2

平车正着。黑如改走车6进6,红则帅五平六,炮8进3,帅六进一,车6进1,炮六平八,将5平6,炮八进七,将6进1,车七进一,红方抢先攻杀。

18. 马六退四　　炮8进3　　　　19. 相五退三　　炮8退6!

沉底炮叫将打个顿挫后再退炮打车守卒林,好棋!

20. 车七进二 ……

红如改走炮六进四,黑则车 7 退 1,炮六平二,车 7 退 1 捉死马,黑大优。

20. …… 车 7 平 6 　　**21.** 马四进三 象 7 进 5

22. 前马退二 马 7 进 8

跳马不如改走车 2 进 7 沉底捉相。

23. 马二退四 车 2 进 7 　　**24.** 炮六退二 车 2 平 3

25. 车七退一 马 8 进 7 　　**26.** 车七平五 炮 8 平 7

黑此着可改走车 3 退 4 吃兵,红如接走车五退一,则炮 8 进 4,黑优。

27. 车五退一 马 7 进 5 　　**28.** 车五平三 马 5 进 3

29. 马四退六 马 3 退 1 　　**30.** 车三平八 马 1 进 3

31. 车八退四 马 3 进 1 　　**32.** 车八平九 车 6 退 5

33. 兵五进一 车 6 平 4

黑此着改走车 6 平 5 捉中兵较为稳妥。

34. 马三进五 车 4 进 3

35. 车九退一 ……

红可改走兵五进一,黑如接走车 4 平 5 吃马,则车九退二,车 5 进 2,仕四进五,车 3 平 1,马六进五,车 1 退 3,红尚有对攻机会。

35. …… 车 4 平 2

平车正着,黑切不可改走马 1 退 3,否则红车九平七吃马,黑要丢子。

36. 马五进三 马 1 退 3(图 44 - 2)

37. 马三退四 ……

红此着可改走兵一进一或兵九进一较好。试举一例如下:兵一进一,车 2 平 7,相三进五,马 3 退 2,车九进一,车 3 退 1,马六进五,车 3 平 5,仕四进五,马 2 进 3,炮六进一,马 3 退 1,黑难以掌控局势,双方形成复杂的对攻局面。

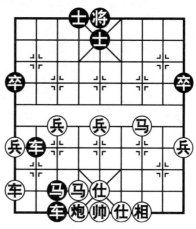

图 44 - 2

37. …… 车 2 平 9 　　**38.** 兵五进一 车 9 平 6

39. 兵五进一 ……

红可改走车九平八露头,黑如车 6 平 2,则车八平九,车 2 平 6,车九平八,双方不变可成和棋。

39. …… 卒 9 进 1 　　**40.** 兵五进一 卒 9 进 1

41. 兵九进一　卒9平8　　　**42.** 兵九进一　卒8平7

小卒衔枚疾进,准备给红方致命打击。

43. 兵九进一　卒7进1　　　**44.** 兵九平八　卒7进1

45. 兵五进一　将5进1　　　**46.** 车九进四　卒7平6

47. 车九平五　将5平6　　　**48.** 仕五进四　车6进1

49. 仕四进五　车6进1　　　**50.** 车五退三　马3进1

51. 车五平九　车3退1!

退车弃马,准备先弃后取!

52. 车九平六　车3退3　　　**53.** 车六平五　车3进3

54. 车五平六　马1退2!　　　**55.** 车六平八　车3平4

56. 车八平五　车4退5　　　**57.** 兵八进一　车4退1

58. 兵八进一　车4退1　　　**59.** 车五平八　车4平5

60. 车八退一　车5进2

下一步准备将平中路后双车取仕,黑胜。

第45局　黑龙江王嘉良(红先胜)安徽蒋志梁

(1981年9月22日弈于温州)

本局选自1981年全国象棋个人赛第10轮。

1. 炮二平五　马2进3　　　**2.** 马二进三　马8进7

3. 车一平二　车9平8　　　**4.** 兵七进一　卒7进1

5. 车二进六　炮8平9　　　**6.** 车二平三　炮9退1

7. 马八进七　车1进1　　　**8.** 炮八平九　车1平6

9. 马七进六　士6进5　　　**10.** 车九平八　炮9平7

11. 车八进七　炮7进2

12. 车八平七(图45-1)　炮7进3

如图45-1形势,实战黑方续走炮7进3打兵是早期的着法。现在流行的着法是车8进8塞相眼,待红炮五平七后再升车士角邀兑红车,黑方实战效果较好。

13. 相三进一　车6进4　　　**14.** 马六进七　象7进5

15. 马七进五　……

弃马砍象,着法凶狠有力。

15. ……　象3进5　　　**16.** 炮五平八　车8进8

17. 仕六进五! ……

撑仕隔断车路,好棋! 免得黑车在后面骚扰。

17. ……　　　　　象5退3

黑如改走将5平6,红则炮八进七,将6进1,炮八退一,士5进4,炮九进四,红三子归边有强烈攻势。

18. 车七进二　　车6退3

19. 车七退四　　车6平2

20. 炮八进三　　炮7平1

21. 炮九平八　　炮1退2

退炮,逼红进行交换后成为无车棋。

22. 后炮进五　　炮1平3

23. 兵七进一　　士5退6

至此,形成对攻局面。

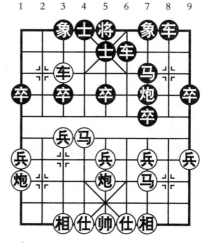

图 45 - 1

24. 前炮进二　　将5进1　　　　25. 相七进五　　车8平6

26. 兵七平六　　车6退6

黑可改走车6退2占据兵线,控制红马出路,红如接走后炮退二或退三,黑车6退2捉兵就大占优势。

27. 前炮退三　　卒9进1

黑对前景过于乐观,此着仍可改走车6进4占据兵线。

28. 马三进二　　卒7进1

29. 马二进三　　卒7进1

30. 前炮平七　　卒7平8

31. 炮七退二　　卒8平9?

吃兵,劣着,忽略了红方有连续攻击的手段。黑此着应改车6平4捉兵,尚可周旋。

32. 炮七平五(图45 - 2) ……

如图 45 - 2形势,红炮立中顶叫将,黑如何应将呢? 可不可以接走将5平4解将呢? 回答是否定的,因为红有下列进攻招数:炮八退四,士4进5,炮八平六,士5进4,

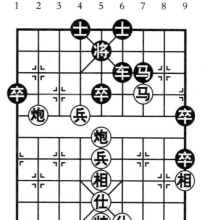

图 45 - 2

兵六平七,士4退5,炮五平六,绝杀,红胜。

32. ……　　　将5平6　　　**33.** 马三进五! 车6平5

弃车砍马,无可奈何,黑如改走其他应着也难逃厄运,分析如下:

(1)士4进5,炮八进三,士5进4,马五进六,连将杀,红速胜。

(2)士6进5,炮八进三,将6退1,炮五平七,车6平5,炮七进五,绝杀,红胜。

(3)车6进4,马五进六,将6进1,炮八进二,车6平5(黑如士6进5,则炮五进四打士,下一步有炮五退一的杀着,红胜),兵六进一,车5平2,兵六平五,黑无解,红胜。

34. 炮五进三　　后卒进1　　　**35.** 炮五平七　　前卒平8

36. 兵五进一　　卒9进1　　　**37.** 炮七进一　　将6进1

38. 兵六进一　　马7进8　　　**39.** 兵五进一　　马8进6

40. 兵五进一　　马6进5　　　**41.** 兵六进一

红胜。

第46局　大连陶汉明(红先胜)青岛刘凤君

(1988年9月8日弈于呼和浩特)

本局选自1988年全国象棋个人赛。

1. 炮二平五　　马8进7　　　**2.** 马二进三　　车9平8

3. 车一平二　　卒7进1　　　**4.** 车二进六　　马2进3

5. 兵七进一　　炮8平9　　　**6.** 车二平三　　炮9退1

7. 马八进七　　车1进1　　　**8.** 炮八平九　　车1平6

9. 马七进六　　士6进5　　　**10.** 车九平八　　炮9平7

11. 车八进七　　炮7进2

12. 车八平七　　车6进4(图46-1)

如图46-1形势,实战黑车骑河捉马,不如改走车8进8,红如接走炮五平七,黑则车6进1或车6进4,均可成对攻之势。

13. 车七平三　　……

平车吃马,力争主动。红如改走马六进五踩中卒,黑则马7进5,炮五进四,象7进5,相七进五,双方平稳。

13. ……　　　炮7进3　　　**14.** 炮五进四　　象7进5

15. 相三进五　　车6平4

黑如改走炮 7 退 4 打车,红则马三进四,车 8 进 5,马六进四,也是红优。

16. 车三退二　　炮 7 平 1

17. 车三进一　　炮 1 平 2

黑可改走车 4 退 2,红如兵五进一,则车 4 进 1,炮五平九,炮 1 退 1,兵五进一,车 4 平 5,车三平七,双方对攻。

18. 仕四进五　……

红如改走炮五平九打卒,黑则炮 2 进 3,仕四进五,车 4 进 3,车三平一,车 8 进 8,车一平六,车 4 退 5,前炮平六,黑虽少卒,但有车对红无车,哪一方想要赢棋都有困难。

18. ……　　　　卒 1 进 1

19. 炮九平七　　炮 2 平 3

20. 炮五平一　　车 4 进 3

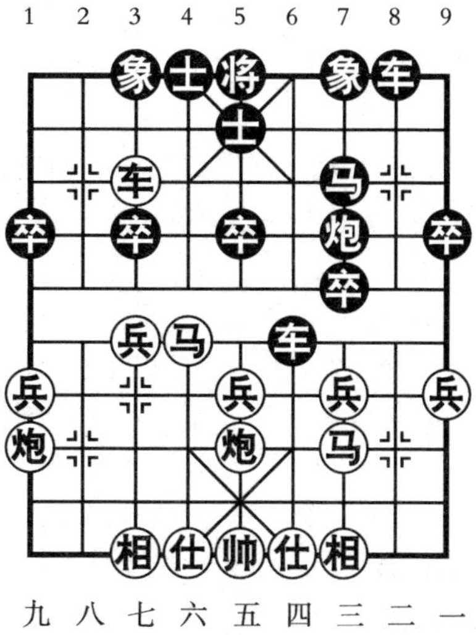

黑可改走车 8 平 7,红如接走车三平二,则卒 1 进 1,红虽略先,但比实战要好。

21. 炮七平八　　车 8 平 7		**22.** 车三平二　　车 4 平 3	
23. 马三进四　　车 3 平 2		**24.** 炮八平七　　车 2 退 1	
25. 炮七退一　　炮 3 平 9		**26.** 炮一平七　　炮 9 进 3	
27. 马四进三　　士 5 退 6		**28.** 兵五进一　　士 4 进 5	

29. 兵五进一　……

中兵渡河参加作战,红方优势逐渐扩大。

29. ……　　　　车 2 退 1	**30.** 后炮进二!………

升炮拦车,不让黑右车左移,好棋!

30. ……　　　　车 7 平 9	**31.** 兵五进一　　车 2 退 2

32. 前炮平九(图 46－2)　车 9 进 6?

黑应改走炮 9 平 4!炮九进三(红如帅五平六,则车 9 进 9,帅六进一,车 2 平 4,仕五进六,车 9 退 1,帅六退一,车 9 平 5,下一步车 4 进 3 杀,黑胜),象 3 进 1,马三进五,车 9 进 9,仕五退四,车 2 平 6,车二平四,车 9 平 6,帅五进一,后车退 1,兵五平四,车 6 退 3,黑优。

33. 炮九进三　　象 3 进 1

黑如改走车 2 退 4 解将捉炮,红则马三进五!车 9 平 3,马五进七,将 5 平 4,兵五进一,车 3 平 4,车二平八,车 2 平 1,马七进九,象 3 进 5,车八进三,将 4 进 1,马九退八,将 4 进 1,马八退九,车 4 退 3,车八退二,将 4 退 1,车八进一,将

（图示 46－1）

九　八　七　六　五　四　三　二　一

图 46－1

4进1,马九进八,炮9退8,马八退七! 车4平3,车八退二! 捉死车,红胜。

34. 马三进五 车2平7

黑如改走车9平3吃炮,红则马五进七,将5平4,兵五进一,车3平4,马七退九,捉车叫杀,红胜。

35. 马五进七 将5平4

36. 兵五进一 车9平4

黑如改走车7进5,则仕五退四,车7退6,车二退六,车9平4,仕六进五,炮9退7(黑如车4平3吃炮,则马七退九,红胜定),炮七退一,车4退5,兵五进一! 车4平5,炮九退一! 车5进5,车二进七,炮9进7,相五退三,车5平4,车二平八,红胜。

37. 帅五平四 车7进5

38. 帅四进一 炮9退8

39. 车二平八

黑如接走炮9平3打马,红则炮七进五,形成夹车炮杀势,红胜。

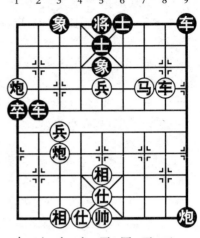

图 46-2

第47局 加拿大郑熙明(红先胜)
中国香港赖罗平

(2003年7月7日弈于弈天棋缘)

本局选自2003年"大利昌五金杯"网络象棋团体赛。

1. 炮二平五 马8进7 **2.** 马二进三 车9平8

3. 车一平二 卒7进1 **4.** 车二进六 马2进3

5. 兵七进一 炮8平9 **6.** 车二平三 炮9退1

7. 马八进七 车1进1 **8.** 炮八平九 车1平6

9. 马七进六 士6进5 **10.** 车九平八 炮9平7

11. 马六进五(图47-1) 马7进5

如图47-1形势,红方马踩中卒非常罕见。红此着多走车八进七一车换双,实战黑续走马7进5吃马不妥,应改走马3进5吃马,红如接走炮五进四打马叫将,则士5进4,车八进七,炮7进2,炮五退二,车6进1,黑得子优。

12. 车八进七 马5进6

至此，局势与按以下次序行棋殊途同归：炮二平五，马8进7，马二进三，车9平8，车一平二，马2进3，兵七进一，卒7进1，车二进六，炮8平9，车二平三，炮9退1，马八进七，车1进1，炮八平九，车1平6，马七进六，炮9平7，马六进五，马7进5，车九平八，士6进5，车八进七，马5进6。

13.车三平六 ……

红方此着大多走车三平七，另有变化。

13. ……　　　车8进8

黑此着应改走车6进1保马。

14.炮五平七 ……

红应改走车八平七吃马。

14. ……　　　马3进5

15.炮七进四　马5退4

16.车六进二 ……

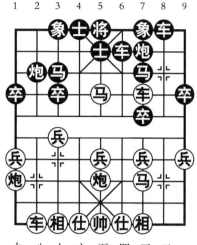

图 47-1

红如改走车八退五保马，黑则马4进3吃炮，车六平七，炮7进5，车八平四，以下黑有两种攻着：

(1)炮7进3，仕四进五，炮7平9，帅五平四，马6进7，炮九平三，车8进1，帅四进一，车6平8，炮三平二，后车进6，车四平二，车8退2，黑胜定。

(2)马6进4，车四平六，炮7进3，仕四进五，炮7退1！仕五进四，车8进1，帅五进一，车8平4，帅五进一，车6进6！帅五平四，车4退2，帅四退一，车4平7，黑胜定。

16. ……　　　马6进7

17.仕六进五(图47-2)　车6进2

黑此着也可改走车8平6做杀，红如接走帅五平六(红如炮九平四，则后车进6！仕五进四，车6进1，帅五进一，炮7平4，黑得子胜势)，则前车进1，帅六进一，后车进7，炮七平五，将5平6，车六退六，马7进5！车六平五(红如炮五退五，则前车平3，车八退六，车6进1，黑速胜)，前车平3，车

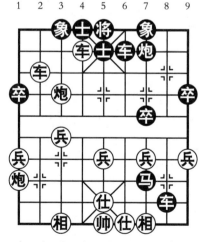

图 47-2

五退一,车6退3,炮五退二,车3退1,帅六退一,车3退1,炮九退一,车3进2,帅六进一,车3退1,帅六退一,车6进4!车五退一,车6退6,车五进二,炮7平8!车八平二,车6平2,黑胜。

18. 车六平七　　象7进5　　　**19.** 炮九进四　　车6进5?

进车败着,黑应改走车6进6杀仕叫将,仕五退四,车8平6,仕四进五,炮7平3,炮七平五,将5平6,车八退五,马7进5!炮九平七,马5退4,黑胜势。

20. 车八平五!　　将5平6

黑如改走象3进5,红则炮九进三,象5退3,炮七进三,连将杀,红胜。黑又如改走象3进1,红则车七平八,将5平6,炮七进三,将6进1,车五平三,车8退7,炮九平七,红胜定。

21. 炮七进三　　将6进1　　　**22.** 炮九进二

红下一优着有车七平五的杀着,黑无解,红胜。

第48局　　中国北京张卫东(红先负)
新加坡林耀森

(1990年10月15日弈于北京)

1. 炮二平五	马8进7	**2.** 马二进三	马2进3
3. 车一平二	车9平8	**4.** 兵七进一	卒7进1
5. 车二进六	炮8平9	**6.** 车二平三	炮9退1
7. 马八进七	车1进1	**8.** 炮八平九	车1平6
9. 马七进六	士6进5	**10.** 车三退一	车6进1
11. 车九平八	炮9平7	**12.** 车三平六	炮2进4(图48-1)

如图48-1形势,红出车捉炮,黑方不逃炮反而进炮瞄兵。

13. 兵三进一　　……

进兵怯战。红可改走车八进三吃炮,黑如接走炮7进5打兵,则车八进四捉马,形成激烈对攻局面,详见北京唐丹与陕西刘强对局(即第49局)。

13. ……　　　炮2平4!

平炮打车,解捉还捉,好棋!

14. 车六平八　　马7进8

跃马出击,正确。黑如改走车8进8,红则炮五平七,车8平4,后车进一!车4平2,车八退四,黑方攻势被瓦解。

15. 炮五平七　　炮4平9　　　**16.** 相七进五　　……

红如改走兵三进一,黑则炮9退2,相七进五,炮7进6,炮七平三,马8进7,

兵三进一,炮9进5,仕六进五,车8进9!下
一步伏有马吃中相和车塞相眼等多种攻法,
黑大有攻势。

16.……　　　炮7进6

17. 炮七平三　车6进3

进车捉马,着法紧凑!

18. 前车平六　马8进7

19. 仕六进五　炮9进3

20. 车八进七　车8进9!

挥车底线,弃马抢攻,着法刚劲有力。

21. 炮九平七　……

红如改走车八平七吃马,黑则马7进5
吃相,炮三进七,马5进3,帅五平六,马3退
1,黑得回一子占优;红又如改走炮三平四,
黑则马7进5,红也难应。

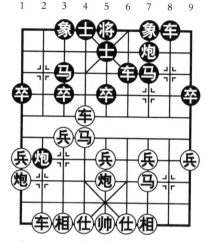

图 48-1

21.……　　　车6进3!

车塞相眼做杀,着法紧凑!

22. 帅五平六　车8平7

黑也可改走炮9平7打相,红必走帅六进一,以下黑炮7退1,炮三平四(红
如帅六进一,则炮7平5打仕,黑大优),车8平6!炮四退二,车6退4,帅六进
一,车6平4,炮四平六,炮7退1,仕五进四,炮7平8,帅六退一,马7进5,黑
胜势。

23. 炮七进四　象3进5　　　**24.** 车六平四　车7平6

黑也可改走车7退2抽炮,帅六进一,车6退4,马六进四,马7进5,黑优,
但对方所留兵种较好。

25. 帅六进一　后车退4　　　**26.** 仕五退四　车6平4

平车捉马,黑必可得回一子。红仕相支离破碎,黑兵种又好,红已很难抵抗。

27. 车八平七　马7进5!

马踩中相,辣手!算定红马难逃罗网。

28. 炮三平四　……

红如改走帅六平五,黑则马5进7叫杀,红马仍难逃。

28.……　　　马5进6　　　**29.** 帅六平五　车4进1

黑胜。

第49局 北京唐丹(红先胜)陕西刘强

(2008 年 11 月 20 日弈于广东东莞)

本局选自 2008 年第 3 届"杨官璘杯"全国象棋公开赛第 11 轮。

1. 炮二平五	马 8 进 7	**2.** 马二进三	车 9 平 8
3. 车一平二	马 2 进 3	**4.** 兵七进一	卒 7 进 1
5. 车二进六	炮 8 平 9	**6.** 车二平三	炮 9 退 1
7. 马八进七	车 1 进 1	**8.** 炮八平九	车 1 平 6
9. 马七进六	士 6 进 5		
10. 车三退一	车 6 进 1		

11. 车九平八(图 49 - 1) ……

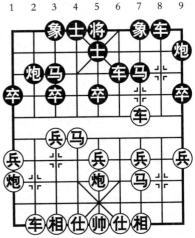

图 49 - 1

如图 49 - 1 形势,红方此时出直车是创新着法。以往各类棋书对此着都持否定态度,其后唐丹以实战来证明出直车是可行的。

11. …… 炮 9 平 7

12. 车三平六 炮 2 进 4

黑此着可先走卒 3 进 1,待红车六平七后再炮 2 进 4。

13. 车八进三 ……

弃车砍炮,有胆有识。

13. …… 炮 7 进 5

14. 车八进四 ……

必应之着,难道红飞边相让黑炮打车得子不成?

14. …… 炮 7 进 3

许多棋手不敢出直车,就是惧怕黑炮轰底相,认为黑大有攻势。

15. 仕四进五 炮 7 平 9 **16.** 仕五进四! ……

此时撑仕最合适,可化解黑方的攻势。

16. …… 车 8 进 9 **17.** 帅五进一 车 8 退 1

18. 帅五退一 车 8 进 1 **19.** 帅五进一 车 8 平 4

除吃仕外,黑也没有其他更好的攻击手段。

20. 兵七进一! ……

弃兵妙手!红如改走炮九退二,黑则车 4 平 3,炮九平一,车 3 平 9,帅五平四,车9平7,黑虽少子,但有强大攻势占优。

20.…… 　　　　卒3进1　　**21.** 车八平七!　　……

先弃后取,尽量交换掉黑方有生力量,红多子可大占优势。

21.…… 　　　　车6平3　　**22.** 炮九平七　　炮9平3

23. 炮七进五　　炮3退7　　**24.** 车六进一(图49-2)　　……

如图49-2形势,红进车准备跳马兑车,此着也可改走马三进四。

24.…… 　　　　象7进5

黑此着可改走卒5进1,以下红有三种应着如下:

(1)车六平三,车4退4,车三进一,象3进5,车三退一,车4进1,车三退三,车4退2,车三进三,车4进2,车三退三,车4退2,黑就是不变招,红如变招,黑卒过河后有对攻机会。

(2)马三进四,象3进5,车六退一,炮3平2,炮五进三,卒3进1,马六退七,车4平6,红方很难控制局势。

(3)炮五进三,象3进5,车六平七,车4退4,车七进一,马7进6,车七退一,马6进5,车七平三,象7进9,黑优。

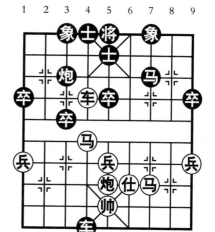

图49-2

25. 马六进四　　车4平7

黑如兑车,红多子优。

26. 马四进三!　　……

抓紧机会兑掉黑马,正着。

26.…… 　　　　炮3平7　　**27.** 车六平五　　卒3进1

黑要争取对攻,唯有冲卒过河。

28. 马三进四　　车7退5　　**29.** 车五平六　　……

红可改走车五平七,黑如卒3平4,则车七平六,抢先一步;黑又如象5进3,则车七平三,红大优。

29.…… 　　　　卒3进1　　**30.** 炮五平九　　卒3进1

黑可改走车7平6捉马。

31. 炮九进四　　车7进1　　**32.** 车六平四　　炮7平6

33. 马四进六　　卒3平4　　**34.** 炮九平五　　将5平6

35. 马六退四　　车7进3　　**36.** 帅五退一　　卒4进1

37. 帅五平四　车7退2　　　38. 兵五进一　车7平1

39. 炮五退一　车1平9　　　40. 马四进二　车9进1

进车捉仕,不如改走车9进3,帅四进一,车9退1,帅四退一,车9平7,黑尚可支撑。

41. 马二进三　将6进1　　　42. 马三进二　将6退1

43. 马二退三　将6进1　　　44. 炮五平四　车9平6

45. 帅四平五　车6平5　　　46. 帅五平四(图49-3)　卒4平5?

小卒定心,劣着。黑应改走车5平7捉马,红如接走帅四平五,则车7平5,帅五平四,车5平7,双方形成循环局面,黑不要变招,待形成待判局面后立即提和,红方是一捉一杀(红方帅四平五,伏车四平三闷杀,是一杀,帅五平四,伏有炮打炮的棋,黑不敢用士吃炮,否则连将杀,因此红帅五平四是一捉),黑方是一将一捉,按规则应立即判和。另外,黑车5平7后,红如不走帅四平五而改走马三进二,黑则车7退7,炮四进二,车7平8,炮四平二,士5进6,车四进一,将6平5,帅四进一,车8平7,炮二平三,车7平8,炮三平二,车8平7,双方不变可成和棋。

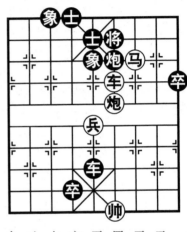

1　2　3　4　5　6　7　8　9

九　八　七　六　五　四　三　二　一

图49-3

47. 马三进二　将6退1

48. 车四进一　将6平5

49. 炮四平五!

解杀还杀,好棋,黑无解,红胜。棋后唐丹弈出新变力擒绿林英雄刘强,真是巾帼不让须眉。

第50局　香港周世杰(红先负)香港赵汝权

(2010年3月14日弈于香港)

本局选自2010年香港象棋团体赛第6轮。

1. 炮二平五　马8进7　　　2. 马二进三　车9平8

3. 车一平二　马2进3　　　4. 兵七进一　卒7进1

5. 车二进六　炮8平9　　　6. 车二平三　炮9退1

| 7. 马八进七 | 车1进1 | 8. 炮八平九 | 车1平6 |
| 9. 马七进六 | 士6进5 | 10. 车三退一 | 车6进1 |

11. 车九平八 ……

自从北京唐丹战胜"绿林英雄"陕西刘强(注:刘强2009年获得象棋大师称号)后,出直车的人逐渐多了起来。

11. ……	炮9平7	**12. 车三平六**	炮2进4
13. 车八进三	炮7进5
14. 车八进四	炮7进3
15. 仕四进五	炮7平9
16. 仕五进四	车8进9
17. 帅五进一	车8退1
18. 帅五退一	车8进1
19. 帅五进一	车8平4
20. 兵七进一	卒3进1

21. 车八平七(图50-1)　象7进5

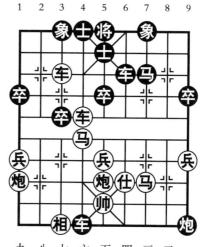

九　八　七　六　五　四　三　二　一

图 50-1

补象,这是赵汝权特级大师对刘强应着的改进。黑如改走车6平3吃车,红则炮九平七,炮9平3,炮七进五,炮3退7,车六进一,形成复杂局面,红多子占优。

22. 车六进一 ……

进车,准备下一着跳马兑车。

22. ……　车6进1

进车保中卒,坚守阵地,等待红方进攻。

23. 马六进四 ……

此时,红方另有以下两种变化:

(1)炮九退二,车4平3,炮九平一,车3平9,帅五平四,车9平7!黑有强烈攻势。

(2)车七退二,炮9平3,马六进四,车6进1,车七平四,车4退6,车四进一,红多子优。

23. ……　车4平3　　**24. 马四退二?** ……

退马劣着。红应改走炮九进四,黑如接走车6进1(黑如误走马7进6吃马,红则车六进二!卒5进1,炮九平七打车叫杀,红胜势),炮九平七,车3平1,炮七进三!象5退3,车七平三,象3进5,炮五进四,将5平6,车六退二,车1退3,车三退一,车1平5,帅五平六,车6进3,车六平四,车6退2,马三进四,红多子大优。

24.······　　　车 3 退 1！

退车照将,妙手!

25. 车六退五　······

红如改走帅五退一,黑则车 3 退 1 捉双,黑得回一子后有强烈攻势。

25.······　　　车 3 退 1

26. 炮九进四　　车 6 进 4(图 50 - 2)

27. 马三进四　······

红如改走炮五平六,黑则车 3 退 1,炮九进四,车 6 进 4,炮五平六,车 3 退 1,炮六进一,车 3 平 1,炮九平七,卒 3 进 1,黑有攻势。

27.······　　　车 6 退 2

28. 炮九平七　　车 6 平 8

黑胜。

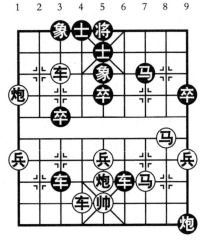

九　八　七　六　五　四　三　二　一

图 50 - 2

第51局　黑龙江赵国荣(红先和)江苏徐天红

(1989 年 10 月 18 日弈于重庆)

本局选自 1989 年全国象棋个人赛。

1. 炮二平五	马 8 进 7	**2. 马二进三**	车 9 平 8
3. 车一平二	马 2 进 3	**4. 兵七进一**	卒 7 进 1
5. 车二进六	炮 8 平 9	**6. 车二平三**	炮 9 退 1
7. 马八进七	车 1 进 1	**8. 炮八平九**	车 1 平 6
9. 马七进六	士 6 进 5	**10. 车三退一**	车 6 进 1

11. 车九进一　　炮 2 进 4(图 51 - 1)

12. 炮五平七　······

红方另有三种走法:

(1)马六进五,马 3 进 5,炮五进四,象 7 进 5,车九平六,车 8 进 3,炮五退二,车 8 平 5,车三退一,炮 9 平 7,车三平二,炮 2 平 7,相三进五,车 6 进 4,仕四进五,后炮退 1,红多兵略先。

(2)兵三进一,炮 2 平 9,车三平八(红如马六进五,则前炮平 7,马五进三,车 8 进 2,前马退四,炮 7 进 3,仕四进五,象 7 进 5,黑优),卒 3 进 1,车八平七,前炮平 7,相三进一,炮 7 平 1,车九平七,炮 1 退 1,马六进七,马 7 进 6,前车平八,马6进7,双方对攻。

(3)兵七进一,炮9平7,车三平六,炮2
平7,相三进一,卒3进1,车六平七,车8进
5,车九平六,车6平4,马六进四,车4进6,
马四退二,马3进4,车七进四,马4进3,炮
五平七(红如炮五平八,车4平2,炮八进七,
马3进1,炮八平九,前炮平1! 车七退八,
车2退8,相七进九,车2平1,黑得子大优),
马3进1,相七进九,车4退3,双方对攻。

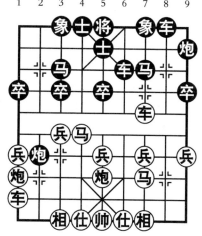

图 51-1

12. ……	炮9平7
13. 车三平八	炮2平7
14. 相三进五	车8进5
15. 马六进七	将5平6
16. 车九平一	象7进5
17. 炮九退一	……

红如改走车八进二,黑则马7进8,仕六进五,马8进6,车一平四,马6进4,
车四进六,士5进6,车八平七,士6退5,炮七平六,车8平3,伏有前炮退4打死
车的棋,黑必可得回一子占优。

17. ……	马7进8	**18.** 炮九平四	将6平5
19. 马七进五	象3进5		

黑也可改走车6平5吃马,红如接走炮四平七,则后炮进6,前炮进五,车5
平6,黑优。

20. 炮七进五	士5进4	**21.** 炮七平九	后炮进6
22. 炮九进二	士4进5		

上士,正着,黑如改走象5退3,红则炮四平七,将5平6,车八进三! 士4退
5,车八平五,黑难解炮打象的杀着,红胜定。

23. 车八进四	士5退4	**24.** 车八退四	士4进5
25. 车八进四	士5退4	**26.** 车八退四	士4进5
27. 炮四平八（图 51-2）	……		

如图 51-2形势,红虽少两子,但攻势强大。

27. ……　　　后炮平1

黑此着应改走车6进4。黑如改走将5平6,红则车八进四,士5退4,车八
平六,将6进1,炮八进七,车6进7,帅五进一,后炮平1,车六退一! 将6进1
(黑如改走士4退5,则车六退四抽车,红胜定;黑又如改走将6退1,则炮九平
七,红胜),炮九平六! 车8平4,炮六退二,车4退3,车六退一,红大优。

28. 炮九退六 ……

红如改走车八进四,黑士 5 退 4,炮九平六,车 8 进 4,仕六进五,炮 1 进 3,炮八退一,车 6 进 6,黑胜定。

28. ……   车 8 进 4

29. 仕六进五   马 8 进 6

黑如改走车 6 进 6,红可车一平三,黑要无功而返。

30. 车一平二 ……

平车邀兑软着。红应改走车八进四,士 5 退 4,车八平九,红优。

30. ……   车 8 退 1

31. 炮八平二   炮 7 平 9

32. 炮二平一   炮 9 平 8

33. 炮一平二   炮 8 平 9

34. 炮二平一   炮 9 平 8   **35. 相五退三** ……

红不甘心就此和棋,主动变着。

35. ……   炮 8 进 2   **36. 车八退三   车 6 平 7**

37. 车八平二? ……

平车捉炮,操之过急。红可改走炮一退一,下一步再车八平二较好。

37. ……   炮 8 平 9   **38. 相七进五   车 7 进 6?**

进车捉炮,臭棋。黑应改走马 6 进 5 踩相,以下红如接走车二平五,则车 7 进 7,车五平二,车 7 退 1,车二退二,车 7 平 9,黑大优。

39. 炮九退二   车 7 退 2   **40. 兵五进一   马 6 进 8**

41. 炮一平三   卒 1 进 1   **42. 炮三进一   卒 1 进 1**

43. 车二退二   车 7 平 2   **44. 相五退七   车 2 平 7**

45. 相七进五   车 7 平 2   **46. 相五退七   车 2 平 7**

47. 相七进五

双方不变,和棋。

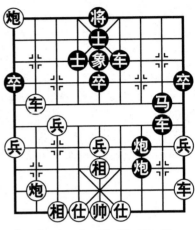

图 51 - 2

第52局 湖北柳大华(红先负)四川李艾东

(1990年6月15日弈于河北邯郸)

本局选自1990年全国象棋团体赛第9轮。

1. 炮二平五　马8进7
2. 马二进三　马2进3
3. 兵七进一　卒7进1
4. 车一平二　车9平8
5. 车二进六　炮8平9
6. 车二平三　炮9退1
7. 马八进七　车1进1
8. 炮八平九　车1平6
9. 马七进六　士6进5
10. 车三退一　车6进1
11. 车九进一　炮2进4(图52－1)
12. 炮五平七　……

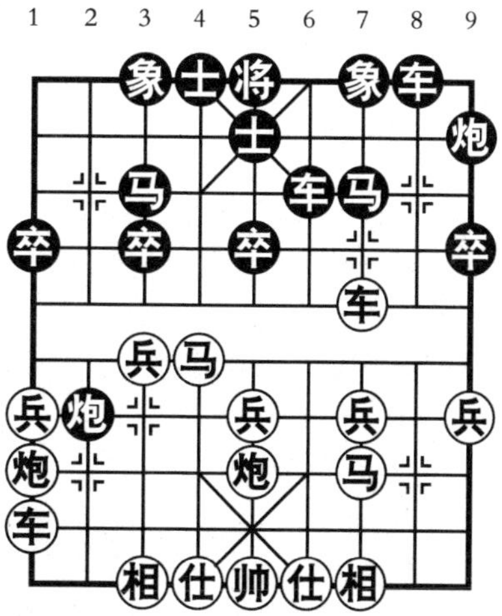

图52－1

如图52－1形势，红实战续走炮五平七。除此之外，红另有以下两种应着：

(1)兵七进一，炮9平7，车三平六，炮2平7，相三进一，卒3进1，车六平七，车8进5，双方对攻。

(2)兵三进一，炮2平9，车三平八，前炮平7，相三进一，卒3进1，双方对攻。

12. ……　炮9平7　**13.** 车三平八　炮2平7
14. 相三进五　……

红如改走相七进五，黑则将5平6，车九平一，车8进5，马六进七，前炮进3！相五退三(红如帅五进一，则后炮进6，炮七平三，炮7平4，黑优)，炮7进6，炮九平三，车6进7，帅五进一，车8平3，相三进五，车3退2，车八平三，马7退9，车一平二，象3进5，车三进三，车3平2，黑优。

14. ……　车8进5　**15.** 马六进七　将5平6
16. 车九平一　象7进5　**17.** 炮九退一　……

红如改走车八进二，黑则马7进8，仕六进五，马8进6，车一平四，马6进4，车四进六，士5进6，车八平七，士6退5，黑优。

17. ……　马7进8　**18.** 炮九平四　将6平5

19. 马七进五　……
弃马抢攻,冒进。

19. ……　　　　象3进5
黑也可改走车6平5吃马,红如接走炮四平七,则后炮进6,前炮平三,马8进6,黑多子优。

20. 炮七进五　象5退3　　**21.** 炮四平七　……
红可改走车八平三捉炮,黑如接走马8退7,则车三平八,马7进8,车八平三,马8退7,车三平八,车6进2(黑两打必须变招),车八进二,马7进8,炮七平三,红先。

21. ……　　　　后炮进6　　**22.** 前炮平八　士5退6!
落士,正着。黑如误走将5平6,红则炮七进八,将6进1,炮七退一! 士5进4(只能撑士,落士或下将都要被闷杀),炮八平四,红胜势。

23. 炮八进二　车6进4!
进车兵线,妙着! 大反攻从此拉开序幕。

24. 仕六进五　车8平3　　**25.** 仕五进四　车3进2
26. 车八平六　士6进5　　**27.** 车一平二　后炮平5
28. 帅五平六　车6进1(图52-2)
29. 炮七平四　……

红如改走仕四进五,黑则炮5进2! 车二平五,马8进6,车六退一,车3进1! 车五平七(红如车六平四,则车6退2,车五平七,车6进4,帅六进一,车6退1,帅六退一,车6平3,黑抽车胜),车6进2,帅六进一,马6进5,帅六平五,马5进3,黑胜定。

29. ……　　　　马8退7
30. 车六退二　炮5退2
黑可改走炮7进2叫将,帅六进一(红如仕四进五,则炮5进2,黑大优),车6进1! 车二平四,车3进1,帅六进一,车3平6,车六平五,马7进6,黑胜定。

31. 车二平三　车3进1
32. 车六平三　车3平6
33. 后车平四　车6进1　　**34.** 车三进四　车6进1
35. 帅六进一　车6退1　　**36.** 帅六退一　车6平2

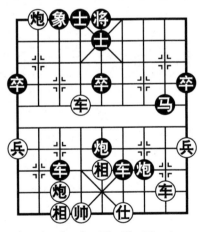

图52-2

平车捉炮,缓着。黑应改走车6退2,可快速入局。

37. 车三进二　士5退6　　　**38.** 炮八平六　车2退1

39. 炮六退八　车2平5　　　**40.** 车三退三　炮5平4

41. 炮六平二　车5平4　　　**42.** 帅六平五　炮4平8

43. 车三平一　……

红如改走车三平五,黑则将5平4,车五进三,将4进1,炮二退一,炮7平9,炮二平一,车4平8,车五退四,车8进2,帅五进一,炮8退2,捉死炮,黑胜定。

43. ……　　炮7退6　　　**44.** 车一平五　炮7平5

45. 炮二平五　车4退4　　　**46.** 车五退二　炮8退2!

47. 炮五进七　炮8平5　　　**48.** 车五平七　士6进5

黑也可车4平5照将,红如帅五平四,则炮5平6;红又如帅五平六,则炮5平4,黑胜定。

49. 车七进五　士5退4　　　**50.** 车七退二　车4平5

51. 帅五平六　炮5平6!

红认负。以下续着是车七平六,车5进6,帅六进一,士4进5,车六退五,炮6平4,车六平四,炮4退2,黑胜。

第53局　煤矿罗小韬（红先负）江苏廖二平

（1995年5月12日弈于四川峨眉山）

本局选自1995年全国象棋团体赛第8轮。

1. 炮二平五　马8进7　　　**2.** 马二进三　车9平8

3. 车一平二　马2进3　　　**4.** 车二进六　卒7进1

5. 兵七进一　炮8平9　　　**6.** 车二平三　炮9退1

7. 马八进七　车1进1　　　**8.** 炮八平九　车1平6

9. 马七进六　士6进5　　　**10.** 车三退一　车6进1

11. 车九进一　……

红起横车,攻击目标不很明确,易被黑方反扑。不如改走车九平八或车三平八效果较好。

11. ……　　炮2进4　　　**12.** 炮五平七　象7进5(图53-1)

如图53-1形势,黑飞象稳健。黑也可改走炮9平7,车三平八,炮2平7,相三进五,将5平6,仕六进五(红如车九平六,则前炮平1,仕六进五,炮7进6,炮七平三,炮1平9,双方对攻),卒3进1,车八进二(红如车八平七,则炮7平1,

下一步再炮1平3打死车,红难应),卒3进1,相五进七,前炮平8,相七退五,马3进4,车八平四,士5进6,仍是对攻局面。

13. 车三平八　炮2平7

14. 相三进五　……

红此时不如改走相七进五。

14. ……　卒3进1

冲卒捉车,活通马路,准备反攻。

15. 车八进二　马3进4

16. 兵七进一　马4进6

17. 车九平四　马6进8

18. 车四进六　……

红应改走炮九平八,以下黑有两种应着:

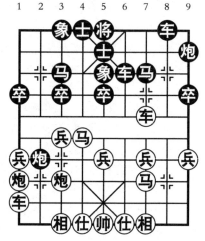

图 53 - 1

(1)车6进6,车八平五! 将5平6,炮七进七,将6进1,车五平三,车8进3,炮八进六,士5进4,炮七退一,将6退1,车三进一,绝杀,红胜。

(2)将5平6,车四进六,士5进6,炮七进七,象5退3,车八平四,将6平5,车四平三,马8进7,帅五进一,炮7平8,帅五平六,红得士象优。

18. ……　士5进6　　**19.** 炮九退一　马7进8

20. 马六进四　后马进6　　**21.** 车八退三　……

红如改走车八退六,则炮9进5,黑优。

21. ……　马6进4　　**22.** 车八平六　炮7平9

23. 炮七平六　马4进2　　**24.** 马三进一　炮9进5

25. 马四进六　……

进马漏着,红应改走仕四进五。

25. ……　马8进7　　**26.** 炮九平四　炮9进3

红如接走仕四进五(红如帅五进一,则马7退6! 炮四进一,车8进8,绝杀,黑胜),黑则车8进9,仕五退四,车8退4抽车胜,红认负。

第54局 贵州队高明海(红先胜)农民队马永平

本局选自1991年全国象棋团体赛第8轮。

1. 炮二平五　马8进7　　**2.** 马二进三　车9平8

3. 车一平二　卒7进1

4. 车二进六　马2进3

5. 兵七进一　炮8平9

6. 车二平三　炮9退1

7. 马八进七　车1进1

8. 炮八平九　车1平6

9. 马七进六　士6进5

10. 车三退一　车6进1

11. 车三平八　炮2平1

黑此时可改走车8进5骑河捉马,足可抗衡。

12. 兵三进一(图54－1)　炮1进4

黑方此时另有两种应法:

(1)炮9平7,炮五平七,车6平4,马六进七,象7进5,相七进五,红阵形协调,易走。

(2)卒3进1,车八进二,卒3进1,马六进五,马3进5,车八平四,士5进6,炮五进四,红在对攻中占先。

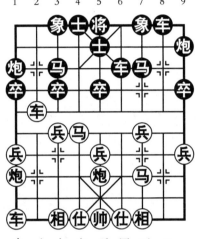

图54－1

13. 炮九平七　炮1平9　　**14.** 兵三进一　车8进8

黑应改走前炮平7,红如相三进一,则车8进5,马六进五,车8平3(黑如炮9进6,则炮五平一,马3进5,车八平五,车8退2,车九进六,车6平2,车九平七,象3进5,红略优),车九进二,炮9进6,炮五平一,马3进5,兵三进一,马7退6,车九进二(红如车八平五,则马5进3,相七进五,车3进1,炮七进三,车3退2,车五平七,卒3进1,车九进四,车6进6,黑略优),车3退1,车八退一,象7进5,双方对攻。

15. 马三进一　炮9进5　　**16.** 炮五平一　车8平7

17. 相七进五　车6进3　　**18.** 车八平六　象3进5

19. 兵七进一！……

弃兵逼象高飞,妙着!

19. ………　　象 5 进 3

黑如改走车 6 进 3,红则兵七进一,车 7 进 1,仕六进五,炮 9 平 8,炮一平二,炮 8 平 9,炮二平一,红方"长拦",黑方"长捉",黑方必须变着。

20. 车九平八　卒 5 进 1　　　**21.** 车八进七　马 7 进 5

22. 仕六进五　卒 5 进 1

黑如改走车 7 退 4 吃兵,红则车六进一,车 7 退 2,马六进五,马 3 进 5(黑如车 6 退 2,则车六平七,车 6 平 5,车七退一,黑马难逃,红大优),炮七进四！打马叫杀,红胜定。

23. 马六进八　车 6 进 3　　　**24.** 帅五平六　炮 9 平 7

25. 炮一平三　马 5 进 4　　　**26.** 马八进七　车 7 退 1

27. 炮七平三　炮 7 进 3

黑如改走马 4 进 5,红则车六进三！炮 7 进 3,帅六进一,马 5 退 3,帅六进一,卒 5 进 1,车六平五！将 5 平 6,车五退五,红胜定。

28. 帅六进一　炮 7 退 1　　　**29.** 炮三平四！马 4 进 3

30. 车六退三

黑认负。红最后一着也可改走马七进五弃马吃士,黑无杀棋,红胜定。

第 55 局　广东宗永生(红先负)云南郑新年

(1995 年 10 月 17 日弈于江苏吴县)

本局选自 1995 年"吴县市杯"全国象棋个人赛第 13 轮。

1. 炮二平五　马 8 进 7　　　**2.** 马二进三　车 9 平 8

3. 车一平二　马 2 进 3　　　**4.** 兵七进一　卒 7 进 1

5. 车二进六　炮 8 平 9　　　**6.** 车二平三　炮 9 退 1

7. 马八进七　车 1 进 1　　　**8.** 炮八平九　车 1 平 6

9. 马七进六　士 6 进 5　　　**10.** 车三退一　车 6 进 1

11. 车三平八　炮 2 平 1　　　**12.** 兵三进一　卒 3 进 1

13. 车八平七(图 55-1)　……

如图 55-1 形势,红随手杀卒,招来无穷后患。红应改走车八退一或车八进二,可成对攻之势。

13. ……　　炮 1 进 4！　　**14.** 炮九平七　……

红如改走炮九进四,黑则马3进1,车七平九,炮1平9,以下红有两种应着,均难解危,着法如下:

(1)马三进一,炮9进5,前车进一,炮9进3,炮五进四,象7进5,仕六进五,车6进3,炮五退二,车8进9,相七进五,车6进3,帅五平六,炮9平7,帅六进一,炮7平1,黑得车胜定。

(2)前车进一,前炮平7,相三进一,炮9进6!炮五平一,车8进7,后车进二,车8平9,兵三进一,车9平8,兵三进一,炮7平9,兵三进一,炮9进3,帅五进一,车8进1,帅五进一,车6进6,黑胜定。

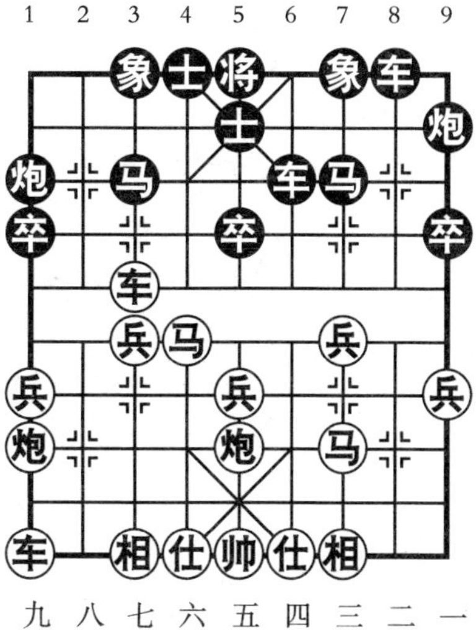

图 55-1

14. …… 炮1平3

15. 兵三进一 象3进1

16. 车七进二 ……

红如改走炮五进四,黑则马3进5,车七平五,马5进7!车五平三,炮9平7,车三平六,炮7进6,黑得子优。

16. …… 炮3退4 **17.** 炮七进五 车6平3

18. 马六进五? ……

活马兑死马,不妥。红应改走兵三进一,黑如马7退6,则炮五进四,马6进5,相七进五,胜过实战。

18. …… 马7进5 **19.** 炮五进四 车3平5

20. 车九进六 车8进6 **21.** 相七进五 车8平7

至此,黑已牢牢控制局势。

22. 马三退五 车7平5 **23.** 炮五平七 将5平6!

出将妙手!既解红车吃象之着,又伏平车捉仕的凶着。

24. 马五进七 前车平6 **25.** 仕六进五 炮9进5

26. 炮七平二 车6平8 **27.** 兵三进一 炮9进3

28. 车九平四 ……

红如改走马七进六,车5进3,车九平四,将6平5,马六进七,车5进2,马七进九,士5进4!(注:解杀还杀,妙!)马九进七,将5进1,车四平五,车5退4,炮二平五,车8平7,炮五平八,车7平2,帅五平六,车2进3,帅六进一,炮9退1,仕五进四,车2退1,帅六退一,炮9平3,黑可再得一子胜定。

28. …… 车5平6 **29.** 车四进一 士5进6

30. 马七进六　士6退5　　**31.** 马六进七　象1退3

32. 马七进六　象7进5　　**33.** 马六退八　炮9退5

34. 马八退六　炮9平5

红马炮双兵难敌黑车炮卒,爽快认负。

第56局　江苏张国凤(红先胜)天津吴弈

(1993年8月6日弈于青岛)

本局选自1993年全国象棋个人赛。

1. 炮二平五　马8进7　　**2.** 马二进三卒7进1

3. 车一平二　车9平8　　**4.** 车二进六　马2进3

5. 兵七进一　炮8平9　　**6.** 车二平三　炮9退1

7. 马八进七　车1进1　　**8.** 炮八平九　车1平6

9. 马七进六　士6进5　　**10.** 车三退一　车6进1

11. 炮五平七　炮2进4(图56-1)

12. 炮七进一　……

红如改走兵七进一,黑则象3进5,车三退一,炮9平7,马六退八,炮7进4,兵三进一,象5进3,兵三进一,车6平4,兵三进一,马7退6,双方对攻。

12. ……　　　　炮9平7

13. 车三平八　炮7进5

14. 相七进五　……

红如改走炮七平三,黑则炮2平7,相三进五,马7进8,兵七进一,卒3进1,车八平七,马8进6,炮九平七,马6进7,炮七平三,车8进6,兵一进一,车8退1,马六退七,炮7平8,黑略先。

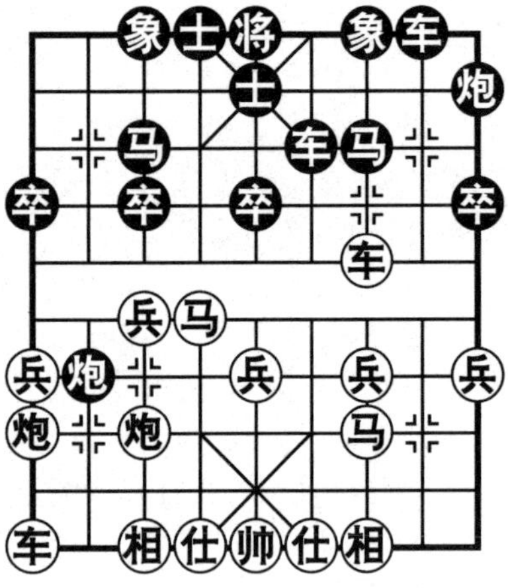

14. ……　　　　炮7平3

黑此时不如先改走炮2平5打中兵后

图56-1

再炮7平3较好,详见第57局(湖北柳大华与北京蒋川对局)介绍。

15. 车八退二　炮3平9

黑如改走车6平4,红则车八平七,车4进3,车九平八,象7进5,车八进七,车 4 退 3,炮九进四,红先。

16. 马三进一 车 8 进 6　　**17.** 炮九平七 车 8 平 9

18. 炮七进四 象 3 进 1

红方兵种好,黑右马受制,象位又不好。至此红优。

19. 仕六进五 卒 5 进 1　　**20.** 车八进四! ……

捉象好棋,顺便牵住黑车马。

20. …… 车 9 平 5　　**21.** 车八平九 车 6 平 4

22. 后车平六 车 5 退 1　　**23.** 马六退七 马 7 进 5

黑如改走车 4 进 7 兑车,红则帅五平六,马 7 进 5,兵七进一,车 5 平 6,兵七平六,车 6 退 3,兵六平五,红大优。

24. 车九平八 ……

红也可改走车六进七,黑必走士 5 进 4,兵七进一,红优。

24. …… 车 4 进 7　　**25.** 仕五退六 象 7 进 5?

上象,臭棋,应改走车 5 平 6,红虽占优,但黑不丢子,尚可一战。

26. 炮七平六! 马 5 进 7

黑如改走马 3 进 4,红则车八平五,马 5 进 7,车五平三! 黑如逃马,红则炮六平五叫将抽车胜。

27. 车八平七 马 7 进 8　　**28.** 仕六进五 马 8 进 7

29. 帅五平六 车 5 平 6　　**30.** 炮六退五 马 7 退 8

31. 车七平五 车 6 进 1　　**32.** 车五退二 车 6 平 3

33. 车五退二! 车 3 进 1　　**34.** 炮六进五!

黑如逃马,则红炮六平七打车叫杀,红胜。

第 57 局　湖北柳大华（红先和）北京蒋川

（2005 年 12 月 30 日弈于广州）

本局选自 2005 年第 26 届"五羊杯"全国象棋冠军邀请赛第 3 轮。

1. 炮二平五 马 8 进 7　　**2.** 马二进三 车 9 平 8

3. 车一平二 马 2 进 3　　**4.** 兵七进一 卒 7 进 1

5. 车二进六 炮 8 平 9　　**6.** 车二平三 炮 9 退 1

7. 马八进七 车 1 进 1　　**8.** 炮八平九 车 1 平 6

9. 马七进六 士 6 进 5　　**10.** 车三退一 车 6 进 1

11. 炮五平七 炮 2 进 4　　**12.** 炮七进一 炮 9 平 7

13. 车三平八　　炮7进5

14. 相七进五　　炮2平5(图57－1)

如图57－1形势,黑炮打中兵是对以往着法的改进。

15. 马三进五　　炮7平3

16. 车八退二　　……

红如改走车九平七捉炮,黑则炮3平9打兵,兵七进一,卒3进1,车八平七,车8进5,马五进三(红如马五退三,则车8平4,马三进一,马3进4,前车进四,马4进2,炮九平八,车6进4,黑略优),车6进3,马六退七(红如前车进二吃马,则炮9平5,仕六进五,车8平7,黑多卒略优),马3退1,双方对攻。

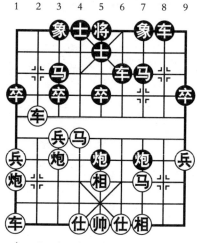

图 57－1

16. ……　　　　炮3平9

17. 马五进三　　炮9进3

18. 仕六进五　　车8进9

19. 马三退二　　车8退1

20. 马六退四　　马7进8

21. 炮九退一　　车8进1

22. 马二退一　　车8平9

23. 马四退二　　……

退马捉车,乘机调整马位。

23. ……　　　　车9退3

24. 车九平八　　车9平2

25. 车八进三　　马8进6

26. 马二进三　　卒5进1

27. 车八平五　　马3进5

28. 炮九进五　　……

红如改走车五进二吃中卒,黑则马6进4,车五平六,马5进6,车六进一,马4进3,车六退五,马3退1,黑略优。

28. ……　　　　马5进7

29. 车五进二　　马6进4

30. 车五平六　　车6进4

31. 兵九进一　　……

进兵,正着。红如改走马三进五,马4退5,车六平五,马7进8,仕五进六(红如误走车五平六,则车6平1,炮九平一,车1进3,仕五退六,马8进7,帅五进一,车1退1,车六退四,马7退6,帅五退一,车1平4,黑得车胜定),卒9进1,黑优。

31. ……　　　　象7进5

32. 仕五进六　　卒9进1

33. 仕四进五　　卒9进1

34. 炮九退一　　卒3进1

35. 兵七进一　　马4退3

双方同意和棋。

第58局　河南姚宏新(红先负)山东侯昭忠

(2004年4月弈于成都)

本局选自2004年全国象棋团体赛。

1. 炮二平五	马8进7	2. 马二进三	车9平8
3. 车一平二	马2进3	4. 兵七进一	卒7进1
5. 车二进六	炮8平9	6. 车二平三	炮9退1
7. 马八进七	车1进1	8. 炮八平九	车1平6
9. 马七进六	士6进5	10. 车三退一	车6进1

11. 炮五平七　炮2平1(图58-1)

如图58-1形势,黑平边炮也是一种应
法,但感觉反击有些迟缓,不如炮2进4反
击迅速。

12. 车九平八　炮1进4

13. 炮七进一?……

升炮,造成右马脱根。红此时不如改走
兵三进一较好。

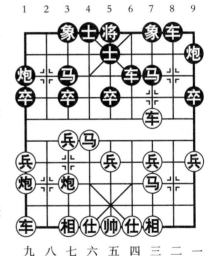

图58-1

13. ……　　　　炮9平7

14. 车三平六　象7进5

15. 兵七进一　马7进8

黑如改走象5进3吃兵,红则马六进
八,炮7进5,相三进五,炮7平3,马八退七,
双方对攻。

16. 兵七进一　马3退1

17. 马六退七　马8进6

18. 车六退四　炮1退2　　**19. 马三退一　……**

红如改走车六平三,则马6进8,车三平二,炮1平8! 车二平八,炮7进6,
炮九平三,车6进5,黑大优。

19. ……　　　　马6进8!　　**20. 马一进三　炮1平5**

黑胜。以下红如仕六进五,则炮7进6,帅五平六(红如炮九平三,则车8平
6,炮三平五,马8进7,帅五平六,前车进7! 仕五退四,车6进9,炮五退二,车6
平5连将杀,黑胜),炮7平1,相七进九,炮5平7,相三进五,马8进7,车六进

一,炮7退3,黑得子大优。

第59局　湖北党斐(红先胜)湖南梁林

(2006年10月3日弈于广东东莞)

本局选自2006年东莞凤岗第2届"杨官璘杯"全国象棋公开赛第8轮。

1. 炮二平五	马8进7	**2.** 马二进三	车9平8
3. 车一平二	卒7进1	**4.** 车二进六	马2进3
5. 兵七进一	炮8平9	**6.** 车二平三	炮9退1
7. 马八进七	车1进1	**8.** 炮八平九	车1平6
9. 马七进六	士6进5	**10.** 车三退一	炮2平1
11. 炮五平七	车6进1	**12.** 车九平八	炮1进4

黑还是先走炮9平7打车,待红平车后,再走炮1进4较好。

13. 兵三进一(图59-1) ……

如图59-1形势,红挺三兵后左右翼齐头并进,对黑方产生很大的压力。

13. ……　　　　炮9平7

黑可改走炮1平9,红方对右翼会有所顾忌,比实战稍好。

14. 车三平八　马7进8

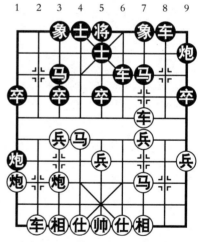

黑如改走车6平4捉马,红则马六进七,炮1平9,马三进一,车8进6,黑先弃后取得回一子,但红仍持先手。

15. 后车进三　　炮1退1

16. 前车退一　　炮1进1

至此,红已大占优势。

17. 兵七进一　卒3进1

18. 马六进五　马8进9

19. 马三进一! ……

图59-1

吃马好棋!有惊无险,如果红怕底相被打而改走马五进七,黑则炮7进6,炮九进四(红如炮九平三,则马9进7,仕六进五,马7进5,黑大有攻势),炮7退1,红不易掌握局面。

19. ……　　　炮7进8　　**20.** 帅五进一 ……

上帅,正着。红如改走仕四进五,则车8进9,黑下步伏有炮7退1、炮7退3、炮7平4等多种攻击手段,红方难应。

20.…… 　　车8进6　　**21.前车平四!** ……

平车肋道邀兑,减少黑方对己方的威胁,好棋!

21.…… 　　车6平8

黑当然不愿兑车,黑如兑车,红必可得子大优。

22.马五进七 　前车平9　　**23.炮九进四** ……

红如改走炮七退一,黑也很难应。

23.…… 　　车8进6　　**24.帅五进一** 　车8平3

25.炮七平六 　象7进5　　**26.炮九平五** ……

炮镇中路,一锤定音。

26.…… 　　车3进1　　**27.帅五平四** 　炮1进3

28.车八退一

黑无连将杀,红胜。

第 60 局　　陕西张惠民(红先负)浙江于幼华

本局选自 1986 年全国象棋个人赛第 10 轮。

1.炮二平五 　马8进7　　**2.马二进三** 　车9平8

3.车一平二 　卒7进1　　**4.车二进六** 　马2进3

5.兵七进一 　炮8平9　　**6.车二平三** 　炮9退1

7.马八进七 　车1进1　　**8.炮八平九** 　车1平6

9.马七进六 　士6进5　　**10.车三退一** 　炮2平1

11.炮五平七 　车6进1　　**12.车九平八** 　炮1进4

13.车八进七(图 60 - 1) ……

如图 60 - 1 形势,红进车捉马颇有新意,但实战效果不如兵三进一好。

13.…… 　　象7进5　　**14.炮七进四** 　炮9平7

15.兵三进一 ……

红可改走车三平八,黑如炮1平7,则相三进五,前炮平8(黑如马3退2,则前车进二,前炮平8,炮七进一,车6进6,后车退四,化解了黑方攻势,红多子优),前车平七,炮7进6,炮七进三,象5退3,车七平四,炮8进3,相五退三,士5进6,车八平三捉双,红优。

15. ……　　　　　马 3 退 2 !

退马送吃，着法巧妙！

16. 车三平八　　马 7 进 8

17. 后车平四　　……

红平肋车邀兑，可减轻右翼压力。

17. ……　　　　　炮 7 进 6

18. 车四进二　　士 5 进 6

19. 车八进二　　炮 1 平 9

20. 马六进四　　马 8 进 6

21. 车八退七　　……

退车，保守。红应改走炮九平五，黑如车 8 进 6（黑如马 6 进 5 兑炮，则相七进五，红兵种好占优），则炮五进四，士 6 退 5，兵五进一，红优。

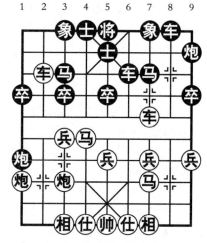

图 60-1

21. ……　　　　　炮 7 平 1

22. 车八平九　　车 8 进 6

23. 车九平四　　马 6 退 4

黑也可改走车 8 平 5，相七进五，炮 9 平 6，均势。

24. 炮七平一　　……

红此时应改走马四进六。

24. ……　　　　　卒 1 进 1

黑如改走马 4 进 5，红则马四进六，车 8 退 3，车四进一，车 8 平 9，马六进七，将 5 进 1，车四平五，将 5 平 6，马七退六，红略先。

25. 炮一退一　　马 4 进 5　　　**26.** 马四退五　　车 8 平 5

27. 车四平五　　车 5 平 7

黑如兑车，则双方和定。

28. 车五进四　　车 7 进 3　　　**29.** 炮一平五　　将 5 平 6

30. 车五平四　　将 6 进 1　　　**31.** 车四平一　　炮 9 平 8

32. 车一平二　　炮 8 平 9　　　**33.** 兵七进一（图 60-2）卒 1 进 1

挺边卒，正着。黑如改走象 5 进 3 吃兵，则炮五平四，士 6 退 5，车二平四，士 5 进 6，炮四进二（比车四平一抽炮要好得多），象 3 退 5，炮四平三，将 6 平 5，炮三退七抽车，红胜定。

34. 车二平一　　炮 9 平 8　　　**35.** 车一平二　　炮 8 平 9

36. 兵七进一　　车 7 退 4　　　**37.** 炮五平四　　将 6 平 5

38. 车二进二　　……

红应改走炮四退三,双方对攻。

38. ……　　　将 5 退 1

39. 车二进一　　将 5 进 1

40. 车二平六?……

贪攻忘守,为了吃一底士,竟把车撤离防守要地,实为不智。棋谚云"残棋最忌车低头",红以后为此着吃尽了苦头。

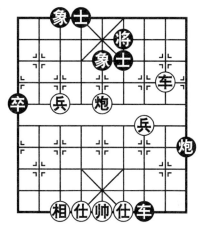

图 60 - 2

40. ……　　　炮 9 进 3

41. 帅五进一　　车 7 进 3

42. 帅五进一　　车 7 退 4

43. 炮四退一　　车 7 平 5

44. 帅五平六　　车 5 进 1

45. 炮四退一　　车 5 进 1

46. 车六退一　　将 5 退 1

47. 车六进一　　将 5 进 1

48. 炮四进三　　车 5 平 3　　　**49.** 车六退一　　将 5 退 1

50. 炮四平五　　象 5 退 7　　　**51.** 车六进一　　将 5 进 1

52. 炮五退五　　车 3 进 1

黑应改走炮 9 平 4 打仕瞄车,相七进五,象 7 进 5,相五进七,象 5 退 7,红车难逃,黑胜定。

53. 帅六退一　　车 3 进 2　　　**54.** 帅六进一　　炮 9 退 1

55. 炮五平八　　车 3 平 4　　　**56.** 炮八平六　　车 4 平 6

57. 炮六平八　　车 6 平 4　　　**58.** 炮八平六　　车 4 平 3

黑方通过老练的残局工夫,把红方仕相吃个精光。红难以防守,黑胜。

第 61 局　新疆薛文强(红先胜)湖南罗忠才

(2002 年 3 月弈于济南)

本局选自 2002 年全国象棋团体赛。

1. 炮二平五　　马 8 进 7　　　**2.** 马二进三　　车 9 平 8

3. 车一平二　　马 2 进 3　　　**4.** 兵七进一　　卒 7 进 1

5. 车二进六　　炮 8 平 9　　　**6.** 车二平三　　炮 9 退 1

7. 马八进七　　车 1 进 1　　　**8.** 炮八平九　　车 1 平 6

9. 马七进六　士6进5　　　**10.** 车三退一　炮2平1

11. 炮五平七　车6进1

12. 车九平八　炮9平7(图61-1)

如图61-1形势,黑平炮打车,逼红车定位。

13. 车三平六　……

红此时如改走车三平八,则黑可车8进5(黑也可改走车6进3)骑河捉马,以下红有三种应着:

⑴前车平六,车6平4,车六进二,炮1平4,马六退五,马7进8,炮七进四,象3进5,红马位不正,黑足可抗衡。

⑵马六退五,马7进6,炮七进四,马3退1,黑略先。

⑶炮七进四,马3退1,马六进五,车8平3,马五退七,车3平4,相七进五,车4退2,前车进一,炮1平5,双方对攻。

13. ……　　　　炮1进4　　**14.** 兵三进一　……

红也可改走兵七进一,直接威胁黑右翼。

14. ……　　　　炮1平4　　**15.** 车六平八　马7进8

16. 相七进五　炮7进6　　　**17.** 炮七平三　车6进3

18. 炮九进二(图61-2)　炮4平9

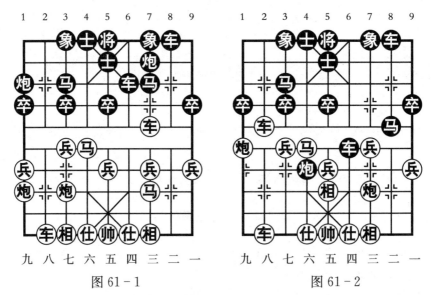

图61-1　　　　　　　　　　图61-2

黑改走象7进5较好,前车平四(红如前车进二,黑如卒1进1,则马六进五,车6进3,前车平七,卒1进1,黑略优),卒3进1,以下红有两种应法:

⑴兵三进一,车6退1,马六进四,马8进9,兵七进一,马9进7,兵七进一,

车8平7,兵七进一(红如兵三平二,则车7平6,车八进五,卒5进1! 车八平五,马3进5,炮九平五,马5退7,兵二平三,象5进7,黑多子优),车7进4,黑略先。

(2)车四退一,马8进6,兵七进一,马6进7,兵七进一,炮4平9,兵七进一,炮9进3,仕六进五,车8进8,马六退七,车8平6,帅五平六,马7进8,帅六进一,炮9平7,车八进六,马8退7,黑明显占优。

19. 前车平四　卒1进1　　　**20.** 炮三平二!　……

平炮瞄车,好棋! 把黑车打回原位。

20. ……　　　车8平9　　　**21.** 兵三进一　……

红如改走车四平九吃卒也是不错的选择。

21. ……　　　车6退1　　　**22.** 马六进四　卒1进1

23. 兵三平二　车9进2　　　**24.** 车八进六　车9平6

25. 兵二平三　象7进9　　　**26.** 炮二平四　车6平8

27. 兵三进一　象9进7　　　**28.** 车八平七　车8进4?

黑进车败着。可改走车8平4,虽落下风,尚可周旋。

29. 仕六进五　车8平6

黑如改走马3退1,红则车七平五,车8平6,马四进六,马1进2,兵七进一,炮9平5,兵七进一,车6进1,车五退三,黑车马必失其一,红胜定。

30. 马四进六　……

跳马做杀,红必得子。

30. ……　　　士5进4　　　**31.** 车七进一　炮9平5

32. 帅五平六

黑少子劣势,认负。

第62局　泰国陈思飞(红先胜)中国香港朱俊奇

(1982年4月11日弈于杭州)

本局选自1982年第2届"亚洲杯"象棋赛。

1. 炮二平五　马8进7　　　**2.** 马二进三　车9平8

3. 车一平二　卒7进1　　　**4.** 车二进六　马2进3

5. 兵七进一　炮8平9　　　**6.** 车二平三　炮9退1

7. 马八进七　车1进1　　　**8.** 炮八平九　车1平6

9. 马七进六　士6进5　　　**10.** 车三退一　炮2平1

11. 炮五平七　车6进1

12. 炮七进四（图62-1）……

如图62-1形势,红炮打卒是比较少见的着法。一般认为,重炮不宜轻发,在布局阶段炮还是留在家比较好,便于子力之间的联系。但具体情况要具体分析,本局形势下,炮打卒就是不错的选择。

12. ……　　　象7进5

黑也可选择象3进5,红如车三平八,则车8进5,车八进二,车8平4,车八平九,马3退2,前车退一,马7进6,后车平八,马6进8,双方对攻。

13. 相七进五　……

补相,使阵形保持工整。

13. ……　　　车8进8

黑也可改走炮9平7,车三平八,车6进3,双方对攻。

14. 车九平八　车8平4　　　**15.** 车三退一　马7进8

16. 仕六进五　……

红如改走兵七进一,则马8进6,马六进八,车4退1,马三退一,车4平1,马八进七,炮9进5,双方对攻。

16. ……　　　马8进6　　　**17.** 车八平六　……

红如想保持复杂局势,也可改走炮九平六,以下黑有两种应着:

(1)炮1进4,车八进七,炮1退1,车八平七,炮1平4,炮七进三,象5退3,车七平四,炮4平7,车四退三,炮7进2,炮六平三,炮9进5,兵三进一,红优。

(2)马6进7,炮六平三,炮9进5,车八进七,炮9进3,炮三平四,车6平8,炮四退一,车4退2,马六进四,下伏车三进五叫将杀士的棋,红优。

17. ……　　　车4平2　　　**18.** 炮九平七　马6进7

19. 后炮平三　炮9进5　　　**20.** 马六退七　……

退马好棋,攻守兼备,既可防止黑炮打中兵,又为己方底车让路。

20. ……　　　车6进6　　　**21.** 车三平一　炮9进2

黑如改走炮9平8,红则车一平二,炮8平9,车六进八,车2退8,炮七平一,车6退8,炮三平一,车6平9,前炮进一! 红大优。

22. 炮七平六!　炮9平7　　　**23.** 炮六退五　炮7退2

24. 炮三平四!　……

把黑车关死,红胜局已定。

24. ……　　炮 7 进 1　　**25.** 马七进六　……

死子不急于吃,红棋下得滴水不漏。

25. ……　　车 6 退 1　　**26.** 仕五进四　马 3 进 2

27. 炮六平一　车 2 平 6　　**28.** 兵七进一　马 2 进 1

29. 仕四进五　炮 7 退 7　　**30.** 炮一进五　象 5 进 7

31. 相三进一　炮 1 平 9　　**32.** 炮一平二　炮 9 平 8

33. 车六平八　……

红可如改走炮二退三打马,黑如接走马 1 进 2,则车六进一,车 6 平 8,炮二平四,捉死马,红胜。

33. ……　　车 6 平 8　　**34.** 车一进五　象 7 退 5

35. 车八进三　车 8 退 5　　**36.** 车八平九　炮 8 退 2

黑如改走士 5 退 6,红则车一平二牵住车炮,红多子胜势。

37. 车一退四　炮 7 进 8　　**38.** 车九进三　炮 7 平 8

黑如改走炮 7 平 9,则红相一退三捉炮,红胜定。

39. 车九平五　车 8 进 4　　**40.** 兵七进一　后炮平 7

41. 车五平三

黑认负。

第 63 局　河北黄勇(红先负)浙江陈孝堃

(1986 年 10 月 7 日弈于宁波)

本局选自 1986 年"宁波杯"象棋赛第 3 轮。

1. 炮二平五　马 8 进 7　　**2.** 马二进三　车 9 平 8

3. 车一平二　马 2 进 3　　**4.** 兵七进一　卒 7 进 1

5. 车二进六　炮 8 平 9　　**6.** 车二平三　炮 9 退 1

7. 马八进七　车 1 进 1　　**8.** 炮八平九　车 1 平 6

9. 马七进六　士 6 进 5　　**10.** 车三退一　炮 2 平 1

11. 炮五平七　车 6 进 1　　**12.** 车九平八(图 63-1)　……

如图 63-1 形势,红出直车准备牵制黑方右翼。

12. ……　　炮 1 进 4　　**13.** 车八进七　……

红可改走兵三进一,实战效果较好。

13. ……　　炮 9 平 7　　**14.** 炮七进四　象 7 进 5

15. 车三平六　……

红此着不如改走车三平八较好,也可改走兵三进一弃车。

15. ……　　　　炮1平7

16. 相三进五　马3退2

黑如不弃马直接走前炮平8,红则车八平七,以下炮7进6,炮七进三,象5退3,车七平四,炮8进3,相五退三,士5进6,车六平三,红先弃后取,得回一子后占优。

17. 车八进二　前炮平8

18. 仕六进五　……

红如改走炮七进一打车,黑则车6进6,马三退二(红如炮七平三,则炮7进6,炮九平三,炮8进3,仕四进五,炮8平9,红无解),车6平8,炮七平三,炮8进3,炮三退七,前车平7,车六平四,车8进8,车八退三,炮7进8,相五退三,车7进1,黑少子有攻势。

18. ……　　　　炮7进6　　　**19.** 炮九平三　炮8进3

20. 相五退三　车6进6

卡住相眼,等于占领了战略要地。

21. 车六进三　车8进8　　　**22.** 马六退四　……

退马送吃,意在减缓黑方进攻速度。

22. ……　　　　车6退2　　　**23.** 车八平七　……

红如改走车八退二捉象,则将5平6,炮三平四(红如相七进五,则车8平5!帅五进一,车6进2,帅五退一,车6进1,帅五进一,车6退1,连将杀,黑胜),车6平5,车八退六,车8平7,帅五平六,车7进1,帅六进一,炮8退1,炮四退一,车7平6,黑胜定。

23. ……　　　　车6进2　　　**24.** 车七平八　……

红此着应改走帅五平六(这是最好的应着,而且伏有杀着,黑如不察,接走车6平5吃仕,红则车七平六!士5退4,炮七进三,士4进5,车六进一,连将杀,红胜),以下黑如接走将5平6,则炮三平八,车6平5,炮八进六!车5平4(黑如误走车8平6,则车七平六,士5退4,炮七进三,士4进5,车六进一,连将杀,红胜),车六退七,车8平4,帅六进一,象5退3,兵五进一,黑虽占优,但一时无法取胜。

24. ……　　　　车6平5　　　**25.** 帅五平六　将5平6

黑胜势。续着如下:炮七进三,将6进1,炮七退一,车8平6,车六退七,将6

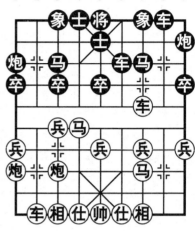

图 63－1

退 1,车六平五,车 6 进 1,车五退一,车 6 平 5,帅六进一,马 7 进 6。黑胜。

第64局 吉林陶汉明(红先胜)厦门蔡忠诚

(1991 年 5 月 18 日弈于无锡)

本局选自 1991 年全国象棋团体赛第 7 轮。

1. 炮二平五	马 8 进 7	**2.** 马二进三	车 9 平 8
3. 车一平二	马 2 进 3	**4.** 兵七进一	卒 7 进 1
5. 车二进六	炮 8 平 9	**6.** 车二平三	炮 9 退 1
7. 马八进七	车 1 进 1	**8.** 炮八平九	车 1 平 6
9. 马七进六	士 6 进 5	**10.** 车三退一	炮 2 平 1
11. 炮五平七	车 6 进 1	**12.** 兵三进一(图 64 - 1)	……

如图 64 - 1 形势,红先进三兵缓出车也是一种应法。

12. ……　　炮 9 平 7

黑应改走象 7 进 5 逐车,红如接走车三平八,则卒 3 进 1,车八进一(红如车八进二,则卒 3 进 1,黑足可抗衡),马 3 进 4,兵七进一,马 4 进 6,可形成对攻局面。

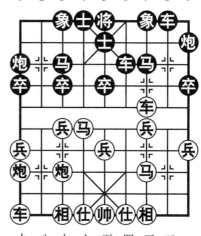

13. 车三平八	炮 1 进 4
14. 炮九进四	炮 1 平 9
15. 马三进一	车 8 进 6
16. 相七进五	马 3 进 1
17. 车九进六	象 7 进 5
18. 车九平七	车 8 平 9
19. 车七平五	车 6 进 3

1　2　3　4　5　6　7　8　9

九　八　七　六　五　四　三　二　一

图 64 - 1

进车捉马,空棋。黑应改走车 6 进 6,红虽略优,但黑仍可下。

20. 车五平六	车 6 进 3	**21.** 车六平二	车 9 进 3

黑可改走车 7 平 5 吃中兵。

22. 车八平五　士 5 退 6

除此之外,黑另有两种应着:

(1)车 9 平 7,炮七进七,象 5 退 3,车二进三,炮 7 退 1(退炮送吃,无奈,黑如车 6 退 8,则车二平四,将 5 平 6,相五退三,黑双车尽失,必败无疑),车二平三,马 7 退 6,仕六进五,红大优。

(2)炮 7 退 1,车二进一,马 7 退 6(黑如马 7 进 6,则车二进二,红大优),车五平三!象 3 进 1,车三进三,车 9 平 7,仕六进五,车 7 退 3,马六进七,象 1 退 3,马七进六,象 3 进 1,马六退八,车 6 退 4,马八进九,车 6 平 4,马九退七,车 4 退 3,车二退一,黑难解红下一步捉死车的恶手。

23. 炮七进七 士 4 进 5	24. 车二进二 炮 7 退 1
25. 炮七平九 马 7 进 8	26. 车二平三 马 8 退 6
27. 车三退二 车 9 平 7	28. 仕六进五 车 7 平 9
29. 车五平八 士 5 进 4	30. 马六进七

红攻势如潮,黑难以抵挡,投子认负。

第 65 局 广东黎德志(红先胜)广东胡克华

(2010 年 2 月 14 日弈于广东恩平)

本局选自 2010 年广东恩平象棋大奖赛。

1. 炮二平五 马 8 进 7	2. 马二进三 车 9 平 8
3. 车一平二 马 2 进 3	4. 兵七进一 卒 7 进 1
5. 车二进六 炮 8 平 9	
6. 车二平三 炮 9 退 1	
7. 马八进七 车 1 进 1	
8. 炮八平九 车 1 平 6	
9. 马七进六 士 6 进 5	

10. 车三退一(图 65-1) 炮 9 平 7

平炮打车过急。黑此时可改走车 6 进 1 保马,局势较平稳。

11. 车三平八 炮 2 平 1

12. 炮五平七 ……

红此着可改走兵三进一或车八进二。

12. …… 车 6 进 4

13. 马六退五 卒 5 进 1

黑如改走车 6 平 3 吃卒,红则炮七进一,下一步有炮九平七打车的手段,黑更加

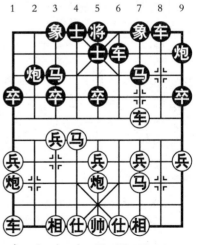

图 65-1

难应。

14. 兵七进一   炮 1 进 4

黑应改走车 6 平 3 捉炮,红如接走炮七进一,则卒 3 进 1,车八进二,马 7 进 5,炮九平七,车 3 平 4,车八退一(红如前炮进四,则炮 1 平 3,炮七进五,车 8 进 2! 黑反先),象 3 进 5,双方对攻。

15. 车九平八   炮 1 平 7   **16.** 马五进三   炮 7 进 5

17. 相三进五   马 3 进 5   **18.** 兵七进一   象 7 进 5

19. 炮七进一! ……

抓住黑车炮受牵制的弱点进行攻击,精巧!

19. ……   车 8 进 6   **20.** 炮九平七   将 5 平 6

21. 仕六进五   车 6 退 1   **22.** 前炮平三   车 8 平 7

23. 后车进四   马 5 进 7   **24.** 前车平六   前马进 8

25. 车八平二   将 6 平 5?

进将,劣着。黑应改走车 6 平 8 拦车,以下红如接走车二平四,则车 8 平 6,黑尚可抵挡。

26. 车六进三! ……

车塞象眼,发起总攻。

26. ……   象 3 进 1   **27.** 炮七平八   卒 5 进 1

冲中卒,速败之着。黑如改走马 7 进 8,红则炮八进七,象 1 退 3,帅五平六,车 7 进 1,车二平六,象 5 退 7,兵七进一,卒 5 进 1,前车进一! 士 5 退 4,车六进五,将 5 进 1,车六退一,将 5 进 1,炮八退二,连将杀,红胜。

28. 炮八进七   象 1 退 3   **29.** 车二进四!

下一步有车吃中士的杀棋,黑认负。

第 66 局   上海单霞丽(红先和)湖北陈淑兰

(1990 年 10 月 23 日弈于杭州)

本局选自 1990 年全国象棋个人赛第 12 轮。

1. 炮二平五   马 8 进 7   **2.** 马二进三   卒 7 进 1

3. 车一平二   车 9 平 8   **4.** 车二进六   马 2 进 3

5. 兵七进一   炮 8 平 9   **6.** 车二平三   炮 9 退 1

7. 马八进七   车 1 进 1   **8.** 炮八平九   车 1 平 6

9. 马七进六   士 6 进 5   **10.** 车三退一   炮 2 平 1

11. 兵三进一　　车6进1

12. 车九平八　　车8进8(图66-1)

如图66-1形势,黑车8进8点相眼实战中比较少见。黑方另一种应法是炮9平7,红如车三平八,则炮7进4,相三进一,炮7平3,后车进四,象7进5,马六进七(红如后车平七吃炮,则卒3进1捉双车,车七平八,卒3进1! 马六进五,马3进2,车八一,车6进4黑优),炮3退1,红略先。

13. 车三平八　　……

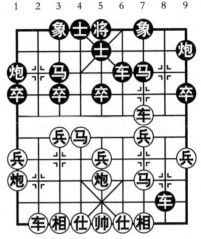

图 66-1

平车稳健。红如改走马六进五吃卒,黑则炮9平7,车三平六(红如车三进二,则车6平7,马五进三,炮1平7,黑优),炮7进4,马三进四,马3进5,马四进五,车8平7,相三进一,炮7平8,炮五平二,车6进5,马五进三,车7退6,炮二退二,炮1平5,仕六进五,车6平9,黑优。

13. ……　　炮9平7　　**14.** 后车进一　　……

提车邀兑,稳健,兑车后形势对红方有利。此外,红另有两种着法:

(1)炮五平七,车8平4,马六进七,马7进6,兵三进一,车4平3,前车平四,车6进2,兵三平四,炮7进8,仕四进五,车3退1,马七进九(红如车八进七,则炮1进4,车八平七,炮1平3,仕五进四,炮3进3,仕六进五,车3平1,黑优),象3进1,车八进七,马3进4,兵七进一,象1进3,炮九进四,象7进5,炮九进三,象5退3,车八进二,象3退5,车八退四,马4退3,车八进二,马3进4,车八退二,双方不变作和。

(2)兵三进一,象7进5,炮五平七,炮7进3,相三进五,卒3进1,前车进二,卒3进1,前车平七,卒3平4,车八进八,炮1进4,车八平六,象3进1,双方激烈对攻。

14. ……　　车8平2　　**15.** 车八退四　　炮7进4

16. 相三进一　　炮7平3　　**17.** 马六进七　　车6进2

18. 马七进九　　象3进1　　**19.** 车八进六　　车6平3

20. 车八平九　　炮3平4　　**21.** 车九平八　　炮4退3

22. 车八退一　　……

红如改走车八退七保相,黑则炮4平5,下一步黑有马7进6的棋,足可抗衡。

22. ……　　　车 3 进 5　　　**23.** 炮九进四　马 3 进 1

24. 车八平九　车 3 退 2

退车捉炮,正确。黑如改走炮 4 进 6,红则车九进一,炮 4 退 6,车九退二,象 7 进 5,马三进四,红优;黑又如改走炮 4 进 5,红则炮五进四,马 7 进 5,车九平五,炮 4 平 9,也是红优。

25. 相一退三　炮 4 进 6　　　**26.** 马三进四　炮 4 平 1

27. 车九平八　炮 1 进 1　　　**28.** 车八退六　车 3 平 1

29. 炮五进四　……

红改走马四进五踩中卒较好。

29. ……　　　马 7 进 5

再兑一子,已是和定。

30. 马四进五　车 1 退 1　　　**31.** 相三进五　车 1 平 5

双方同意作和。

第67局　林业甘奕祜(红先负)石化何群

(1990 年 6 月 9 日弈于河北邯郸)

本局选自 1990 年全国象棋团体赛第 4 轮。

1. 炮二平五　马 8 进 7

2. 马二进三　车 9 平 8

3. 车一平二　卒 7 进 1

4. 车二进六　马 2 进 3

5. 兵七进一　炮 8 平 9

6. 车二平三　炮 9 退 1

7. 马八进七　车 1 进 1

8. 炮八平九　车 1 平 6

9. 马七进六　士 6 进 5

10. 车三退一　炮 2 进 1

11. 车九进一(图 67-1)　……

如图 67-1 形势,红方起横车不如改走出直车(车九平八)或卸中炮(炮五平七)对黑右翼牵制较大。

11. ……　　　炮 9 平 7

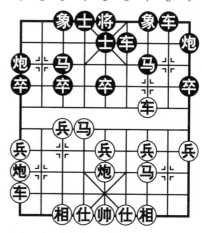

图 67-1

12. 车三平八　炮1进4　　　　**13.** 车九平六　炮1平7

14. 相三进一　车6进1　　　　**15.** 炮五平七　……

红如改走马六进五，黑则马3进5，炮五进四，将5平6，仕六进五，车6进4，炮九平四，后炮平6，炮四平五，马7进5，炮五进四，车8进7，车六进一，炮7平5，帅五平六，炮5平4，帅六平五，炮6进1，黑优。

15. ……　　　　车6平4　　　　**16.** 车六进一　……

红如改走兵七进一，卒3进1，炮七进五（红如车八平七，则象7进5，车七进一，马7进6，炮七进五，车4进3，车六进三，马6进4，车七退二，马4进6，车七平三，前炮平8，炮九平四，炮7进6，车三退二，炮8平5，黑优），马7进6，相一进三，马6进4，车八退一，马4进5！车六进六，马5进7，帅五进一，前炮平8，帅五平六，士5进4，红帅位不稳，黑优。

16. ……　　　　车8进5　　　　**17.** 炮九进二　车8退1

18. 炮七进四　象7进5　　　　**19.** 车八平二　……

兑车，正着。红如改走兵七进一，黑则马7进6，车八退一（红如兵七平六，则马6进4，车六进二，后炮进6，黑得子大优），卒1进1，炮九退二，车4进3，车八平六，马6进4，车六进二，后炮进6，黑得子大优。

19. ……　　　　马7进8　　　　**20.** 马三退二　……

红改走马三退五较好，下一步可马五进七形成连环马。

20. ……　　　　卒1进1！

挺卒赶炮，好棋，拆散河头堡垒，把红马从多根子变成有根子。

21. 炮九退三　车4进2　　　　**22.** 马二进四　卒9进1

23. 炮九平七　……

红应改走马六退七邀兑黑车，不管黑兑不兑车，红均应对自如。

23. ……　　　　马3进1　　　　**24.** 前炮平八　……

红仍可改走马六退七。

24. ……　　　　卒1进1　　　　**25.** 兵七进一　车4平3

26. 马六退七　车3平2　　　　**27.** 车六进六　象3进1

28. 炮八平七　象1退3

如果是国际性比赛，此时红可炮七平八，形成长杀局面，因为《象棋比赛规例》(亚洲规则)规定长杀是允许着法。

29. 车六退四　车2进3　　　　**30.** 车六退二　……

只好退车。红如改走车六平七保马，黑可卒1平2！捉车，红必失子。

30. ……　　　　前炮平8　　　　**31.** 前炮退二　卒1平2

32. 前炮平二　车2进1　　　　**33.** 炮七平五　马1进3

34. 车六进三　马8进6　　　　**35.** 车六退一　……

红此时不如改走车六平四稍好。

35. ……　　　　炮 8 进 2　　　　**36.** 相一进三　马 6 进 7

37. 炮二退二　炮 7 平 8　　　　**38.** 炮五平二　……

漏着,导致失子。红此时不如改走相七进五,效果比实战要好。

38. ……　　　　车 2 平 6

吃马叫杀,黑必得子,红认负。

第 68 局　　湖北柳大华(红先负)江苏徐天红

(1986 年 10 月 12 日弈于宁波)

本局选自 1986 年"宁波杯"象棋赛。

1. 炮二平五　马 8 进 7　　　　**2.** 马二进三　卒 7 进 1

3. 车一平二　车 9 平 8　　　　**4.** 车二进六　马 2 进 3

5. 兵七进一　炮 8 平 9　　　　**6.** 车二平三　炮 9 退 1

7. 马八进七　车 1 进 1　　　　**8.** 炮八平九　车 1 平 6

9. 马七进六　士 6 进 5

10. 车三退一　炮 9 平 7(图 68 – 1)

如图 68 – 1 形势,黑平炮打车是出现较早的着法之一。

11. 车三平八　炮 2 平 1

12. 兵三进一　马 7 进 8

13. 车九进一　……

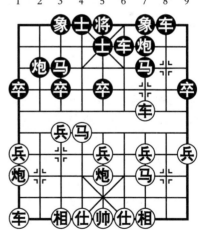

九　八　七　六　五　四　三　二　一

图 68 – 1

红如改走兵三进一捉马,黑则马 8 进 9 踩兵,车八进二,车 6 进 1,炮五平七,炮 7 进 6,炮七进四,象 7 进 5,车八平七,马 9 退 7,相七进五(红如相三进五,则车 6 进 6,炮九平三,马 7 进 6,仕六进五,车 6 平 5,黑胜),炮 7 退 3,黑方在激烈对攻中夺得先机。

13. ……　　　　马 8 进 9

14. 车九平三　……

红可改走车八平三捉炮,黑如接走象 3 进 5 捉车,则车三进一,马 9 进 7,炮九平三,炮 1 退 1,马六进五,马 3 进 5,炮五进四,车 6 进 5,兵五进一,红略先。

14. ······　　炮 7 进 6！

以炮兑马,简明有力!

15. 炮九平三　　车 6 进 4！

骑河捉马,紧着!

16. 马六进五　　······

红如改走马六进七,则车 6 平 3,黑优;红又如改走车八平六,则车 6 平 7,黑优。

16. ······　　马 3 进 5　　**17.** 炮五进四　　炮 1 平 5！

还架中炮,好棋! 至此,黑已占优。

18. 炮三平五　　车 8 进 6(图 68 - 2)

19. 仕四进五　　······

红此时另有 3 种着法如下:

(1)车八退二,将 5 平 6,仕六进五,炮 5 平 7,前炮平三,车 6 退 2,炮三退一,象 7 进 9,炮五平四,将 6 平 5,炮三平五,士 5 进 6,炮四平三,车 8 平 7,炮五平三,马 9 进 7! 炮三退二,炮 7 进 4,车三进一,炮 7 平 2,黑多子优。

(2)车八平三,象 7 进 9,前车进一,将 5 平 6! 仕六进五,炮 5 进 4,帅五平六,炮 5 退 2,后炮平四,车 6 平 4,炮四平六,车 8 平 6,炮五平四,炮 5 平 4,黑优。

(3)仕六进五,车 8 平 5,前炮退一,车 6 平 3,相七进九,车 3 平 7,车三进三,马 9 退 7,前炮平二,马 7 进 6! 仕五进四,车 5 进 1,帅五平六,车 5 平 4,帅六平五,车 4 平 1,黑大优。

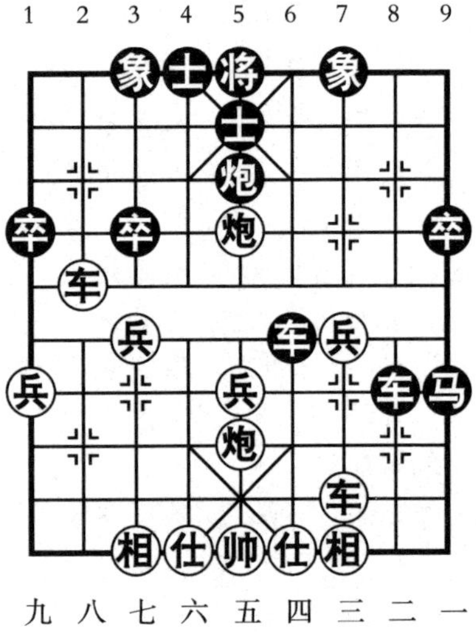

图 68 - 2

19. ······　　车 8 平 5　　**20.** 前炮平九?　　······

平炮打卒,速败之着。红如改走前炮退一,则车 6 平 7,车三进三,马 9 退 7,前炮平二,车 5 平 7,炮二平三,马 7 退 9,炮三平五,马 9 进 8,相三进一,马 8 进 7,帅五平四,马 7 退 9,仕五进四,车 7 进 3,帅四进一,马 9 退 7,帅四平五,车 7 平 4,黑大优。

20. ······　　将 5 平 6！

黑出将助攻,准备下一步弃车砍中炮做杀,红方认负。红方如负隅顽抗续走炮九退二,则车 6 退 3,兵三进一,车 5 进 1,车八平四,车 6 进 2,兵三平四,车 5

平7,相三进五,车7进1,黑得车胜定。

第69局 河北黄勇(红先负)江苏言穆江

（1985年3月13日弈于浙江嘉兴）

本局选自1985年"王冠杯"象棋赛。

1. 炮二平五	马8进7	**2.** 马二进三	车9平8
3. 车一平二	马2进3	**4.** 兵七进一	卒7进1
5. 车二进六	炮8平9	**6.** 车二平三	炮9退1
7. 马八进七	车1进1	**8.** 炮八平九	车1平6
9. 马七进六	士6进5	**10.** 车三退一	炮9平7
11. 车三平八	炮2平1	**12.** 兵三进一	马7进8
13. 车九进一	马8进9	**14.** 车八平三	……

红如改走马三进一,则炮7进8,仕四进五,炮1进4打兵捉双,黑大优。

14. ……	象3进5	**15.** 车三进一	马9进7
16. 炮九平三	炮1退1(图69-1)		
17. 车九平八	……		

红可改走马六进五吃卒,黑如接走马3进5,则炮五进四,车6进5,兵五进一,红略先。

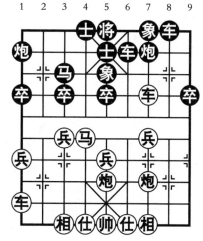

17. ……	车6进4
18. 马六进五	马3进5
19. 炮五进四	车8进6
20. 车八进二	车6进2
21. 炮三退一	车6进1
22. 炮三进一	车8平7
23. 炮三平五	……

红如改走炮三平二,则将5平6!仕六进五,炮7进4,相三进一,炮7平5!兵五进一,车7退3,黑得车胜势。

图69-1

23. ……	车7平6

黑可改走车7进3吃相,仕六进五,车6退3,双方对攻。

24. 仕四进五	……

红如改走仕六进五,黑则后车退 3,车三进一,后车退 1,车三退一,前车退 5,车三退一(红如前炮平九,则卒 3 进 1,炮五平三,前车平 7,炮三进四,车 6 进 1 捉双,黑大优),象 7 进 9 捉死车,黑大优。

24. ……　　　前车平 7　　　25. 相三进一　车 7 平 9

26. 仕五退四　车 9 退 1　　　27. 仕六进五　炮 7 平 8

28. 帅五平六　……

红如改走车三进二吃象,黑则车 6 退 6,车三平四,将 5 平 6,前炮平二,车 9 平 8,炮二平四,车 8 平 7,炮五平四,将 6 平 5,前炮平二,车 7 退 2,相七进五,车 7 退 2,炮二退二,车 7 进 3,双方对攻。

28. ……　　　炮 8 进 8　　　29. 帅六进一　炮 8 平 7

30. 车八平六　将 5 平 6　　　31. 车三平二　车 9 进 1!

进车妙手,一着两用:一可防红炮照将,二可使肋车吃仕。

32. 车六退一　车 6 进 3　　　33. 后炮平四　炮 1 平 4!

34. 车六进六　车 6 退 2　　　35. 炮五平九　车 6 平 2

车平 2 路,正着。黑如改走车 6 进 1,则炮九进三,将 6 进 1,车二进二,将 6 进 1,炮九退二,象 5 进 3,车六退一,象 7 进 5,车六进二,象 3 退 1,车二平五,车 6 平 5,帅六退一,炮 7 平 6,车五平三,红胜定。

36. 炮九进三　车 2 退 7　　　37. 车六平五　车 9 平 6

38. 车五平九　象 5 退 3(图 69 - 2)

39. 车二平六　……

平车捉士叫杀不妥,红应改走车九平六,以下黑有三种应法:

(1)车 2 平 1,车六进一,将 6 进 1,车二进二,将 6 进 1,车六退二,象 3 进 5(黑如象 7 进 5,则车二退一,将 6 退 1,车六进一,将 6 退 1,车六进一,将 6 进 1,车二进一,将 6 进 1,车六平四,连将杀,红胜),车六进一,红伏有车二退一、车二平四等多种杀法胜。

(2)车 2 进 8,帅六进一,炮 7 平 4,车六平三,炮 4 平 7,车三平六,炮 7 平 4,车六平三,炮 4 平 7,车二平六(长捉对长杀,红想赢棋,主动变招),炮 7 退 8,车六进三,将 6 进 1,车六平四,将 6 平 5,车四退八,车 2 退 2,车四进二,车 2 平 1,炮九平三,红优。

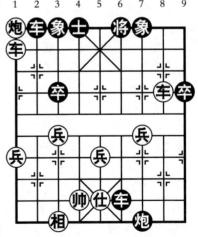

图 69 - 2

（3）士4进5,车六平五,车2平1,车五平六,象3进1,兵三进一,车6退7,车六退三,车1平5,兵三平四,象7进9,车二平三,炮7平8,兵四进一,红优。

39. ……　　　车2进8　　　**40.** 帅六进一　炮7平4

41. 车九平六?　……

红车九平六败着。此着应改走车六平三,炮4平7,车三平六,炮7平4,红方长杀,黑方长捉,双方不变作和。

41. ……　　　车2退8　　　**42.** 前车进一　将6进1

43. 前车退一　将6进1!　　**44.** 前车进一　将6退1

45. 前车退一　将6进1　　　**46.** 前车进一　将6退1

47. 前车退一　将6进1　　　**48.** 兵三进一　……

红方一将一杀犯规,只好求变。

48. ……　　　炮4退6　　　**49.** 兵三进一　车2进7

50. 帅六退一　车2进1　　　**51.** 帅六退一　车2平5

黑胜。

第70局　江苏张国凤（红先胜）四川吴优

（2005年7月21日弈于北京）

本局选自2005年第4届"威凯房地产杯"全国象棋一级棋士赛第4轮。

1. 炮二平五　马8进7　　　**2.** 马二进三　车9平8

3. 车一平二　马2进3　　　**4.** 兵七进一　卒7进1

5. 车二进六　炮8平9　　　**6.** 车二平三　炮9退1

7. 马八进七　车1进1　　　**8.** 炮八平九　车1平6

9. 马七进六　士6进5　　　

10. 车三退一　车8进8(图70-1)

如图70-1形势,黑车点相眼是探索性着法,从实战来看,效果不是很好。

11. 炮五平七　炮9平7　　　**12.** 车三平八　炮2平1

13. 兵三进一　马7进8　　　**14.** 相七进五　卒3进1

15. 车八进二　……

红如改走车八平七吃卒,黑则炮1进4,车九平八,炮1平3,车七平四,车6进3,马六进四,炮7进6,炮七平三,也是红优。

15. ……　　　炮1进4

黑如改走炮7进6打马,红则炮七平三,卒3进1,车八平七,卒3平4,炮九平七,卒4平3,炮三进七,车6进1,车七平四,士5进6,炮七进七,士4进5,车九平七,炮1进4,车七进四,红优。

16. 炮九进四　　炮1平9

17. 炮九进二!　……

红进炮串打,乘机兑去威胁己方的黑炮,着法有力!

17. ……　　　　车6进7

黑如改走士5退6,红则炮九平三,炮9进3,车八平七,车6平7,红多子占优。

18. 炮九平三　　炮9进3

19. 仕六进五　……

补仕正确,红如改走车8平7吃马,黑则车8平7,仕六进五,车7进1,帅五平六,车7平6,帅六进一,前车平1,黑胜定。

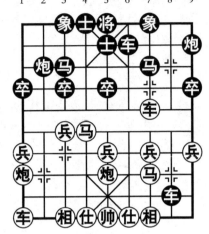

图 70－1

19. ……　　车8平7　　　　**20.** 帅五平六　车7进1

21. 帅六进一　车7退1　　　　**22.** 炮七退二!　……

退炮邀兑,化解攻势,好棋。

22. ……　　炮9退4

黑如改走车6进1吃仕,红则炮七进五! 红必可得车,胜定。

23. 车八平七　……

红也可改走兵三进一。

23. ……　　象7进5

黑如改走炮9平4,红则炮七进一! 车6退4,帅六退一,炮4进3,车七退二! 车6退2,车七平二,红胜定。

24. 炮七进一　马8退7　　　　**25.** 帅六进一　炮9平4

26. 炮七平四

黑净少一车,停钟认负。

第71局　德国薛忠(红先负)中国赵鑫鑫

(2009年8月30日弈于山东新泰)

本局选自2009年"恒丰杯"第11届世界象棋锦标赛第3轮。

1. 炮二平五　　马 8 进 7　　**2.** 马二进三　　车 9 平 8

3. 车一平二　　马 2 进 3　　**4.** 兵七进一　　卒 7 进 1

5. 车二进六　　炮 8 平 9　　**6.** 车二平三　　炮 9 退 1

7. 马八进七　　车 1 进 1　　**8.** 炮八平九　　车 1 平 6

9. 马七进六　　士 6 进 5

10. 车三退一　　车 8 进 8(图 71－1)

如图 71－1 形势,黑车塞相眼最早出现在 2005 年的"威凯房地产杯"全国象棋一级棋士赛江苏张国凤与四川吴优对局中,当时张国凤续走炮五平七,结果红胜。

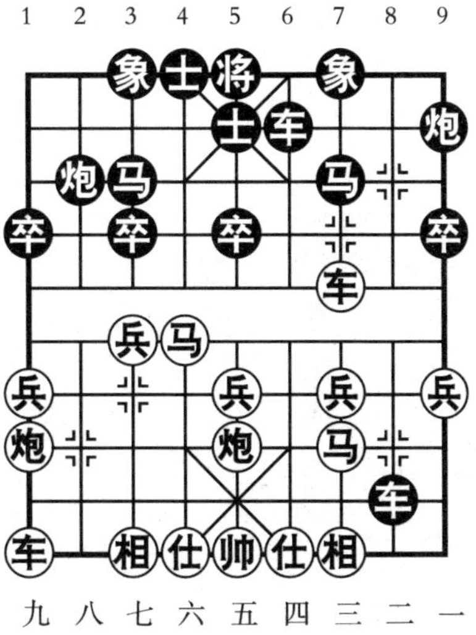

11. 车三平八　　炮 2 平 1

12. 兵三进一　　……

红如改走车八进二捉马,黑则炮 1 进 4,炮九平七,炮 1 平 7,黑优。

12. ……　　　　炮 1 进 4

13. 车九平八　　……

红如改走炮九平七,黑则炮 1 平 9 打兵,炮七进四,象 3 进 5,马三进一,炮 9 进 5,炮五平一,车 6 进 4,黑优。

13. ……　　　　炮 1 平 9

14. 后车进一　　……

图 71－1

邀兑,可减轻压力。红如改走马三进一吃炮,黑则炮 9 进 5,炮五平一(红如后车进一,则车 6 进 8! 帅五平四,炮 9 进 3,绝杀,黑胜),车 6 进 4,马六退七,车 8 平 6,仕六进五,后车平 7,双方对攻。

14. ……　　　　车 8 平 2　　**15.** 车八退四　　前炮平 7

16. 相三进一　　车 6 进 4　　**17.** 车八平六　　象 7 进 5

18. 炮五平七　　……

红可改走炮九平七。

18. ……　　　　马 7 进 6　　**19.** 马六进四　　车 6 退 1

20. 车六进五　　车 6 平 2!

黑方的运子技术已炉火纯青。

21. 车六平七　　车 2 进 3　　**22.** 炮七平五　　炮 9 进 6!

先弃后取,妙手!

23. 炮五平一　　车 2 平 7

黑兵种好且得相，局势已经占优。

24. 炮一退一　炮7平8　　**25.** 炮一平二　……

红如改走车七进一吃马，黑则炮8进3，仕四进五，车7进2，仕五退四，车7退4，仕四进五，车7进4，仕五退四，车7退1，仕四进五，车7平9，车七退一，车9进1，黑大优。

25. ……　　炮8退4　　**26.** 兵七进一　车7平3
27. 兵三进一　车3进2　　**28.** 兵三进一　车3退5
29. 车七退一　象5进3　　**30.** 炮九平七　象3退5
31. 炮七进四　卒9进1(图71-2)
32. 兵三平四　……

平兵不妥，不如改走炮二平七叫杀，黑如接走马3退1，则兵三平二，炮8平6(黑如炮8平7，则兵二平三再捉，因为规则允许兵长捉子)，后炮平五，马1进3，炮五平七，马三退一，后炮平五，红可利用规则谋取中卒，黑虽占优，红尚可周旋。

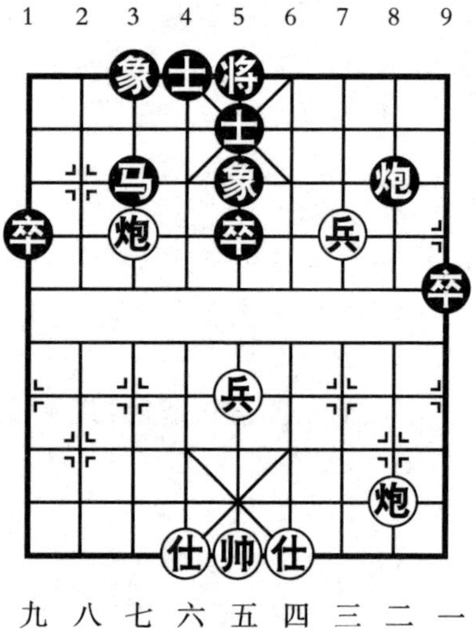

1 2 3 4 5 6 7 8 9

图71-2

九 八 七 六 五 四 三 二 一

32. ……　　炮8进2
33. 炮二平七　炮8平3
34. 兵五进一　炮3进2
35. 后炮平六　卒1进1
36. 炮六进二　卒1进1
37. 炮六平五　马3进1
38. 兵四平五　马1进2
39. 炮七退二　炮3进3
40. 仕六进五　马2进1　　**41.** 炮七平六　炮3平1
42. 炮六退二　卒1平2　　**43.** 后兵进一　卒2平3
44. 炮五平三　卒9进1　　**45.** 后兵平四　卒3平4
46. 炮三退一　马1进2　　**47.** 炮六退二　马2退3?

退马缓着。黑此着应改走马2退4叫将，红必应炮六进四打卒，黑则马4进2再次叫将，炮六退四(红如仕五退六，则马2退3抽炮，黑胜定)，马2进4，炮六进九，马4进2，仕五退六(红如炮六退九，则马2退4杀，黑速胜)，马2退3，仕六进五，将5平4，黑得子胜势。

48. 炮六进二　马3进1　　**49.** 炮六退一　马1进3
50. 炮六退一　马3退2　　**51.** 炮六进二　马2进4
52. 炮三退一　马4进2　　**53.** 炮六退二　……

红应改走仕五退六解将。

53. ……　　　马 2 退 3

黑此着仍应改走马 2 退 4。

54. 炮六进一　卒 4 进 1　　　**55.** 兵四进一　卒 9 平 8

56. 兵五平六　卒 8 平 7　　　**57.** 兵六平七　卒 7 进 1

58. 兵七进一　炮 1 退 5

红认负。

第72局　上海成志顺（红先胜）上海蔡伟林

（1982 年 2 月 25 日弈于上海）

本局选自 1982 年上海市第一届名手象棋邀请赛。

1. 炮二平五　马 8 进 7　　　**2.** 马二进三　卒 7 进 1

3. 车一平二　车 9 平 8　　　**4.** 车二进六　马 2 进 3

5. 兵七进一　炮 8 平 9　　　**6.** 车二平三　炮 9 退 1

7. 马八进七　车 1 进 1　　　**8.** 炮八平九　车 1 平 6

9. 马七进六（图 72-1）　炮 9 平 7

如图 72-1 形势，实战黑续走炮 9 平 7
打车。黑方另一种变化是士 6 进 5，近年选
择后者居多。

10. 马六进五　马 7 进 5

必走之着。黑如改走炮 7 进 2 打车，红
则马五进四，士 6 进 5，马四进二，黑双车尽
失，败定；黑又如改走马 3 进 5，红则车三进
一，炮 2 进 1，炮九进四！车 8 进 3，炮九平
七，士 4 进 5（黑如车 8 进 3，则车三平七，红
大优），车三进一！车 6 平 7，炮七平二，马 5
进 6，车九平八，炮 2 平 7，车八进九，象 7 进
5，炮五进五，士 5 退 4，炮五退三，马 6 进 7，
车八退三，红大优。

11. 车九平八　……

红如改走兵五进一，变化也很复杂。

11. ……　　　士 6 进 5　　　**12.** 车八进七　马 5 进 6

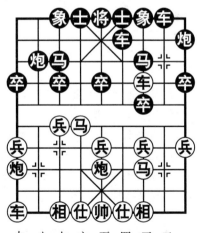

１　２　３　４　５　６　７　８　９

九　八　七　六　五　四　三　二　一

图 72-1

13. 车三平六　……

红方此着大多走车三平七。

13. ……　　　车8进8?

黑方此着应改走车6进1保马,可形成对攻局面,详见本书第73局(吉林陶汉明与广东许银川对局)。

14. 兵三进一　……

红进兵是防止黑方反击的一步佳着。红也可改走车八平七吃马,双方对攻虽较激烈,但只要红方应着正确,仍是红优,举一例:炮7进5,仕四进五,车8平7,车七进二,车7进1,仕五退四,马6进5,相七进五,车6进7,仕六进五,红多子大优。

14. ……　　　卒7进1　　**15.** 车八平七　炮7进6?

进炮打马,速败之着。黑应改走卒7进1(黑如误走马6进7,则炮九平三,炮7进6,车七进二,将5平6,车六进三,士5退4,车七平六,绝杀,红速胜),车七进二,马6进5,以下红方有两种主要应法:

(1)相三进五,炮7进6,炮九平三,卒7进1,车六平三,卒7进1,车三进三,士5退6,仕六进五,卒7平6,车三退九(红如改走车七退三,则卒6平5! 仕四进五,车6进7,仕五退四,车8进1,黑胜),车6平4,车七退三(红如车七平八,则车4进7,仕五退六,车8退2,车八退六,车8平9,红双车受牵,黑可渡卒胜),车4进7,仕五进四,车8退1,车七平四,士4进5,兵七进一,将5平4,兵七平六,车4退4,仕四退五,车4进4! 车四平三,车8进1,红劣黑胜。

(2)相七进五,卒7进1(黑如炮7进6,则炮九进四,车6进7,炮九进三,将5平6,车六平四,车6退5,车七退三,将6进1,车七平四,红大优),仕六进五,车8平6,车六平三,士5退6,车三退四,后车平2,红优。

16. 炮五进六! (图72-2)

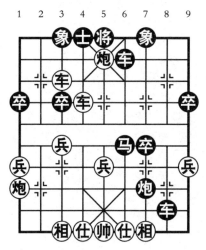

图72-2

弃炮轰士,绝妙佳着! 一着定乾坤,黑方认负。如图72-2,黑就此认负,似意犹未尽,现拟黑方续着如下:车6平5,车七进二,车5进5,炮九平五,车5平4,车七平六,将5进1,前车退一,将5退1,后车平五,将5平6,车五平四,将6

平 5,车六平四,炮 7 平 6,前车进一,将 5 进 1,后车平五,象 7 进 5,车五平三,象 5 进 7,车三进二,将 5 进 1,车四平五,将 5 平 4(黑如将 5 平 6,红仍走炮五平六,红胜),炮五平六,车 4 进 1(反正是死,索性吃吧!),车五平六,红胜。

第 73 局　吉林陶汉明(红先和)广东许银川

(1998 年 4 月 12 日弈于桂林)

本局选自 1998 年第 9 届"银荔杯"象棋争霸赛第 8 轮。

1. 炮二平五	马 8 进 7	**2.** 马二进三	车 9 平 8
3. 车一平二	马 2 进 3	**4.** 兵七进一	卒 7 进 1
5. 车二进六	炮 8 平 9	**6.** 车二平三	炮 9 退 1
7. 马八进七	车 1 进 1	**8.** 炮八平九	车 1 平 6
9. 马七进六	炮 9 平 7	**10.** 马六进五	马 7 进 5
11. 车九平八	士 6 进 5	**12.** 车八进七	马 5 进 6
13. 车三平六	车 6 进 1(图 73-1)		

如图 73-1 形势,黑士角车保马是许银川对相眼车(即车 8 进 8)的有效改进。

14. 炮五平七　……

红炮卸七路,意在调整阵形,并对黑右翼施加压力。

14. ……　　卒 7 进 1

黑方乘机渡卒过河。

15. 兵三进一　……

准备弃马,有冒险精神。

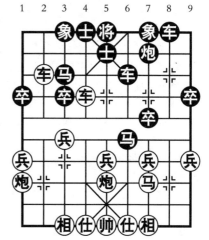

```
  1  2  3  4  5  6  7  8  9
```

九 八 七 六 五 四 三 二 一

图 73-1

15. ……　　炮 7 进 6

黑如改走马 6 进 7,红则炮九平三,炮 7 进 6,兵七进一,卒 3 进 1,车八平七,车 6 平 3,炮七进五,红略先。

16. 炮七进四　……

红如改走炮九平三,黑则马 6 进 7,仕六进五,马 7 退 5,炮七平五,将 5 平 6,炮五平四,将 6 平 5,车六平七,车 8 进 2,兵三进一,红少子多兵,双方激烈对攻。

16. ……　　象 3 进 1		**17.** 车八平九　车 8 进 6	
18. 兵五进一　车 8 平 1			

黑改走车7平5较好。

19. 炮九平四　车6平5　　**20.** 仕六进五　……

红应改走车六平四。

20. ……　　　　炮7退1

21. 兵七进一（图73-2）　马6进7

黑可改走车1退2捉兵，以下红有两种应着：

(1)兵七平六，炮7平5，帅五平六［红如炮四平五，则车5平6，车九平八，马6进7，帅五平六，车1进4(伏马7进5踩仕凶着)，炮五平四，马7进6，兵六平五，车1平5，车八退五，车5进1！帅六进一，车5平3，帅六平五，车3退1，帅五退一，马6退5，绝杀，黑胜］，炮5平4！兵六平五，车1进5，炮四平七，炮4平3，后炮平二，车5平8，炮二平四，炮3平1，车九平八，车1平3，帅六进一，炮1平7，炮七平一，炮7进2，仕五进六，车8进5，炮一进三，象7进5，炮四平五，马6进5，相三进五，车8平5，车六平二，车5进2，黑胜定。

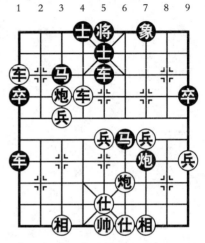

图73-2

(2)车六退一，炮7平5，炮四平五(红如相三进五，则炮5平1，车九平八，炮1进3，车八退七，车5进3，仕五退六，炮1平3！仕六进五，炮3退6，车六进一，车1平3，黑得子得势胜定)，车5平6，帅五平六，马6进5，相三进五，炮5平1，车九平八，炮1进3，相七进九，车1进3，车六退三，车1退1，下一步有炮轰仕的恶手，黑大优。

22. 相三进五　车5平6　　**23.** 兵三进一　炮7平8

24. 车六平二　炮8平5　　**25.** 炮四进三　车1平4

26. 车二退三　车6平4　　**27.** 炮四平五　炮5退2

28. 车二平六　车4进4　　**29.** 兵五进一　车4退4

30. 兵七平六　马7退6　　**31.** 兵六进一　……

红可改走车九退一吃卒，红多兵优。

31. ……　　　　车4平7　　**32.** 兵三进一　马6退7

33. 炮七平三　车7进1　　**34.** 车九平七　车7平4

双方均无取胜可能，和棋。

第74局 河北黄勇(红先胜)上海林宏敏

(1982年5月11日弈于武汉)

本局选自1982年全国象棋团体赛第6轮。

1. 炮二平五	马8进7	**2.** 马二进三	车9平8
3. 车一平二	卒7进1	**4.** 车二进六	马2进3
5. 兵七进一	炮8平9	**6.** 车二平三	炮9退1
7. 马八进七	车1进1	**8.** 炮八平九	车1平6
9. 马七进六	炮9平7	**10.** 马六进五	马7进5
11. 车九平八	士6进5	**12.** 车八进七	马5进6
13. 车三平七	车8进8		
14. 车七进一	炮7进5(图74-1)		

如图74-1局势,黑炮打兵不妥。此着应改走马6进8,可形成对攻之势。

15. 仕四进五 ……

上仕,正着。红方另有三种应着如下:

(1)车七平四,车6进1,车八平四,马6进5,相三进五,士5进6,黑得车胜定。

(2)车七进二,马6进8,马三退一,马8进7,帅五进一,马7退6,帅五退一,炮7平5,仕六进五(红如炮五平四,则炮5退2,车八退五,车6进4,炮九进四,车6平5,仕六进五,车5进3,帅五平六,车5平4,帅六平五,车8平5,连将杀,黑胜),马6进5!车八进二,马5退3,炮五平六,车6进7,黑胜。

(3)炮九平七,马6进4,车七平六(红如炮五平六,炮7进3,仕四进五,炮7平9,仕五进四,车8进1,帅五进一,车8平4,车七平四,士5进6,炮七进七,士4进5,炮七平九,士5退6,车八进二,将5进1,车八退一,将5退1,车八平四,车4退2,马三进四,卒7进1,马四退六,车4退1,车四退一,车4平5,黑大优),象3进5,车六退四,将5平6,仕四进五,炮7平4,黑大优。

15. …… 炮7进3?

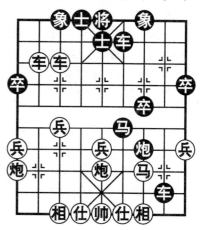

图74-1

黑方如改走马6进8,则红方有各种应法如下:

⑴仕五进四,车8平4,炮五平七,马8进7,帅五平四,车4进1,帅四进一,车4退1,帅四退一,炮7平6,仕四退五,炮6平8,炮七平四(红如仕五进四,则车4进1,帅四进一,炮8平2,连将杀,黑胜),车4进1!仕五退六,车6进6,绝杀,黑胜。

⑵炮五平四,炮7进3,车七平三,炮7平9,车三进二,士5退6,炮九平五,士4进5,车八进二,车8进1,马二退四,将5平4,车八平七,将4进1,车七退一,将4退1,车三退三,马8进7,炮四退一,车8退7,马四进二,车6进7,车三退一,车8平6!炮五平四,前车退1!车三退四,前车进2,绝杀,黑胜。

⑶炮九退一,车8平7!炮九平七,象3进5,马三退一(红如车七平五,则车7退1,车五平四,车6进1,车八平四,车7平5,相三进五,士5进6,黑得子胜定;红又如炮五进五,将5平6,相三进五,车7退1,炮五退二,车6进5,兵五进一,车7平8,相五退三,车8进2,相七进五,炮7平9,车七平二,炮9进3,仕五退四,车6进3!帅五进一,车8进1!炮七平二,车6进1,连将杀,黑胜),车6进5!马一进二(红如炮七进二,则车7进1!马一退三,马8进7杀,黑速胜),车7进1,仕五退四,车6进3,帅五进一 炮7平1,黑大有攻势。

⑷车七平四!马8进7,帅五平四,车8退7,车四进一,车8平6,炮五平四(红如误走仕五进四解将,黑则车6进6!吃仕,炮九平四,炮7平6,绝杀,黑胜),车6平8,红多子优。

16. 马三进四　炮7平9　　　**17.** 车七平三　车8进1

18. 仕五退四　车8退4

与其退车将军,不如改走车6退1守底,车炮隐而不发,机会要比实战多。

19. 仕四进五　车6退1　　　**20.** 仕五进四　车8平6

21. 车三退二　前车退2

黑改走象7进5稍好。

22. 车八平三　象7进5　　　**23.** 后车进一　前车进1

24. 炮九进四　前车进3　　　**25.** 炮五进五!……

弃炮轰相,妙手!

25. ……　　　　象3进5　　　**26.** 前车平五　前车进2

27. 帅五进一　后车进8　　　**28.** 帅五进一　后车平2

29. 车三进三　车6退9　　　**30.** 车三退一!……

退车好棋!红下一步伏有炮九进三连将杀和炮九平五绝杀的棋,黑败局已定。

30. ……　　　　车2退1　　　**31.** 帅五退一

红胜。

第75局　上海唐才芳(红先负)上海龚一苇

本局选自1982年上海市第七届运动会象棋赛。

1. 炮二平五	马8进7	**2.** 马二进三	车9平8
3. 车一平二	卒7进1	**4.** 车二进六	马2进3
5. 兵七进一	炮8平9	**6.** 车二平三	炮9退1
7. 马八进七	车1进1	**8.** 炮八平九	车1平6
9. 马七进六	炮9平7	**10.** 马六进五	马7进5
11. 车九平八	士6进5	**12.** 车八进七	马5进6
13. 车三平七	车8进8		

黑车塞相眼,准备下一步炮打兵瞄相。

14. 车七进一　……

红不顾右翼危险吃马抢攻,着法凶悍。

14. ……	炮7进5	**15.** 仕四进五	炮7进3
16. 马三进四	炮7平9	**17.** 车七平三	车8进1
18. 仕五退四	象7进9(图75-1)		

如图75-1形势,黑飞象是一步改进之着,黑也因此取得了最后的胜利,但红方只要应对正确,黑还是难改劣势。因此飞象也不是理想之着,黑应在第14回合时改走马6进8较好。

19. 炮九退一?　……

退炮劣着,应改走炮九平七伏杀,黑如接走象3进1,红则车三平五。以下黑有三种应着都难以解危:

(1)车6进4,车五进一!将5平6,车五进一,将6进1,车八进一,将6进1,车五平四,绝杀,红胜。

(2)车8退4,仕四进五,车8平6,仕五进四,前车平8(黑如前车平3,则车八平七,红大优),车五平二,红多子大优。

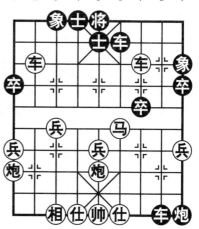

图 75-1

(3)卒 7 进 1,车八平九,车 8 退 8,仕四进五,车 6 进 4,车五平二,红大优。

19.…… 　　　　车 6 进 4

20.帅五进一 　　……

上帅正确。红如改走车三平一吃象,黑则接走将 5 平 6 做杀,帅五进一,车 8 退 1! 炮九平二,车 6 进 3,绝杀,黑胜。

20.…… 　　炮 9 退 1　　**21.炮五平七?** ……

一错再错。红应改走炮九平一,黑如接走车 8 平 6,帅五平六,前车退 1,仕六进五,后车平 4,炮五平六,车 4 进 1,车八退五,车 6 平 9,车三平一,胜负难料。

21.…… 　　象 3 进 1　　**22.炮九平一** 　　车 6 进 4

黑虽少两子,但有攻势,局势两分。

23.车三平二 　　……

红如改走炮七退一,黑则车 6 平 5 叫将,帅五平六,车 5 平 4,帅六平五,车 8 平 5,帅五平四,车 5 平 6,帅四平五,将 5 平 6! 帅五进一,车 4 平 5,帅五平六,车 5 退 1 定心双叫杀,黑胜。

23.…… 　　车 6 平 5　　**24.帅五平六** 　　车 5 平 4

25.帅六平五 　　车 8 平 5　　**26.帅五平四** 　　车 5 平 6

27.帅四平五 　　车 4 平 5　　**28.帅五平六** 　　车 6 退 1

29.帅六进一 　　车 6 平 5

绝杀无解,黑胜。

第 76 局　广东邓家荣(红先胜)广东简嘉康

(2009 年 6 月 27 日弈于广东东莞)

本局选自 2009 年东莞凤岗镇季度象棋公开赛二季度第 8 轮。

1.炮二平五 　　马 8 进 7　　**2.马二进三** 　　车 9 平 8

3.车一平二 　　马 2 进 3　　**4.兵七进一** 　　卒 7 进 1

5.车二进六 　　炮 8 平 9　　**6.车二平三** 　　炮 9 退 1

7.马八进七 　　车 1 进 1　　**8.炮八平九** 　　车 1 平 6

9.马七进六 　　炮 9 平 7　　**10.马六进五** 　　马 7 进 5

11.车九平八 　　士 6 进 5　　**12.车八进七** 　　马 5 进 6

13.车三平七 　　车 8 进 8　　**14.车七进一(图 76-1)** 　　炮 7 进 5

黑可先走马 6 进 8,待红接走仕六进五后再走炮 7 进 5 打兵较好。

15.仕四进五 　　车 8 平 7?

捉相软着,不如改走炮 7 进 3 打相对攻,机会较多。

16. 相三进一 马 6 进 4

17. 炮九平六! ······

平炮挡马,同时给红车助攻,妙手!

17. ······ 象 3 进 5

黑如改走车 7 退 1 吃马,红则车七进二,将 5 平 6,炮六进七! 车 6 进 7(黑如马 4 进 3 叫将,则炮六退八反将,红速胜),炮六退一! 士 5 退 4,车七平六,将 6 进 1,车八进一! 下一步退炮形成连将杀,红胜。

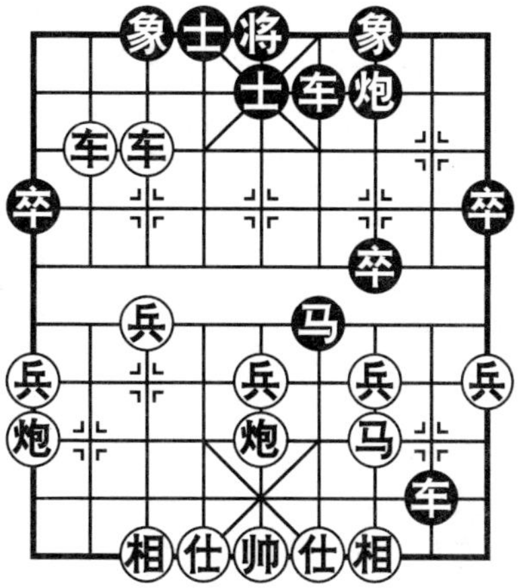

18. 车七平五 车 7 退 1

黑如改走车 6 进 5,红则车五进一! 将 5 平 6,车五进一,将 6 进 1,车八进一,士 5 进 5,车八平五,将 6 进 1,前车平四,连将杀,红胜。

19. 车八进二! ······

沉底做杀,紧着!

19. ······ 将 5 平 6

黑如改走他着,则 7 路车难逃,也是输棋。

20. 车八平六!

弃车砍士,妙着。以下黑只得接走士 5 退 4 吃车,红车五进二绝杀,黑认负。

图 76 - 1

第 77 局　甘肃钱洪发(红先负)黑龙江孟昭忠

(1983 年 11 月 23 日弈于昆明)

本局选自 1983 年全国象棋个人赛。

1. 炮二平五	马 8 进 7	**2.** 马二进三	车 9 平 8
3. 车一平二	马 2 进 3	**4.** 兵七进一	卒 7 进 1
5. 车二进六	车 1 进 1	**6.** 马八进七	炮 8 平 9
7. 车二平三	炮 9 退 1	**8.** 炮八平九	车 1 平 6
9. 马七进六	炮 9 平 7	**10.** 马六进五	马 7 进 5
11. 车九平八	士 6 进 5	**12.** 车八进七	马 5 进 6

13. 车三平七　　车8进8

14. 车七进一　　马6进8(图77-1)

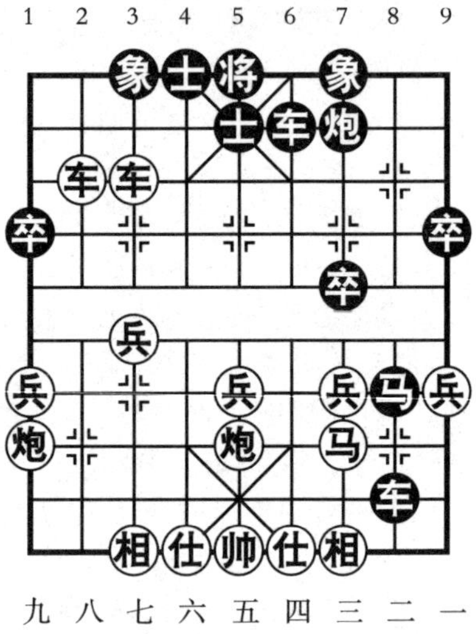

如图77-1形势,实战黑马6进8准备下一步卧槽将军,是一步对攻之着,比炮打三路兵效果好。

15. 仕六进五　　……

红如误走车七平四邀兑,黑则马8进7,帅五进一,马7退5,帅五进一,车6进1,黑得车胜定。

15. ……　　　　炮7进5

16. 帅五平六　　车6进4

17. 车七进二　　……

此局面下,红另有车七平六、车八退五、炮九平六、兵五进一等变化,试演两例如下:

(1)兵五进一,炮7进3,帅六进一,车6平5,车八退五(红如误走炮五进一,则马8进6,帅六进一,车5进1,炮九平四,车5平4,帅六平五,车8退5,马三进四,车4平5,帅五平六,车8平4,黑胜),象7进5,炮九进四,车8平7,炮九退二,车5退1,双方对攻。

(2)车八退五,炮7进3,帅六进一,车6平4,车八平六,车4进2,帅六进一,车8平7,车七进二,炮7退2,帅六退一,将5平6,红虽占优,黑仍有对攻机会。

17. ……　　　　车6平4

18. 炮九平六　　……

此时,红另有两种应法:

(1)仕五进六,车4进2,帅六平五,马8进7,帅五进一,马7退5,帅五退一,车4进2,连将杀,黑胜。

(2)炮五平六,炮7进3,帅六进一,车8平6,形成对攻局面。

18. ……　　　　炮7进3

19. 帅六进一　　车8平7(图77-2)

20. 马三进二　　……

红如改走车八进一做杀,黑则象7进5,以下红有两种着法:

图77-1

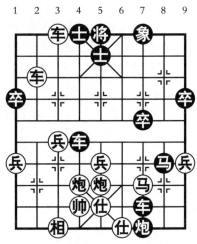

图77-2

(1)车七退三,车7平6,车八退二,炮7退1,双方对攻。

(2)炮五进五,将5平6,马三进四(红如车八平五,则马8进6杀,黑速胜),车4平6,车八平六(红如车八平五,则马8进6,炮六平五,车6平4,连将杀,黑胜),炮7平3,车七平八,车6平3,炮六平五,车7退3,黑略先。

| 20. …… | 车7平6 | 21. 车七退四 | 卒7进1 |
| 22. 马二进一 | 炮7退1 | 23. 帅六退一 | 炮7平9 |

黑也可改走炮7平5打仕。

24. 马一进二? ……

逃马劣着。红此着可忍痛弃马,改走车八退五保炮,尚不致速败。

24. …… 车6进1!

弃车砍仕好棋,已构成连将杀,红认负。以下续着是仕五退四,车4进2,帅六平五,马8进7,连将杀,黑胜。

第78局　广东欧阳婵娟(红先负)江苏张国凤

(2000年11月14日弈于安徽蚌埠)

本局选自2000年"环球药业杯"全国象棋个人赛第8轮。

1. 炮二平五	马8进7	2. 马二进三	车9平8
3. 车一平二	卒7进1	4. 车二进六	马2进3
5. 兵七进一	炮8平9	6. 车二平三	炮9退1
7. 马八进七	车1进1	8. 炮八平九	车1平6
9. 马七进六	炮9平7	10. 马六进五	马7进5

11. 炮五进四 ……

炮打中马,软着。不如改走兵五进一对攻。

11. …… 马3进5

12. 炮九平五 车8进2!(图78-1)

如图78-1形势,黑方高车保炮妙手,准备右炮左移,集中火力攻击红方右翼,这是对谱着炮2平5的改进。

13. 兵五进一 ……

红如改走炮五进四打马,黑则卒7进1!兵三进一,炮2平7,车三平一,前炮进5,炮五退二,车8平6,仕六进五,前车进4,车九进二,前炮退1,车一平六,前炮平5,帅五平六,炮7进8,帅六进一,炮5平4,炮五退二,后车平2,黑大优。

13. …… 炮2平7

14. 车三平五　士6进5

15. 兵五进一　……

红如改走炮五平八,黑则车6进5,马三退五,车6平7,相三进五,车7平6,黑优。

15. ……　　　车6进6

16. 车九进二　车6平7

17. 车九平六　前炮进4

18. 车五平六　象7进5

19. 相三进一　……

红如改走炮五进五,黑则象3进5,后车平三,前炮进3,车三退二,炮7进8,仕四进五,黑得子胜定。

19. ……　　　前炮平5

20. 仕六进五　车7进1

准备下一步大胆穿心。黑此着也可走车7平9吃相。

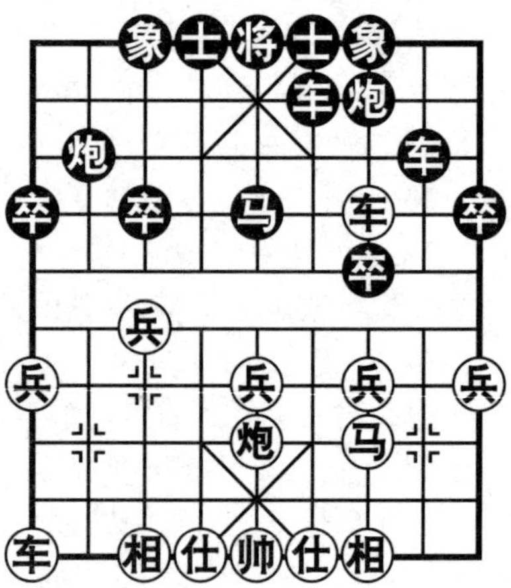

21. 前车平四　……

红如改走帅五平六,黑则车8进7,下一步伏有车吃中仕和炮打中仕的多种攻击手段,红方难应。

21. ……　　　车8进7　　22. 车六退一　炮5平7

黑也可改走车8退4控制局面。

23. 帅五平六　车7平6　　24. 车六进八　……

先弃后取,正着。红如改走车四退五吃车,黑则前炮进3,相一退三,炮7进8双杯献酒杀,黑速胜。

24. ……　　　士5退4　　25. 车四退五　车8退4

26. 兵五平四　车8平5　　27. 车四进二　前炮进3

28. 相一退三　炮7进8　　29. 帅六进一　车5进2

经过以上一段交换后,黑方已形成简明胜势。

30. 车四平三　炮7平9

黑应改走炮7平3打相。

31. 兵四进一　士4进5　　32. 车三进二　车5退2

33. 相七进九　车5平6　　34. 车三进一　车6进1

35. 车三平二　车6平4　　36. 仕五进六　车4平1

37. 车二进三　士5退6　　38. 兵四进一　车1平6

39. 兵四平三　炮9平7

图78-1

```
  1  2  3  4  5  6  7  8  9
```

此时,红方对黑方已构不成威胁。黑也可改走卒1进1直捣黄龙府,虽然进攻缓慢,但很有效,这是控制局势的一种下法。

40. 车二退三　车6平2　　　**41.** 仕四进五　炮7退3

42. 仕五进四　炮7平4　　　**43.** 帅六平五　炮4退4

44. 兵三进一　车2平5　　　**45.** 帅五平四　车5平7

46. 兵三平四　车7平6　　　**47.** 兵四平三　……

红可改走车二平六捉炮,黑如错应士6进5,则兵四平五,将5进1,车六进一,和势。

47. ……　　　炮4进2　　　**48.** 车二平六　炮4平8

49. 帅四平五　士6进5　　　**50.** 帅五平六　卒1进1

51. 车六退一　炮8进1

红不敢吃卒,红如接走车六平九吃卒,黑则炮8平4,帅六平五,车6平5,帅五平四,炮4平6,仕四退五,车5平6,仕五进四,车6平1抽车胜。红见吃不到黑卒,自己少子又难以抵挡黑方的攻势,投子认负。

第79局　中国台北李孟儒(红先负)中国唐丹

(2008年11月24日弈于新加坡)

本局选自2008年"怡和轩杯"第15届亚洲象棋锦标赛第6轮。

1. 炮二平五　马8进7　　　**2.** 马二进三　车9平8

3. 车一平二　马2进3　　　**4.** 兵七进一　卒7进1

5. 车二进六　炮8平9　　　**6.** 车二平三　炮9退1

7. 马八进七　车1进1　　　**8.** 炮八平九　车1平6

9. 马七进六　炮9平7　　　**10.** 马六进五　马7进5

11. 炮五进四　马3进5　　　**12.** 车三平五(图79-1)　炮2平5

13. 相七进五　……

红方飞左相,相眼容易被塞,不如改飞右相好。

13. ……　　　车8进8　　　**14.** 车五平三　车8平6

15. 车九平七　炮5进5　　　**16.** 车七进二　炮5平1

17. 车七平九　……

双方子力交换后,红方残相。俗话说"缺相忌炮",黑方已确立优势。

17. ……　　　炮7平8　　　**18.** 车三平二　后车平2

19. 车九平六　车6退2

20. 车二平七　象7进5
21. 车七平六　士4进5
22. 兵七进一　车6平7
23. 前车平二　炮8平7
24. 车二平三　炮7平8
25. 兵七进一　炮8进6！
26. 马三退五　炮8退1

黑先进炮打车做个过门,再退炮瞄准中兵。至此,黑大占优势。

27. 马五进三　车7退1
28. 兵九进一　车7平1
29. 相三进五　车2进5！

抢占战略高地,好棋。否则车被红兵封住优势就减少了。

30. 车三平二　炮8平6
31. 车二平四　炮6平8
32. 马三进四　炮8进1！

逼车离开防守要地,好棋。

33. 车六进一？……

红车六进一邀兑劣着。黑弃车砍马后可形成四车相见局面,红失子输定。红此着应改走车六进四,黑如接走车2平5,则马四进六,尚有一些对攻机会。

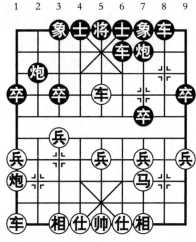

图 79−1

33. ……	车1平6！	34. 车四退二	车2平4

至此,黑已胜定。

35. 车四平二	炮8平7	36. 车二平五	卒9进1
37. 仕四进五	卒1进1	38. 兵七平八	车4退3
39. 车五平八	车4平8	40. 兵八进一	车8进6
41. 仕五退四	车8退3	42. 兵五进一	车8平5
43. 仕四进五	车5进1	44. 兵八平七	炮7退2
45. 车八进一	车5退2	46. 车八平九	车5平3
47. 兵七平八	车3进1		

黑得子得势胜定,红认负。

第80局 浙江陈孝堃(红先胜)江苏言穆江

本局选自1981年全国象棋个人赛第3轮。

1. 炮二平五	马8进7	2. 马二进三	车9平8
3. 车一平二	卒7进1	4. 车二进六	马2进3
5. 兵七进一	炮8平9	6. 车二平三	炮9退1
7. 马八进七	车1进1	8. 炮八平九	车1平6
9. 马七进六	炮9平7	10. 马六进五	马7进5

11. 兵五进一(图80-1) 士6进5?

上士不妥。黑可改走车6平2,红如接走兵五进一,则炮7平5,兵五进一,炮2进1,炮五退一,炮2平5,炮九平五,象7进5,马三进五,前炮进4,相七进五,马3进5,双方对攻。

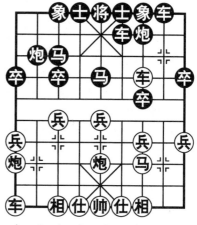

图80-1

12. 兵五进一 马5退7

13. 车三平七 车6进1

14. 车九平八 ……

出车正着。红如改走兵五平四,黑则马3进5,车七平五,马7进6,双方对攻。

14. …… 炮2平1

15. 车八进七 象7进5

16. 车八平七 ……

红方得回一子,又有过河兵助攻,局势明显占优。

16. …… 马7进8 17. 后车平三 马8退9

黑如改走马8退7,红则车三平九,马7进8,车九进一!象3进1,炮九进五,将5平6,炮五平八!车6进1,炮九进二,象5退3,车七进二,车8进3,炮八平四!车6进4(黑如士5进6,则车七退三,将6进1,炮九退三,卒7进1,炮九平四,车8平6,车七平四,马8退6,兵三进一,炮7进6,兵五平六!将6退1,兵三进一,士4进5,兵三进一捉死马,红多兵胜定),车七退三,将6进1,车七平二,车6平7,车二退一,炮7进5,车二进三,将6进1,兵五进一,炮7平5,兵

五平四,将 6 平 5,车二退一,士 5 进 6,兵四进一,将 5 退 1,兵四平五,将 5 平 4,
兵五平六,将 4 平 5,车二进一,连将杀,红胜。

18. 车三平六	炮 7 进 5		19. 相三进一	卒 7 进 1
20. 兵五平四	……			

时机已经成熟,红弃兵发起总攻。

20. ……	车 6 进 2		21. 车七进二	将 5 平 6
22. 车七退二	炮 1 进 4		23. 车七平五	炮 7 平 8
24. 仕六进五	卒 7 进 1		25. 炮五平四	将 6 平 5
26. 炮九进四	车 6 平 1		27. 炮四平八	炮 1 平 2
28. 炮九平八!				

伏有沉底炮闷杀,黑认负。

第 81 局　　香港曾益谦(红先负)杭州陈孝堃

(1981 年 12 月 17 日弈于泰国曼谷)

本局选自 1981 年第 1 届亚洲城市名手邀请赛。

1. 炮二平五	马 8 进 7		2. 马二进三	车 9 平 8
3. 车一平二	卒 7 进 1			
4. 车二进六	马 2 进 3			
5. 兵七进一	炮 8 平 9			
6. 车二平三	炮 9 退 1			
7. 马八进七	车 1 进 1			
8. 炮八平九	车 1 平 6			
9. 马七进六	炮 9 平 7			
10. 马六进五	马 7 进 5			
11. 兵五进一	车 6 平 2(图 81-1)			

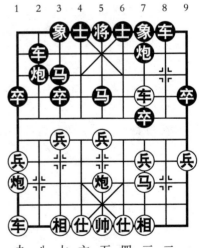

如图 81-1 形势,黑车平 2 路,准备平中
炮反攻,是对士 6 进 5 的改进。

12. 兵五进一	炮 7 平 5	
13. 兵五进一	炮 2 进 1	
14. 仕四进五	……	

补右仕,意在谋子。红如改走炮五退
一,黑则炮 2 平 5,炮九平五,象 7 进 5,马三

图 81-1

进五,黑车 2 平 4 或前炮进 4,均可抗衡;红又如改走仕六进五,黑则炮 2 平 5,兵七进一,卒 3 进 1,炮九平七,象 7 进 5,炮七进五,车 8 进 7,马三进五,前炮进 4,相七进五,炮 5 进 5,得回一子,黑方反先。

14. …… 　　　炮 2 平 5　　　　**15. 兵七进一** 　卒 3 进 1

16. 炮九平七 　象 7 进 5

黑只有弃马抢攻了。

17. 炮七进五 　车 8 进 7　　　　**18. 马三退四** 　……

红当然不能改走马三进五,否则黑前炮进 4,相七进五,炮 5 进 5,黑得回一子大优;红又如改走车三平四,黑则车 8 平 7,帅五平四,车 7 进 2,帅四进一,后炮平 6,车四平五,士 4 进 5,黑弃子有攻势。

18. …… 　　　车 8 平 6　　　　**19. 炮七退一** 　……

退炮,准备下一步平车邀兑,红如改走炮五进三,则车 6 进 1,黑优。

19. …… 　　　车 2 进 2!

捉炮好棋,运子抢先。

20. 车三平四 　车 6 退 4　　　　**21. 炮七平四** 　前炮进 2

22. 炮四退四 　车 2 进 3　　　　**23. 相三进一** 　卒 3 进 1

24. 马四进二 　车 2 退 3　　　　**25. 兵九进一** 　后炮平 3

卸中炮,牵制红方底相。

26. 相七进九 　卒 3 进 1

27. 车九进一 　卒 3 平 4

28. 车九平七 　炮 3 进 5!

进炮封锁,好棋!

29. 炮四平二(图 81 - 2) 　士 6 进 5

黑上士以逸待劳。黑如改走车 2 平 8 捉炮,红则马二进四,车 8 进 4,马四进五,车 8 平 5,马五退七,卒 4 平 3,车七进二,车 5 平 9,车七进三,车 9 退 1,车七平九,红只要盯住黑边卒,就可取得和棋。

30. 马二进四 　炮 5 退 1

31. 炮五进二 　炮 5 平 3

32. 炮五平七 　……

红可改走车七平六提卒活通车路。

32. …… 　　　卒 4 进 1!

进卒,伏平炮叫将抽车。

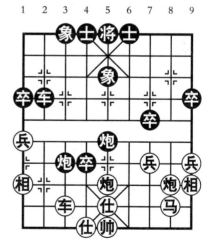

图 81 - 2

33. 仕五进六？　……

吃卒劣着。红应改走马四进六，黑如接走车 2 平 8 捉炮，则马六进七，炮 3 退 2，炮七进五，象 5 退 3，车七进四，车 8 进 4，仕五进六，均势。

33. ……　　车 2 平 5!　　**34.** 马四进五　……

弃马送吃，无可奈何。红如改走车七平五，黑则前炮进 3，相九退七，炮 3 进 5，双杯献酒杀；红又如改走上仕或出帅，黑则平炮叫将，红必丢车。

34. ……　　车 5 进 2　　**35.** 帅五平四　车 5 平 6

36. 帅四平五　将 5 平 6!

出将好棋，再次伏抽。

37. 车七进一　前炮平 5

黑此着改走象 3 进 1 较好，红如接走车七平八，则后炮平 5，黑胜定；红又如接走帅五进一，则前炮平 4! 黑胜势。

38. 炮七进五　将 6 进 1

上将，正着。黑如象 5 退 3，红则车七进三吃炮，黑取胜难度较大。

39. 炮七退一　士 5 进 4　　**40.** 炮二进三　……

献炮，无奈。红如改走帅五进一，黑则车 6 进 3! 帅五进一，炮 3 平 5，绝杀，黑胜。

40. ……　　炮 3 平 8　　**41.** 车七进四　炮 5 退 2

黑得子得势胜定，红认负。

第六章 起 横 车

第82局 北京吴优(红先负)湖北黄辉

(2008年9月27日弈于河南荥阳)

本局选自2008年荥阳"楚河汉界杯"象棋棋王争霸赛。

1. 炮二平五	马8进7	**2.** 马二进三	车9平8
3. 车一平二	卒7进1	**4.** 车二进六	马2进3
5. 兵七进一	炮8平9	**6.** 车二平三	炮9退1
7. 马八进七	车1进1	**8.** 炮八平九	车1平6
9. 车三退一	炮2平1	**10.** 车九进一(图82-1)	……

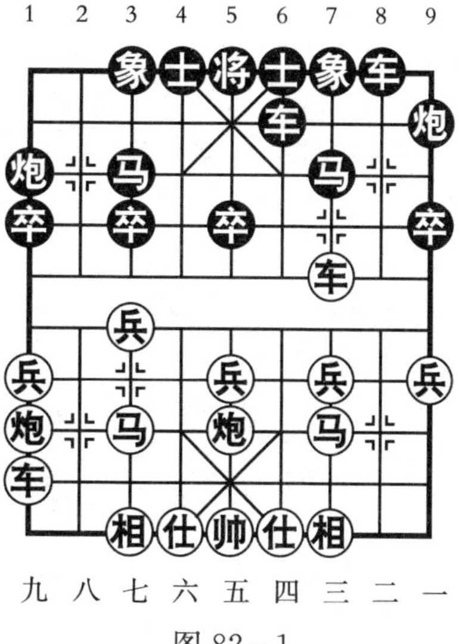

如图82-1形势,红起横车是传统攻法,有着悠久的历史,已成为经典着法。

10. ……   车8进6

黑进过河车,对红方右翼施加压力。

11. 兵三进一   车8平7

12. 炮五平六   车6平4

平车盯炮,正着。黑如改走车7进1吃马,红则相七进五,车7退1,炮六进一,炮1进4(黑如车7进1,则马七进六打死车,红大优),炮六平三,炮1平7,车三平六,红大优。

13. 相三进五   卒5进1!

弃中卒,好棋! 以后黑有盘中马再平中炮等攻击手段。

14. 车九平四   卒5进1

15. 车四进五   ……

红如改走兵五进一吃卒,黑则车7平3,车四平七,炮9平5,车三平八(红如兵五进一,则炮5平7打死车,黑胜定),卒3进1! 车八平七(红如车八进二,则

图82-1

马7进5,兵七进一,马5进3! 车八退三,后马进5,黑大优),马3进5,前车进四,炮5进4,仕六进五,炮1平6! 下伏炮6进6打车手段,黑优。

　15. …… 　　炮9平7 　　**16.** 车三平八 　　卒5进1

　17. 炮六进二 　　……

升炮河口,准备平中路给黑方安空头炮。

　17. …… 　　马3进5 　　**18.** 炮六平五 　　炮7平5

　19. 炮五进四 　士6进5 　　**20.** 车八进二? ……

红应改走马三进五吃卒,免得留下祸患。

　20. …… 　　车7平6!

妙手邀兑,使中卒得以保留。

　21. 车四退三 　卒5平6 　　**22.** 兵三进一 　卒6平7

　23. 马三进五 　卒7平6 　　**24.** 兵三进一 　卒6平5

　25. 兵三进一 　车4进5 　　**26.** 兵三进一 　象7进5

　27. 马七进八 　卒5进1!

破相,自此打开红方缺口,妙手!

　28. 马八进七 　　……

红如改走相七进五吃卒,黑则马5进4,黑优。

　28. …… 　　炮1进4 　　**29.** 炮九进四 　马5进7

　30. 马七进五 　马7进6

进马叫杀,正着。黑如改走象3进5吃马,红则车八平五,车4平2,兵三平四,黑反而麻烦。

　31. 马五进七 　将5平6 　　**32.** 车八退六 　炮1进3

下伏车4进3吃底仕杀手段,红认负。

第83局　山东侯昭忠(红先负)湖南孙浩宇

(2008年4月21日弈于武汉)

本局选自2008年"蔡甸杯"全国象棋团体赛第8轮。

　1. 炮二平五 　马8进7 　　**2.** 马二进三 　车9平8

　3. 车一平二 　马2进3 　　**4.** 兵七进一 　卒7进1

　5. 车二进六 　炮8平9 　　**6.** 车二平三 　炮9退1

　7. 马八进七 　车1进1 　　**8.** 炮八平九 　车1平6

　9. 车三退一 　炮2平1 　　**10.** 车九进一 　车8进6

11. 兵三进一　车8平7　　　12. 炮五平六　车6平4

13. 相三进五　卒5进1　　　14. 车三平五（图83-1）……

如图83-1形势,本局红方不走横车过宫,而是直接吃中卒叫将。

14. ……　　　　马3进5

15. 车九平四　炮1平5

16. 车五平八　车4进5

17. 仕四进五　车4平3

18. 马七退八　炮9进5

19. 炮九进四　车3平1

黑可改走炮9平5,红如炮九平五,则马7进5,车四进五,马5进4,马八进九(红如车八平六,则士6进5,车六退一,前炮进2!黑优),车3平1,车八平六,马4进5,相七进五,车1进1,双方均势。

20. 炮九平五　马7进5

21. 车四进五　马5进4

22. 车八平六　马4进5

弃马砍相,无奈之着。黑如改走马4进6,红则马三进一,车7平9,车六平四,马6进7,后车退四,黑要丢马。

23. 相七进五　炮5进5　　　24. 帅五平四　士4进5

25. 车四平七　象7进5　　　26. 车六进三　车7平6

27. 仕五进四　士5退4　　　28. 马三进一　车6平9

29. 炮六进七!……

炮轰底士,好棋!

29. ……　　　　车1进2　　　30. 马八进六　炮5平3

31. 车七平五　士6进5　　　32. 车五平二?……

红方在关键的时候犯了迷糊。此着红应改走车五进一,黑如接走将5平6,则车五进一,车9进3,帅四进一,炮3进1,马六进七,炮3退1,仕六进五,车9退1,帅四退一,车1进1,仕五进六,炮3进2,仕六进五,炮3退4,仕五退六,车9进1,帅四进一,车1退1,马七退六,以下黑无杀着,红胜。

32. ……　　　　炮3进2　　　33. 仕六进五　车9进3

34. 帅四进一　车9退1　　　35. 帅四退一　炮3退1

36. 车二进三　士5退6　　　37. 车六平二　车1进1

38. 仕五退六　车9进1

黑可改走车2平4! 炮六退九,炮3进1杀,黑胜。

39. 后车退八　　炮3进1

黑胜。

第84局　广州韩松龄(红先胜)石化田长兴

本局选自1991年全国象棋个人赛第10轮。

1. 炮二平五	马8进7	**2.** 马二进三	车9平8
3. 车一平二	马2进3	**4.** 兵七进一	卒7进1
5. 车二进六	炮8平9	**6.** 车二平三	炮9退1
7. 马八进七	车1进1	**8.** 炮八平九	车1平6
9. 车三退一	炮2平1	**10.** 车九进一	车8进6
11. 兵三进一	车8平7	**12.** 炮五平六	车6平4

13. 相三进五　　车4进5(图84-1)

如图84-1形势,黑现进车兵线不如改走卒5进1灵活。

14. 车九平四　　车4平3

15. 马七退九　　士4进5

16. 兵九进一　　车7平8

17. 兵九进一!　　……

红连冲两步边兵,意在兑炮拔除黑方左马的根,构思很是巧妙!

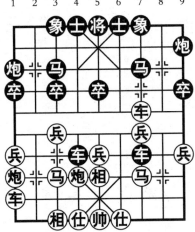

图84-1

17. ……　　　　马7进8

黑如改走炮9平7,红则车三平八,象7进5,车八进二,也是红优。

18. 车三进四　　……

挥车破象,毁去黑方藩篱,为进攻创造条件。

18. ……	马8进7	**19.** 车四进二	炮1进2

20. 车三退二　　炮1进4

黑如改走马3退4,红则炮九进四,红优。

21. 车三平七	象3进5	**22.** 车七平五	炮9进5

23. 马三进一　车 8 平 9　　　**24.** 炮六进三！……

进炮骑河,好棋! 准备下一步平三叫闷得子,黑缺象忌炮,劣势尽显。

24. ……　　　车 3 平 4　　　**25.** 炮六平三　将 5 平 4

26. 仕四进五　……

红如误走仕六进五,黑则炮 1 进 1,仕五退六,车 4 进 3,帅五进一,车 4 退 1,形成"拉抽屉"杀法,黑胜。

26. ……　　　车 9 进 3　　　**27.** 车四退三　车 9 平 6

28. 帅五平四　车 4 平 5　　　**29.** 炮九平六！……

红平仕角炮伏杀,妙手!

29. ……　　　士 5 进 6

黑如改走将 4 进 1,红则车五退一! 车 5 平 6,帅四平五,士 5 进 6,炮三平六,车 6 平 4,车五退三,捉双得子,红胜定。

30. 炮三平六　车 5 平 4　　　**31.** 车五平六　将 4 平 5

32. 前炮平五! 卒 5 进 1　　　**33.** 车六退四

红抽车胜。

第85局　安徽蒋志梁(红先和)湖北柳大华

(1991 年 10 月 27 日弈于大连)

本局选自 1991 年全国象棋个人赛第 11 轮。

1. 炮二平五　马 8 进 7　　　**2.** 马二进三　车 9 平 8

3. 车一平二　马 2 进 3　　　**4.** 兵七进一　卒 7 进 1

5. 车二进六　炮 8 平 9　　　**6.** 车二平三　炮 9 退 1

7. 马八进七　车 1 进 1　　　**8.** 炮八平九　车 1 平 6

9. 车三退一　炮 2 平 1　　　**10.** 车九进一　车 8 进 6

11. 兵三进一　车 8 平 7　　　**12.** 炮五平六　车 6 平 4

13. 相三进五(图 85-1)　车 4 进 5

此局面下,黑还是改走卒 5 进 1 较好,以后可盘中马再架中炮,反击力很强。

14. 车九平四　车 4 平 3　　　**15.** 马七退九　炮 9 进 5

16. 马三进一　车 7 平 9　　　**17.** 兵九进一　车 9 平 5

18. 兵九进一　炮 1 进 2

以上一段,红方利用骑河车急冲边兵过河,黑方则炮打边兵弃马反击,局面因此掀起波澜。总的来说,黑方弃马风险较大,此着可改走车 5 平 4,待红仕四

进五后再车 4 退 4,红如接走兵九平八,则炮
1 进 5,相七进九,车 3 平 2,马九进七,车 2
平 3,马七退九,车 3 平 2,马九退七,象 7 进
9!车三进一,车 2 退 2,双方各有优势。

19. 车三进二　　炮 1 平 5

20. 仕四进五　　······

补仕正着。红如改走车三平七吃马,黑
则车 5 平 6,仕六进五,车 6 进 2,车七退一,
炮 5 进 2,车七平五,象 7 进 5,炮六进三(红
如炮六退一,黑则炮 5 平 7,仕五退六,车 6
平 4,黑得子胜定;红又如改走车五平一,黑
则车 3 进 2 捉死马,黑胜定),炮 5 平 7!炮
六平三,炮 7 平 8,仕五进四,车 6 平 1,黑得
子胜。

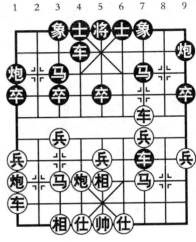

图 85-1

20. ······　　　　象 3 进 5

21. 炮九平七　　······

平炮挡车,防止红车 3 进 2 捉死马。

21. ······　　　　士 4 进 5　　　　**22.** 车三退一　　卒 1 进 1

23. 车四进三　　车 5 平 4　　　　**24.** 车四平五　　卒 1 进 1

25. 兵三进一　　车 4 平 8

黑可改走炮 5 平 1,红如接走炮七平九,则卒 1 平 2,炮九平七(红如兵七进
一,黑则卒 2 平 3 伏打死车,车五平四,后卒进 1,炮九平七,车 3 平 1,炮七平九,
车 1 平 2!炮九平七,车 2 进 2,得回一子黑优),炮 1 进 1!车五平四,卒 2 平 3,
车四进四,后卒进 1,黑势不弱。

26. 兵三平四　　炮 5 平 1　　　　**27.** 炮七平九　　卒 1 平 2

28. 兵七进一!卒 3 进 1　　　　**29.** 车五平八　　车 8 进 3

黑如改走炮 1 进 4 打马,红则车八进三捉马,以后可炮沉底线,大有攻势。

30. 相五退三　　······

红可改走车三退六,黑如接走车 8 平 7,则相五退三,炮 1 进 4,车八进三,马
3 退 4,炮九进七,象 5 退 3,车八进二,红优,以下黑如象 7 进 5,则炮六进六!红
胜势。

30. ······　　　　炮 1 平 6　　　　**31.** 车八进三　　炮 6 退 2

32. 炮九进五(图 85-2) 车 3 平 1

黑如改走象 5 进 7,红则车八平七,车 8 平 7(黑如象 7 进 5,红则炮九平五,
象 7 退 5,车七平五,红得子得势胜定),仕五退四,车 3 平 6(黑如象 7 进 5,红则

车七平五! 车3平6,仕六进五,炮6进7,相
七进五,车7平8,车三退一,炮6退1,仕五
退四,炮6平9,车三退五!红多子胜势),仕
六进五,炮6进7,相七进五,车7平8,车七
进二,士5退4,车三平五,象7退5,炮九进
二! 炮6退1,仕五退四,炮6平9,车七退
二! 士4进5,炮六进七! 将5平4(黑如象
5退3,红则炮六退一! 象3进1,车七进二
绝杀,红胜),车五平六,将4平5,车七进二,
士5退4,车七平六,将5进1,后车进二,连
将杀,红胜。

33. 马九进七 马3退4

34. 马七进九 炮6平2

35. 车三平五? ……

吃卒弃相不妥。红应改走马九进八稳
步进取,多子胜势。

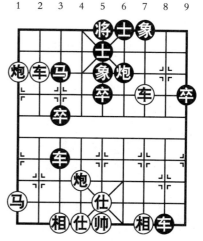

图 85-2

35. ……　　　车8平7　　**36.** 仕五退四 车7退4

37. 炮六平九 ……

红改走炮九进二更好!

37. ……　　　象5退3!

落象好棋! 准备架中炮对攻。

38. 前炮进二 炮2平5　　**39.** 相七进五 车7平2

40. 仕四进五 车2进1　　**41.** 车五平九 ……

平车保马,正着。红如改走后炮平七,黑则炮5平3! 炮七进五,车2平1,
炮九平八,车1平2,炮八平九,车2退6,和棋。

41. ……　　　炮5进4　　**42.** 车九退一 炮5平1

43. 前炮退六 象3进5　　**44.** 相五退七 ……

红此着可改走后炮平七或后炮平六。

44. ……　　　卒3进1　　**45.** 后炮平五 卒3平4

46. 炮九退一 卒4平5　　**47.** 车九平五 卒5进1

48. 炮五平二 卒5平6　　**49.** 炮二进七 车2平1

50. 车五进一 卒9进1　　**51.** 炮九平五 车1平5

52. 车五平一 车5退2　　**53.** 炮二平一 车5平8

54. 炮五平九 ……

红如改走炮一退四,黑则马4进3,红也有所顾忌。

54. ······　　马4进3　　　　**55.** 车一平八　车8平2

56. 车八平四　卒6平5　　　　**57.** 车四退二　车2退1

58. 车四平七(图85–3)　马3进4

59. 炮九进七　车2平1

60. 炮九平八　车1平2

61. 炮八平九　车2平1

62. 炮九平八　车1退3

黑方长捉犯规,只好变着。

63. 炮八退四　车1进4

64. 炮八进四　车1退4

65. 炮八退四　车1平2

黑方再次犯规,变着导致丢边卒,损失不小。

66. 炮八平一　车2进5

67. 车七退二　车2退2

68. 车七平九　马4进2

69. 车九进七　士5退4

70. 车九退二　象5退3

71. 车九平四　车2平9

72. 车四进二　······

红方车双炮联攻,打开了黑方九宫的大门。

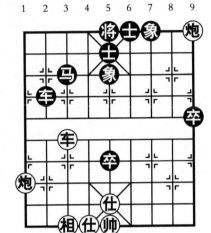

图85–3

72. ······　　将5进1　　　　**73.** 车四平五　将5平4

74. 车五平六　将4平5　　　　**75.** 车六平五　将5平4

76. 车五退六　车9退3　　　　**77.** 炮一平四　车9进4

78. 炮四退三　马2退4　　　　**79.** 车五进六　马4进6

80. 炮四平六　······

红应改走车五平三吃象,仍可保持优势。

80. ······　　马6进8　　　　**81.** 炮六退一　车9进5

82. 仕五退四　车9退7!　　　　**83.** 仕六进五　马8进6!

84. 仕五进四　车9平5　　　　**85.** 车五退二　象7进5

双方激战成和。

第86局 甘肃何永祥(红先负)江苏廖二平

本局选自1992年全国象棋团体赛第12轮。

1. 炮二平五	马8进7	**2.** 马二进三	车9平8
3. 车一平二	马2进3	**4.** 兵七进一	卒7进1
5. 车二进六	炮8平9	**6.** 车二平三	炮9退1
7. 马八进七	车1进1	**8.** 炮八平九	车1平6
9. 车三退一	炮2平1	**10.** 车九进一	车8进6
11. 兵三进一	车8平7	**12.** 炮五平六	炮9平7

13. 车三平六(图86-1) ……

如图86-1形势,红此时平车肋道不如平车八路。

13. …… 卒3进1

14. 车六平七 车6进1

15. 相三进五? ……

飞相欠妥。红应改走炮六进一,黑必走车7退1,相三进一,车7退2,炮六平七,红优。

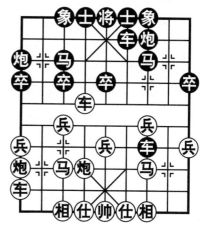

图86-1

15. …… 炮7平3

16. 车九平八 ……

弃车冒险。红如改走车七平三,黑则象7进5,车三进一,马3进4,马七进六,马4进6,车三平二,马6进7,炮六平三,炮3进8,相五退七,车7进1,黑得相优。

16. …… 炮3进3

17. 兵七进一 马7进6

18. 车八进二 炮1退1!

退炮好棋! 准备右炮左调,运子非常灵活。

19. 兵七进一 马6进8 **20.** 马七进六 ……

红如改走兵七进一吃马,黑则马8进7,炮六平三,车7进1,兵七进一,车7平6,仕六进五,前车退3,兵七进一,士4进5,黑多子占优。

20. …… 炮1平9　　**21.** 车八进二 ……

进车骑河,空着。红此着应改走兵七进一吃马,黑如接走马8进7,则炮六平三,炮9进5,炮三平一,炮9平5,仕六进五,车6平3,炮九平七,黑略先。

21. …… 马8进7　　**22.** 炮六平三　炮9进5

23. 兵七进一　炮9进3　　**24.** 仕四进五　车6平8

25. 帅五平四　士6进5　　**26.** 马六进四　车7平6

27. 炮三平四　车8进7　　**28.** 帅四进一　炮9退5

退炮打车,正着。黑如误走车8退5捉马,红则马四进六叫杀,黑方难应。

29. 马四进六　士5进4　　**30.** 兵七平六　炮9平6

31. 车八平四 ……

弃车砍炮,必应之着。红如改走仕五进六,黑则车6进1!帅四平五,车8退1,帅五退一,车6进1,下一步车8进1绝杀。

31. …… 车6退2　　**32.** 兵六平七　车6平4

33. 马六进七　将5平6　　**34.** 炮四进二　车4平9

35. 相五进七　车8退1　　**36.** 帅四进一　车8退2

红认负。

第87局　广州韩松龄(红先和)四川蒋全胜

(1991年10月17日弈于辽宁大连)

本局选自1991年全国象棋个人赛第3轮。

1. 炮二平五　马2进3　　**2.** 兵七进一　卒7进1

3. 马二进三　马8进7　　**4.** 车一平二　车9平8

5. 车二进六　炮8平9　　**6.** 车二平三　炮9退1

7. 马八进七　车1进1　　**8.** 炮八平九　车1平6

9. 车三退一　炮2平1　　**10.** 车九进一　车8进6

11. 马七进六　炮9平7　　**12.** 车三平八(图87-1) ……

如图87-1形势,红如改走车三平六,黑则车6进4,车九平六,象7进5,前车进一,士6进5,炮九平七,炮7进5,相三进一,马7进6,马六进四,车6退1,前车平七,炮7退4,兵七进一,车8平7,双方对攻。

12. …… 炮1进4　　**13.** 车九平六 ……

红可改走车九平七,车路会更加通畅。

13. …… 车6平4

拴链车马,力争主动。

14. 车八进二　　车 4 进 1

15. 马六进五　　……

踩中卒进行子力交换,力求解套。

15. ……　　　　车 4 进 6

16. 马五退三　　象 7 进 5

17. 前马退二　　车 4 平 8

黑也可改走马 3 进 5,红如接走车八退四,则炮 1 退 2,兵五进一,马 5 进 4,车八平七,卒 3 进 1,兵七进一,马 4 进 5,相三进五,马 7 进 5,黑先。

18. 车八平七　　炮 1 平 7!

炮打兵,策划弃子抢攻。黑如改走车 8 退 2 吃马,红则兵三进一,士 6 进 5,车七退一,红多兵优。

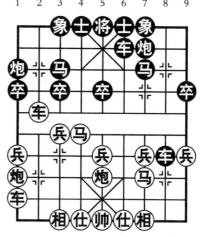

九　八　七　六　五　四　三　二　一

图 87－1

19. 仕四进五　　……

上仕老练。红如改走马三退一,黑则马 7 退 5! 车七退一,后炮进 8,仕四进五,前炮平 9,炮五平三,车 8 进 1,仕五退四,车 8 退 3,炮三退二,车 8 平 9,车七平三,炮 7 退 2! 黑胜定。

19. ……　　　　车 8 退 2

退车吃马稳妥。黑如改走前炮进 3,红则马二进四,前炮平 9,仕五进四,黑弃子难以为继。

20. 车七进二　　……

"宁为玉碎,不为瓦全",红吃象力求对攻。红如改走相三进一,黑则马 7 进 8,车七退一,后炮进 6,炮九平三,马 8 进 6,炮三退二,车 8 平 9,黑兵种好占优。

20. ……　　　　前炮进 3　　**21.** 车七退一　　……

红如改走车七退三,黑则前炮平 9,帅五平四,马 7 进 8,车七平二,炮 7 平 3,车二平七,炮 3 平 6! 黑大优;另外,红也可选择车七退二捉象牵制黑方。

21. ……　　　　前炮平 9　　**22.** 帅五平四　　车 8 平 6

23. 帅四平五　　炮 7 进 6

黑以炮换马简化局势后兵种齐全,仍有优势。

24. 炮九平三　　车 6 平 7　　**25.** 仕五进四　　马 7 进 8

黑可改走马 7 进 6,红如接走车七平二,则士 4 进 5,黑优。

26. 车七退一　　车 7 退 4

黑可改走马 8 进 9,红如接走车七平五,则士 4 进 5,车五平八,将 5 平 4,炮三平一,车7进3,帅五进一,车7退1,帅五退一,马9退7,帅五平四,马7进6,车八平二,马6进8,帅四平五,车7进1,帅五进一,炮9退1,绝杀,黑胜。

27.炮三平二(图87-2) ……

如图87-2形势,红如改走车七平五吃象,黑则车7平5,炮五进五,将5进1,炮五退三,马8进9,黑优。

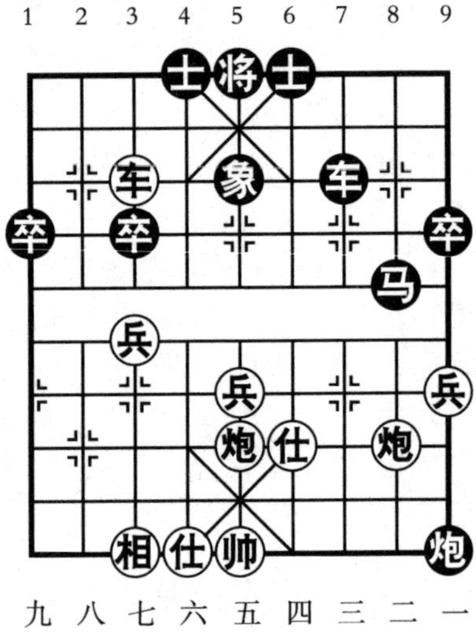

27. ……	马8进6
28. 车七平五	车7平5
29. 炮五进五	卒1进1
30. 炮五平八	卒1进1
31. 兵五进一	卒1平2
32. 相七进九	马6进8
33. 仕六进五	炮9平7
34. 兵五进一	卒9进1
35. 炮八进二	士4进5
36. 兵五平六	士5进6

图87-2

黑可改走士5进4,红如接走帅五平六,则炮7退8,黑仍占优。

37. 帅五平六	炮7退8	**38.** 兵六进一	卒2平3
39. 相九进七	卒3进1	**40.** 相七退五	炮7平9
41. 兵六平七	炮9进5	**42.** 炮八平七	马8退6
43. 炮七退四	炮9平4	**44.** 炮七平五	卒9进1
45. 炮五退一	卒9进1	**46.** 相五进三	将5平4
47. 兵七平六	卒9平8	**48.** 炮二退二	士6进5
49. 帅六进一			

和棋。

第88局 香港周世杰(红先负)香港陈强安

(2006年10月12日弈于香港)

本局选自2006年香港公开单人象棋赛。

1. 炮二平五	马8进7	**2.** 马二进三	马2进3
3. 车一平二	车9平8	**4.** 车二进六	……

红此时挥车过河,太早。此着红应改走兵七进一,待黑卒 7 进 1 后再挥车过河较好。

4. …… 卒 7 进 1

黑也可改走炮 8 平 9 或卒 3 进 1。

5. 兵七进一	炮 8 平 9	**6.** 车二平三	炮 9 退 1
7. 马八进七	车 1 进 1	**8.** 炮八平九	车 1 平 6
9. 车三退一	炮 2 平 1	**10.** 车九进一	车 8 进 6
11. 马七进六	炮 9 平 7	**12.** 车三平八	炮 1 进 4

13. 车九平六(图 88-1) 炮 1 平 7

黑也可改走车 6 平 4 拴链红车马,红如接走车八退四,则象 7 进 5,马六进七,车 4 进 7,车八平六,炮 1 平 3,马七退六,炮 3 平 7,相三进一,士 6 进 5,黑优。

14. 相三进一 士 6 进 5

15. 车八进二 ……

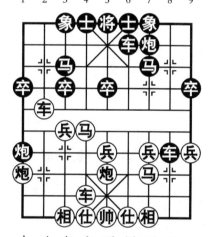

图 88-1

红可改走兵七进一,黑如接走卒 3 进 1,则车八平七,车 6 进 1,炮五平七,红优。

15. …… 车 6 进 1

16. 兵七进一 马 7 进 8

17. 炮五平七 ……

红如改走兵七进一,黑则马 8 进 6,车八平七,象 7 进 5,黑少子有攻势。

17. …… 马 8 进 6

18. 车六进一 ……

红如改走兵七进一,黑则马 6 进 7,炮九平三,后炮进 6,兵七进一,象 7 进 5,黑势不弱。

18. ……	后炮进 6	**19.** 炮七平三	卒 3 进 1

20. 车八平七 ……

红如改走炮九平七,黑则卒 3 进 1,炮三退一,炮 7 平 9,炮三平七,卒 3 进 1,黑优。

20. ……	车 6 平 3	**21.** 炮九平七	卒 3 进 1
22. 炮七进五	卒 3 平 4	**23.** 炮三进七	卒 4 进 1
24. 车六平四	马 6 退 4	**25.** 炮七退六	……

红如改走炮七平一,黑则炮 7 平 9,炮一退四,车 8 平 9,黑大优。

25. ······	炮7退4	26. 车四平三	车8平5
27. 仕四进五	炮7进4	28. 车三平七	象3进5
29. 炮三退三	卒1进1	30. 车七进二	马4进3
31. 炮七进一	车5退2!		

退车妙手！准备平中炮强攻中路。

32. 炮七平八	车5平2	33. 炮八平五	炮7平5
34. 帅五平四	车2平6	35. 炮五平四	马3进4!

进马伏杀，好棋！

36. 炮四进二	车6平7	37. 炮三平四	炮5退2
38. 车七平五	马4退5	39. 帅四平五	马5进7
40. 后炮退二	车7平6	41. 前炮平三	车6进1!

黑利用红车被牵的弱点，现进车捉车，逼红车退守相位。

42. 车五退二	车6平8!		

下一步黑有车8进4叫将、马7退6捉双等多种攻击手段，红方难应，遂推枰认负。

第89局　顺德李菁(红先胜)广西秦劲松

(2008年11月17日弈于广东东莞)

本局选自2008年第3届"杨官璘杯"全国象棋公开赛第5轮。

1. 炮二平五	马8进7	2. 马二进三	车9平8
3. 车一平二	马2进3	4. 兵七进一	卒7进1
5. 车二进六	炮8平9	6. 车二平三	炮9退1
7. 马八进七	车1进1	8. 炮八平九	车1平6
9. 车三退一	炮2平1	10. 车九进一	车8进6
11. 马七进六	炮9平7	12. 车三平八	炮1进4
13. 车九平七(图89-1) ······			

如图89-1形势，红平车七路是李菁的独门攻招，本届比赛中，李菁运用此着取得两战连捷的好战绩。

13. ······	炮1平7	14. 相三进一	车6平4
15. 炮九进二	卒1进1		

进卒捉炮，缓着。黑可改走马7进8，以下红有两种变化：

(1)车八进二，后炮进6，车八平七，后炮平9，炮五进四，炮9平5，黑优。

(2)马六进五,马3进5,炮五进四,后炮进6,炮五退二,马8进6,车八平五,士4进5,车五平四,将5平4,炮五平六,车4平2,车四退一,后炮平9,黑优。

16. 车八进二! ……

进车捉马,妙着!抓住黑方右翼漏洞进行攻击。

16. ……　　车4平3

黑也可改走卒1进1吃炮,红如车八平七,则车4进4,前车平三,后炮平5,双方对攻。

17. 炮九退二　象7进5

18. 兵七进一! ……

妙弃七兵,气势磅礴,是大局观很强的一手棋。

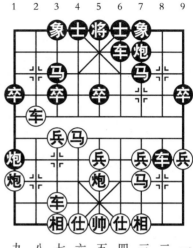

图89-1

18. ……　　卒3进1

黑如改走象5进3,红则车七平四,下一步有车四进六、马六进八等先手,红优。

19. 炮九平七　马7进8　　　**20. 炮七进五　后炮进6**

21. 炮五进四　士6进5　　　**22. 炮七进二! ……**

弃炮打象,佳着!

22. ……　　车3退1　　　**23. 车八平五　……**

棋谚云:"一马换双象,其势必英雄。"现在,红以一炮换双象,与棋谚所云有异曲同工之妙!

23. ……　　马8进6　　　**24. 炮五退二　……**

红也可改走炮五退一,黑如接走马6退7(黑如车8退2,则车七平四,红胜势),车五平二,马7进5,车二退四,后炮退3,车七平四,士5退6,车二进二,马5进4,马六进五,士4进5,车二平三捉双,红胜定。

24. ……　　卒3进1

黑如改走将5平6,红则车七平四,后炮平6,炮五进一,马6退7,马六退四!马7退5,马四进三,将6平5,马三进四,将5平6,马四进二,将6平5,车四进八,连将杀,红胜。

25. 车五平二　将5平6　　　**26. 车二退四　马6进8**

27. 车七平四　士5进6　　　**28. 车四进六　将6平5**

29. 车四平五　将5平6　　　**30. 马六进五**

黑认负。

第90局　湖北柳大华(红先胜)广州黄增光

(1990年6月6日弈于河北邯郸)

本局选自1990年全国象棋团体赛第1轮。

1. 炮二平五	马8进7	2. 马二进三	卒7进1
3. 车一平二	车9平8	4. 车二进六	马2进3
5. 兵七进一	炮8平9	6. 车二平三	炮9退1
7. 马八进七	车1进1	8. 炮八平九	车1平6
9. 车三退一	炮2平1	10. 车九进一	车8进6
11. 马七进六	炮9平7		

12. 车三平八(图90-1)　车6进4

如图90-1形势,实战黑续走车6进4
骑河捉马。黑另有一路变化是炮1进4打
边兵,也可形成复杂对攻的局面。

13. 车九平六　车8退2

14. 车八平二　……

兑车,正着。红如改走车八进二捉马,
黑则车8平4,车八平七,象7进5,车七退
一,车6平4,车六进三,车4进1,局势得到
一定的缓和。

14. ……　　马7进8

15. 炮五平七　……

卸中炮调整阵形,好棋。红如误走马六
进五吃卒,黑则马3进5,炮五进四,炮7进
6,炮九平五,马8进7,黑多子优。

15. ……　　马3退5

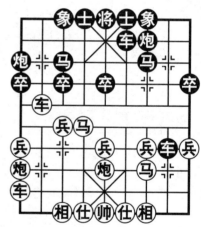

图90-1

黑另有以下三种应着:

(1)马8进7,相三进五,象3进5,兵七进一,象5进3,马六进八,马3退2,
炮九进四,红先。

(2)炮1进4,兵七进一,卒3进1,炮七进五,炮7进6,马六进五,车6退3,
车六进二,炮1退2,炮九进四,红优。

（3）象 7 进 5，相三进五，炮 1 进 4，兵七进一，炮 7 进 6，炮七进二，车 6 退 3，炮九平三，象 5 进 3，红先。

16. 相三进五　炮 7 进 6　　**17.** 炮七平三　马 5 进 7

18. 兵三进一　象 7 进 5　　**19.** 马六进七　……

红方多兵优势明显，黑很难逆转。

19. ……　　　　马 7 进 6

黑如改走炮 1 进 4，红则车六进二，炮 1 退 1（黑如车 6 平 3，红则马七进五，象 3 进 5，车六平九，红优），车六进五，象 5 退 7，兵三进一，红大优。

20. 车六平二　马 8 进 7　　**21.** 炮九进四　炮 1 退 1

22. 车二进二　……

红也可改走炮九平五打卒叫将，黑如接走炮 1 平 5，则炮五进二，士 4 进 5，仕四进五，红净多四兵胜势。

22. ……　　　　炮 1 进 5　　**23.** 车二进二　……

红也可改走车二进五，黑如接走士 4 进 5，则炮九进三，士 5 退 4，车二平四，红大优。

23. ……　　　　马 6 进 4　　**24.** 车二平六　炮 1 退 1

25. 炮九平五　士 6 进 5　　**26.** 马七退六　车 6 平 4

黑如改走炮 1 平 4，则仕六进五，下一步红有炮五退二捉死炮的妙手，红胜定。

27. 车六平二　车 4 平 6　　**28.** 仕四进五　炮 1 退 2

29. 车二退二　车 6 退 2　　**30.** 车二进六　车 6 退 3

31. 车二平四　将 5 平 6　　**32.** 炮五平三　马 7 进 9

33. 后炮平四　炮 1 进 3　　**34.** 相五退三　马 9 退 7

35. 炮三退三　炮 1 平 7　　**36.** 炮四平一

红炮打卒后形成"炮四兵仕相全对炮士象全"的必胜残局，黑认负。

第 91 局　湖北柳大华（红先和）上海胡荣华

（1980 年 8 月 25 日弈于四川乐山）

本局选自 1980 年全国象棋个人赛（全国象棋甲组联赛）。

1. 炮二平五　马 8 进 7　　**2.** 马二进三　车 9 平 8

3. 车一平二　卒 7 进 1　　**4.** 车二进六　马 2 进 3

5. 兵七进一　炮 8 平 9　　**6.** 车二平三　炮 9 退 1

7. 马八进七　　车1进1

以往实战中胡荣华特级大师很少走屏风马横车,此时走此着可能是想出奇制胜吧!

8. 炮八平九　　车1平6　　**9. 车三退一　　炮2平1**

10. 车九进一　　车8进6　　**11. 马七进六　　炮9平7**

12. 车三平六　　……

平车肋道是早期着法,现在一般改走车三平八。

12. ……　　　　车6进4

13. 车九平六　　象7进5(图91-1)

14. 炮五平七　　……

卸中炮,便于联相。红此时也可改走前车进一先避一手。

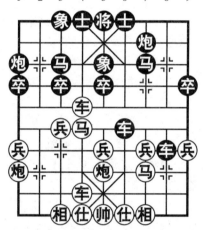

图 91-1

14. ……　　　　卒3进1!

冲卒捉车,妙手!反击从这里开始。

15. 前车进一　　卒3进1

16. 炮七进五　　车6平4

17. 前车退二　　卒3平4

18. 车六进三　　马7退5!

退马窝心捉炮,同时又有炮瞄马的棋,一着双用,妙手!

19. 车六平三　　……

红如改走炮七退五,黑则炮7进6,炮九平三,车8平7,相七进五,车7平5,黑兵种好且多卒占优。

19. ……　　　　炮7进5　　**20. 马三退一　　车8平9**

车吃边兵,正着。黑如改走车8进2,红则炮七退一(红如误走车三退一吃炮,黑则马5进3,马一进二,炮1进4!黑必可得子),炮7进2,炮七退五,炮7平9,仕六进五,车8退2,炮七平一,红得回一子,尚可纠缠。

21. 炮七退一　　卒9进1

黑改走炮1进4打兵较好。

22. 炮九平五　　马5进7　　**23. 炮七进一　　象5进3**

24. 炮五进四!　　……

炮打中卒,开始进攻,着法凶狠有力。

24. ……　　　　将5进1

上将正着。黑如误走马7进5吃炮,红则炮七平一打死车;黑又如改走炮7平1,红则马一进三,马7进5(黑如误走车9平7,红则车三进三! 红胜定),马三进一,马5退3,红有车对黑无车,形势有利。

25. 炮五平七　　炮7平1　　　26. 马一进三　　车9平7

27. 车三退一　　前炮平7

28. 后炮进三　　马7进5(图91-2)

如图91-2形势,黑进中马是不明显的软着。黑应改走炮1平2,先活动边炮,再接走马7进5,黑方比红方多一卒,形势较为有利。

29. 后炮平八!　　……

好棋! 禁住黑边炮后,黑已很难取胜。

29. ……　　　　马5进6

30. 马三退五　　马6进8

31. 马五进七　　……

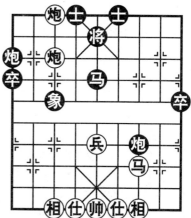

1 2 3 4 5 6 7 8 9

九 八 七 六 五 四 三 二 一

图 91-2

进马弃相,正着。红如改走炮八退六防守,则黑炮1平5或炮1平4,都有优势。

31. ……　　　　炮7退4

32. 炮七退一　　象3退5

33. 炮八进一　　将5退1

34. 马七进六　　马8进7

35. 帅五进一　　炮7平8　　　36. 帅五平六　　炮1平4

37. 马六进四　　象5退3　　　38. 马四进二　　士6进5

39. 炮七退七　　马7退6　　　40. 炮八平七　　炮4平3

41. 仕六进五　　卒1进1　　　42. 前炮平八　　炮3平4

43. 帅六退一　　炮4进4　　　44. 炮八退六　　马6退7

45. 炮八平五　　卒1进1　　　46. 炮七进四　　卒9进1

47. 炮七平五　　象3进5　　　48. 马二退四　　马8进2

在马炮残局中,红连走几步好棋,局势略占上风。现黑进炮谋和,着法明智。

49. 前炮平三　　马8平6　　　50. 炮五进五　　将5平6

51. 兵五进一

双方握手言和。

第92局 辽宁卜凤波(红先胜)大连李丛德

(1991年10月弈于大连)

本局选自1991年全国象棋个人赛。

1. 炮二平五	马8进7	**2.** 马二进三	车9平8
3. 车一平二	马2进3	**4.** 兵七进一	卒7进1
5. 车二进六	炮8平9	**6.** 车二平三	炮9退1
7. 马八进七	车1进1	**8.** 炮八平九	车1平6
9. 车三退一	炮2平1	**10.** 车九进一	车8进6
11. 马七进六	炮9平7	**12.** 车三平六(图92-1)	马7进8

黑可改走车6进4骑河,红如接走车九平六,则象7进5,前车进一,炮7进5,相三进一,士6进5,炮九平七,马7进6,马六进四,车6退1,前车平七,炮7退4,兵七进一,车8平7,双方对攻。

13. 兵三进一　马8进6

14. 车九平四　炮7进6

15. 炮九平三　车6进1

黑另有以下两种应着:

⑴士6进5,车六进三,炮1进4,马六退七,炮1平3,车六退四,红优。

⑵车8平7,车六平四,车6进3,马六进四,车7进1,车四进三,红优。

16. 车六平四!　……

平车邀兑,抢先之着。红也可改走炮三进七轰象,黑如接走士6进5,则车六平四,马6进5,相七进五,车8平5,前车进二,炮1平6,车四平二,红优。

16. ……	马6进7	**17.** 前车进二	炮1平6
18. 车四进六	象7进5	**19.** 车四退五	马7退9

双方子力交换后红方占有兵种优势。

20. 马六进四　车8退5　**21.** 相三进一　……

飞相保兵,要紧之着。

21. ······ 车 8 平 6   **22. 炮五平七! ······**

卸中炮瞄卒制马,大局观极强的一着棋。

22. ······ 马 9 退 8   **23. 仕四进五 ······**

上仕生根,刻不容缓。

23. ······ 车 6 进 2   **24. 兵三进一! ······**

乘机渡兵过河捉马,好棋!

24. ······ 马 8 退 7(图 92 - 2)   **25. 兵三进一 ······**

红此时若改走兵七进一则效果更好,黑如接走象 5 进 3,则兵三进一! 车 6 平 7,马四进六,卒 5 进 1,马六进七,将 5 进 1,炮七平八,马 7 进 5,帅五平四! 车 7 退 2,炮八进六,马 5 退 4,车四进七,卒 9 进 1,车四平六,黑要失子。

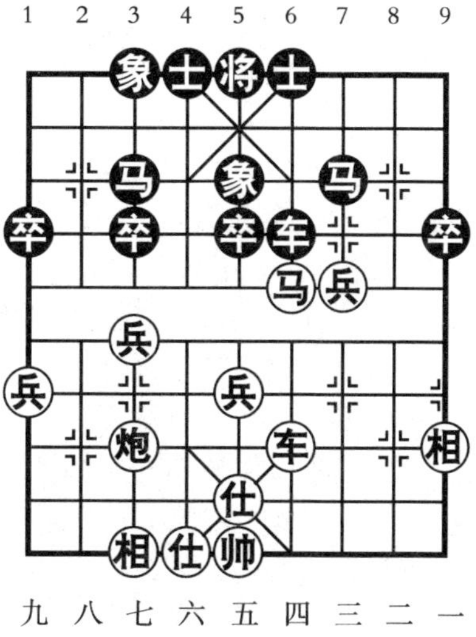

图 92 - 2

25. ······ 车 6 平 7

26. 马四进六 车 7 进 1

27. 车四进六! ······

进车点中黑方要穴。红如改走马六进七,黑则将 5 进 1,炮七平八,车 7 平 2,红一时难以攻入。

27. ······ 士 4 进 5

28. 马六进七 将 5 平 4

29. 车四退四 将 4 进 1

上将,无奈之着。黑如改走士 5 进 4,红则炮七平六,车 7 平 4,车四进三! 黑立即陷入困境。

30. 车四平六 士 5 进 4   **31. 炮七平六 马 3 退 1**

黑改走卒 3 进 1 比实战稍好。

32. 炮六进五 马 7 进 6   **33. 车六退一 将 4 平 5**

34. 炮六平八 将 5 平 6   **35. 车六进五 士 6 进 5**

36. 车六平五! ······

弃车砍士,攻杀犀利。黑将不敢吃车,否则红有马后炮杀。

36. ······ 将 6 退 1   **37. 车五进一 将 6 进 1**

38. 炮八进一 将 6 进 1   **39. 车五平四**

连将杀,红胜。

第93局 黑龙江王琳娜(红先胜)江苏张国凤

(1996年7月11日弈于哈尔滨)

本局选自1996年"铁力杯"象棋女子八强赛。

1.炮二平五	马8进7	2.马二进三	车9平8
3.车一平二	马2进3	4.兵七进一	卒7进1
5.车二进六	炮8平9	6.车二平三	炮9退1
7.马八进七	车1进1	8.炮八平九	车1平6
9.车三退一	炮2平1	10.车九进一	车8进6

11.炮五平六(图93-1) ……

如图93-1形势,实战中红卸中炮比较少见。此局面下,红流行的着法是马七进六、兵三进一。

11.…… 车6平4

黑可改走炮9平7,红如接走车三平八,则车8平7,相七进五,车6平4,车九平四,卒5进1,黑足可抗衡。

12.车九平四 炮9平7

13.车三平八 炮7进5

炮打兵轻浮,重炮不宜轻发。黑应改走车8平7,红如接走相七进五,则卒5进1,双方对攻。

14.相三进一 车4进1

15.车八平三 象7进9

16.车三进一 ……

红如改走车三退一,黑则车4进4,双方对攻。

16.……	车4进2	17.车四进三	象9进7
18.车三平四	车4进2		

黑可改走卒3进1。

19.炮六平四! ……

左炮右调,好棋! 伏有炮四进一打双车的棋,红棋渐入佳境。

19.……	炮7平9	20.马三进一	车8平9

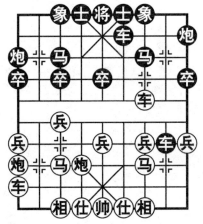

图93-1

21. 相一退三 车4平3 22. 相三进五 卒3进1

23. 前车平三 象7退5 24. 炮九退一! ……

退炮妙着! 红如改走车三进一吃马,黑则马3进4捉双车。

24. …… 卒3进1 25. 炮九平三 马3进4

26. 车四进四 车9退1 27. 炮三进六 炮1平7

28. 炮四进七! ……

破士,凶着! 红迅速入局。

28. …… 士4进5 29. 车三进一

红胜。

第94局 大连卜凤波(红先胜)江苏徐天红

(1998年12月14日弈于深圳)

本局选自1998年全国象棋个人赛。

1. 炮二平五 马8进7 2. 马二进三 车9平8

3. 车一平二 马2进3 4. 兵七进一 卒7进1

5. 车二进六 炮8平9 6. 车二平三 炮9退1

7. 马八进七 车1进1

8. 炮八平九 车1平6

9. 车三退一 炮2平1

10. 车九进一 车6进1(图94-1)

如图94-1形势,黑进车士角保马为当时的新着,黑方进行了有效的探索,也为此做出了牺牲。由于本局出现时间较早,当时大家对车6进1这着棋是有争议的。以后,随着棋手对布局研究的深入,现在大多认为黑方此着可以与红方抗衡,于是逐渐成为流行着法之一。

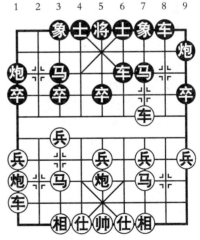

图94-1

11. 车三平八 车8进6

黑可改走车8进4或卒3进1。试举一例:车8进4,车八平二,马7进8,兵三进一,炮9平7,马七进六,马8进9,马三进一,炮7进8,仕四进五,炮1进4,炮九进四,炮1

平9,黑优。

12. 车八进二　炮9进1

黑可改走士6进5巩固中防,有望形成对攻局面。

13. 兵三进一　车8平7　　**14.** 马七进八　马7进8

15. 炮五平七!　……

卸中炮瞄准黑方呆滞的右翼,着法灵活有力。

15. ……　　炮1进4

黑如改走马8进9踩兵,红则相七进五,马9进7,炮七平三,车6进7,帅五平四,炮9平2,马八进七,红仍占先。

16. 车九平八　马8进6　　**17.** 相七进五　卒1进1

18. 仕六进五　卒1进1　　**19.** 马八进七(图94－2)　车6平4

黑如改走炮1平3,红则后车进二,马6进7,炮七平三(红如后车平七,则马7进5!仕四进五,炮9进4,黑大有攻势),炮3退3,后车进三,红先。

20. 兵七进一　马6进7

21. 炮七平三　象7进5

22. 炮三平二　车7平8

23. 炮二平四　炮1平3

24. 前车退四　车8平5

25. 兵七平八　车5平6

黑可改走车5平9吃兵,趁机落地生根。

26. 兵八进一　车4进2

27. 前车进二　车4退1

28. 兵三进一　……

趁机抢渡三路兵,红优势更加明显。

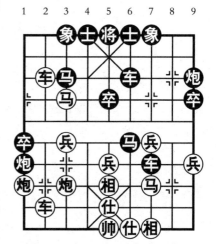

1 2 3 4 5 6 7 8 9

九 八 七 六 五 四 三 二 一

图94－2

28. ……　　炮3平9　　**29.** 后车平七　车4进3

30. 兵三进一　车4平3

平车邀兑,效果不佳。黑可改走车4平2邀兑,红如接走车七平八,则车2平3,比实战略好。

31. 车七进二　车6平3　　**32.** 炮九平六　车3退2

33. 车八退二　前炮平3　　**34.** 炮六平七　炮3退3

35. 炮七进四　炮9平6?

炮平士角,劣着。不如改走卒9进1较好。

36. 炮四进四! ……

红进炮,压缩黑方战略空间,同时形成担子炮,好棋!

36. …… 卒5进1 **37.** 兵三进一 炮6退1

38. 炮七平一 炮6平9 **39.** 兵八平七 马3退1

黑如改走马3退5,红则炮四平五,黑坐以待毙。

40. 炮四平五

黑难以抵挡,投子认负。续着如下:士6进5(黑如士4进5,红则车八平六形成铁门拴,下一步出帅绝杀),车八平二,炮9平6,兵三平四,炮6退1,炮一进三,炮6进1,兵四进一,红胜。

第95局 开滦蒋凤山(红先负)安徽倪敏

(2009年5月14日弈于陕西铜川)

本局选自2009年全国煤矿第15届"乌金杯"象棋赛。

1. 炮二平五 马8进7 **2.** 马二进三 车9平8

3. 车一平二 马2进3 **4.** 兵七进一 卒7进1

5. 车二进六 炮8平9 **6.** 车二平三 炮9退1

7. 马八进七 车1进1

8. 炮八平九 车1平6

9. 车三退一 炮2平1

10. 车九进一 车6进1

11. 车三平八 卒3进1

12. 车八进二 卒3进1

13. 炮五进四 车8进4(图95-1)

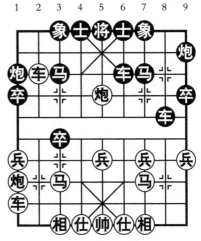

图95-1

如图95-1形势,倪敏采取进车巡河对付蒋凤山的空头炮,结果黑胜。

14. 车九平八 ……

双车并线,防止黑车平2邀兑。红如改走车九平六,黑则卒3进1,马七退五,车8平6,以下红有两种应着:

(1)炮九平五,马3进5,车八平四,车6退2,炮五进四,车6进5,炮五退一,马7进

6,车六进七,炮1进4! 车六平一,炮1平5,马五进四,马6进8! 马三退一,马8进6,车一平四,车6进1,红必弃车砍马,黑胜。

(2)炮五退二,炮1进4! 炮九平五,前车进3! 车六平七,马3进4,车八平四,车6退5,双方对攻。

14.……　　车8平6!　　**15. 炮五退二　马7进8**

16. 兵三进一　马8进7　　**17. 后车进五　卒3进1!**

冲卒捉马,逼红马窝心,好棋!

18. 马七退五　马7退5

拔除空头炮,黑方中路威胁立即解除。

19. 炮九平五　……

红如改走兵五进一吃马,黑则后车平4,后车平七,车6平4,炮九退二,炮9平3,车七平一,炮1进4,黑方子力集中,抢攻在先。

19.……　　前车平4　　**20. 炮五进二　车6平4**

21. 马五进四　……

红如改走后车平五,黑则炮9平5! 车五平六,炮5进5! 马三进五,前车退1,后马进四,前车进6,帅五进一,后车进3,马四进三,象7进9,黑胜势。

21.……　　前车进5　　**22. 帅五进一　后车进6**

23. 帅五进一　前车平3　　**24. 帅五平四　……**

红如改走后车平五,黑则马3退5! 帅五平四,炮9平6(黑切不可改走车4平7,否则红车五进二! 将5进1,马四进五,象7进5,马五进七,象5退7,车八平五,绝杀,红胜),马四进三,象3进5,车八平九,车3退2,相三进五,车3进1,后马退二,车4平8,黑下一步有车8退1的杀棋,黑胜定。

24.……　　车4平7(图95-2)

如图95-2形势,黑方攻势如火如荼。

25. 仕四进五　……

红如改走后车平四,黑则车3平6,帅四平五,车7退1,帅五退一,车6平1,帅五平四,车1退1,马四退五,车7进2,车四进三,将5进1,车四退一,将5退1,车四平八,车1平4! 后车退五,马3进4! 黑胜定。

25.……　　炮1进4

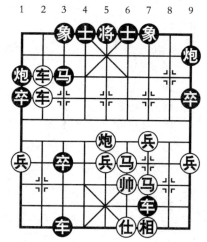

图95-2

炮打边兵,进攻节奏不连贯。黑应改走车7退1吃马,帅四退一,马3进4,后车退四(红如后车平五,则士6进5,车五平六,将5平6,车六退一,车7进1,帅四进一,车7退2,车六平四,炮9平6! 黑胜定),马4进5,后车平五,炮9平6,马四进五(红如车八平四,则车7进1,帅四进一,车7进1! 车五进一,车7退2,帅四退一,车3平8,黑胜定),士6进5,车五进一,车3平7,马五进三,象3进5,车八平五,前车退1,帅四退一,后车平6,帅四平五,车7进1,仕五退四,车7平6,帅五进一,后车进1,帅五进一,前车平5,帅五平六,卒3进1,连将杀,黑胜。

26. 马三进二　炮1进2　　　27. 后车平五　炮9平5

28. 车五平四　炮5平6!　　29. 仕五退六　……

红可改走车八退六,黑如接走车3退2,则相三进五,炮1退1,车四进二,车3进1,相五退七,车3平2,马四进五,马3进5,车四进一,将5进1,车四退一,将5退1,车四退二,黑如出漏洞,红还有一线机会,比实战坐以待毙要好。

29. ……　　　　车3退2　　　30. 相三进五　车3进1

31. 仕六进五　车3平5

黑胜。

第96局　四川郭瑞霞(红先和)江苏张国凤

(1999年4月23日弈于福建漳州)

本局选自1999年全国象棋团体赛。

1. 炮二平五　马8进7　　　2. 马二进三　车9平8

3. 车一平二　卒7进1　　　4. 车二进六　马2进3

5. 兵七进一　炮8平9　　　6. 车二平三　炮9退1

7. 马八进七　车1进1　　　8. 炮八平九　车1平6

9. 车三退一　炮2平1　　　10. 车九进一　车6进1

11. 车三平八　卒3进1　　　12. 车八进二　卒3进1

13. 兵五进一　……

红如改走炮五进四,黑则车8进4,双方互有攻守。

13. ……　　　炮9平5　　14. 马七进五(图96-1)　马7进6

黑如改走卒3进1,红则车九平七,卒3平4,车八平七,车6平3,车七进六,卒4平5,马三进五,马7进6(黑如象7进5,红则马五进七,红优),马五进三,炮5进4(黑如马6进7,红则炮五进四,象7进5,兵五进一,红优;黑又如象7进5,

红则炮九平八,下一步准备炮八进七沉底,亦红优),炮五进四,马6进5,仕六进五,马5退7,炮九平五,车8进3,兵三进一,红大优。

15. 车九平四　　车8进2

16. 马五进七　　马6进4

17. 车四进六　　车8平6

18. 仕六进五　……

红也可改走马七进六,以下黑有三种应着:

(1)车6平4,炮九平六,红优。

(2)炮5平7,兵五进一,马4进5,相三进五,红优。

(3)马4进5,马六进七,炮5平4,相三进五,炮1进4,车八退一,也是红优。

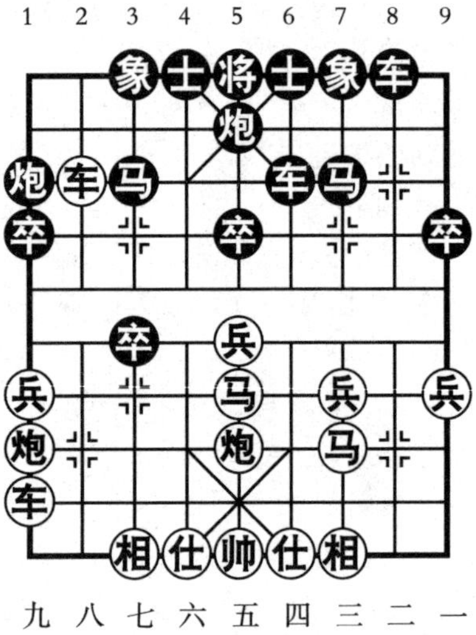

18. ……　　炮5平7　　**19.** 兵五进一　士6进5

补士正着。黑如改走马4进5兑炮,红则相七进五,卒5进1,马七进五,红优。

20. 兵五进一　　马4退5

21. 炮九平七(图96-2)……

如图96-2形势,红平炮瞄马,好棋!

21. ……　　象7进5

黑如改走炮7进6,红则炮七平三,黑不敢接走象7进5,否则马七进六,黑方立刻陷入困境。

22. 炮七进五?……

炮换马不妥,既给黑方松绑,又要处理己方的无根马,真是一着两失。红此着应改走马七进六!黑如接走马3进4,则马六进七!将5平6(黑如炮7平3,红则炮七进七,象5退3,车八平四,红有车对无车优),炮五平四,炮7平6,炮四进六,将6进1,炮七平四,红大优。

22. ……　　炮1平3

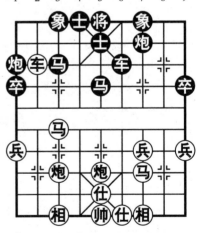

图96-1

图96-2

23. 马七退五　车6进4!　**24.** 炮五进四　车6平5!

硬抢一马,同时先手捉炮,妙着!

25. 车八平七　车5退3　**26.** 车七退五　车5进3

27. 兵九进一　车5平7　**28.** 马三退一　车7进2

黑如改走车7平9吃兵,红则车七平一邀兑,和势。

29. 马一进三　……

唯一的解着。红如误走车七平三,黑则车7退1白吃车,黑胜。

29. ……　　　车7进1　**30.** 车七平四　炮7平8

黑此时宜改走车7退1较好,红如接走相七进五,则炮7进5,下一步伏有炮7平8的攻着,黑优。

31. 相七进五　车7退1　**32.** 马三进二　卒9进1

33. 车四进三　车7退2　**34.** 车四平一　车7平1

35. 车一平二　炮8平6　**36.** 马二进四　车1退1

37. 马四进二　车1平5　**38.** 车二平四　将5平6

39. 相五退三　车5退2　**40.** 马二退三　车5平2

41. 车四进一　车2进6　**42.** 仕五退六　车2退4

43. 马三进一　炮6进1　**44.** 车四平九

双方议和。

第 97 局　煤矿景学义(红先负)广东许银川

(2002年4月9日弈于济南)

本局选自2002年全国象棋团体赛。

1. 炮二平五　马8进7　**2.** 马二进三　车9平8

3. 车一平二　马2进3　**4.** 兵七进一　卒7进1

5. 车二进六　炮8平9　**6.** 车二平三　炮9退1

7. 马八进七　车1进1　**8.** 炮八平九　车1平6

9. 车三退一　炮2平1　**10.** 车九进一　车6进1

11. 马七进六　炮9平7　**12.** 车三平八　炮1进4

13. 车九平一　炮1平7　**14.** 相三进一　士6进5

15. 炮五平七(图97-1)　……

如图97-1形势,红卸中炮调整阵形,并对黑方右翼增加压力,但红此着不如改走车一平七好。

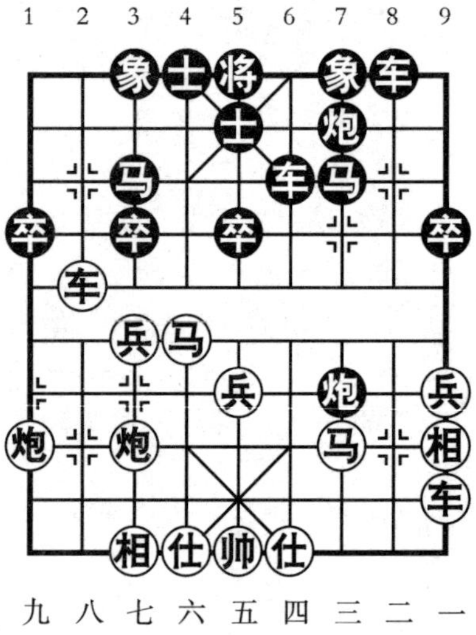

15. ……　　　车 8 进 4

黑可改走车 8 进 5。

16. 车八进二　　　……

红如改走兵七进一,黑则车 6 平 4,以下红有三种应着:

(1)马六退五,象 3 进 5,炮七进四,前炮退 3! 车八进二,车 8 平 3,炮七平三,炮 7 进 2,黑优。

(2)兵七平六,车 8 平 4,车八平六,车 4 进 2,炮七进五,车 4 进 1,黑多卒占优。

(3)兵七进一,车 4 进 3,车八平二,马 7 进 8,兵七进一,车 4 平 3,炮七平五,马 8 进 6,黑大优。

16. ……　　　车 6 平 4

17. 马六退五　　前炮平 6

平炮,准备退炮回防。另外,也想让红右马直接暴露在黑炮火之下。

18. 炮七退一　　炮 6 退 4　　　19. 车八退四　　马 7 进 6

20. 炮七平四　　炮 6 平 5　　　21. 车八进二　　马 6 进 7

黑此着可改走车 4 进 3。

22. 车八平二　　马 7 退 8　　　23. 炮四平七　　车 4 进 2

双方兑去一车后局势趋向缓和。红马占相位,阵形略差。

24. 炮七进五　　象 3 进 1　　　25. 车一平四　　……

红如改走炮七平一打边卒,黑则车 4 平 7,炮一进三,士 5 退 6,马三进四,炮 5 进 4,仕四进五,马 8 退 7,马四退三,炮 5 退 2,车一平四,炮 7 平 3,炮九平七,炮 3 进 4,黑优。

25. ……　　　马 8 退 7!

退马妙手! 准备 7 路炮换马后再中炮打中兵。

26. 马三进二　　车 4 进 1　　　27. 马二进四　　马 7 进 6

28. 车四进四　　车 4 平 3　　　29. 炮七平一　　象 7 进 9

黑也可改走炮 5 进 4 打中兵。

30. 炮九退一　　……

退炮空着。不如改走马五进三,黑如接走炮 5 进 4,则炮九进五,红有对攻机会。

30. ……　　　车 3 进 4

图 97-1

忙中偷闲,黑进车吃掉红底相后可积极发动进攻。红方少了屏障,防守更加困难。

31. 炮一平二　　车 3 退 2

32. 相一进三　　炮 5 进 4

33. 仕四进五　　……

上仕正着。红如误走炮九平五,黑则车 3 平 5 白吃马。

33. ……　　　　象 1 退 3(图 97 - 2)

如图 97 - 2 形势,黑比红多一卒一象,许银川积小优为大优,为最终取得胜利创造了条件。

34. 车四进一　　车 3 退 2

35. 炮二平五　　马 3 进 5

36. 车四平五　　炮 5 平 2

37. 车五平八　　炮 2 平 5

38. 相三退一　　……

红方不能长捉,只好变招。

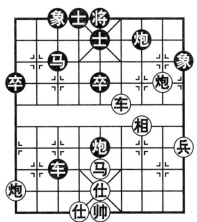

图 97 - 2

38. ……　　　　炮 7 进 3

黑可改走车 3 平 8 叫杀,红如接走车八平三,则炮 7 退 1,车三退三,车 8 进 4,相一退三(红如车三退三,则车 8 退 2,黑胜势),炮 5 退 2,下一步伏有炮打底相的棋,黑大优。

39. 车八平五　　炮 5 平 2　　**40.** 炮九平八　　卒 1 进 1

41. 车五退三　　炮 2 退 4　　**42.** 车五平七　　车 3 平 5

43. 马五进三　　车 5 平 6　　**44.** 车七进四　　炮 7 平 5

45. 仕五进四　　炮 2 进 1　　**46.** 车七退一　　炮 2 退 1

47. 车七进一　　炮 2 进 1　　**48.** 车七退二　　炮 5 退 2

49. 车七平四　　车 6 平 4　　**50.** 炮八进四　　象 9 退 7

51. 车四进一　　炮 2 平 5　　**52.** 帅五平四　　车 4 进 4

53. 帅四进一　　车 4 退 5

黑方破仕后,已稳操胜券。

54. 炮八退一　　后炮平 6　　**55.** 炮八平四　　炮 6 进 3

56. 车四退二　　车 4 平 7　　**57.** 马三进五　　车 7 平 5

58. 马五退六　　炮 5 退 1　　**59.** 马六进四　　车 5 进 2

60. 车四进一　　炮 5 平 6

61. 马四进三　　炮 6 退 2(图 97 - 3)

如图 97－3 形势,黑炮退底线,牵制红方车仕。红方仕相残缺,败局已定。

62. 相一进三　　象 7 进 9

63. 马三退一　　车 5 退 3!

退车防守要道,好棋!

64. 马一退三　　卒 1 进 1

65. 兵一进一　　车 5 进 3

66. 马三退五　　炮 6 进 2

67. 帅四平五　　卒 1 平 2

68. 兵一进一　　卒 2 平 3

69. 兵一进一　　卒 3 进 1

70. 车四平七　　卒 3 平 4

71. 车七平六　　车 5 平 7

72. 相三退一　　车 7 平 6

73. 兵一平二　　炮 6 平 5

74. 马五进六　　……

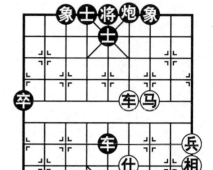

图 97－3

红如改走马五退七,黑则卒 4 平 5,帅五平四,将 5 平 6,车六退三,车 6 平 8,捉兵、抽马双重打击,黑必得其一胜定。

74. ……　　　　车 6 进 1　　**75.** 马六进四　　卒 4 平 5

76. 马四进五　　卒 5 进 1　　**77.** 帅五退一　　象 3 进 5

78. 相一退三　　卒 5 平 4　　**79.** 兵二平三　　车 6 平 7

80. 帅五平四　　车 7 进 2　　**81.** 帅四进一　　车 7 退 1

红认负。以下红有两种应法,均为黑胜:

(1)帅四退一,卒 4 进 1,车六平四,卒 4 平 5,绝杀,黑胜。

(2)帅四进一,车 7 退 5,车六平四,车 7 进 4,帅四退一,卒 4 平 5,兵三平四,车 7 进 1,帅四退一,卒 5 进 1,下一步进车杀,红无解。

第 98 局　　新疆薛文强(红先负)河北陈翀

(2005 年 11 月 3 日弈于太原)

本局选自 2005 年"蒲县煤运杯"全国象棋个人赛第 7 轮。

1. 炮二平五　　马 8 进 7　　**2.** 马二进三　　车 9 平 8

3. 车一平二　　马 2 进 3　　**4.** 兵七进一　　卒 7 进 1

5. 车二进六　炮8平9　　**6.** 车二平三　炮9退1

7. 马八进七　车1进1　　**8.** 炮八平九　车1平6

9. 车三退一　炮2平1　　**10.** 车九进一　车6进1

11. 马七进六　炮9平7　　**12.** 车三平八　炮1进4

13. 车九平六(图98-1) ……

如图98-1形势,红此时宜改走车九平七较好,这样车路较活。

13. ……　　　　炮1平7

14. 相三进一　车6平4!

平车牵制红方车马,好棋!

15. 炮九平七　前炮平8

准备炮换马后再炮沉底线进行攻杀。

16. 兵七进一　炮7进6

17. 炮七平三　……

红如改走马六进五踩中卒,黑则车4进6,马五进三,象3进5,马三进二,炮7平3,兵七进一,炮3平9,仕四进五,炮8进3,帅五平四,车4退5! 车八平二(红如车八平四,则车4平7! 车四进四,将5进1,兵七进一,车7进6,帅四进一,车7退1,帅四退一,炮9进2,黑速胜),车4平6,炮五平四,炮9进2,帅四进一,炮8退9,兵七进一,炮8平9,黑得子大优。

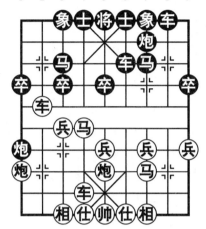

图98-1

17. ……　　炮8进3　　**18.** 相一退三　车4平6

黑应改走卒3进1吃兵,红如接走车八平七,则象7进5捉车,车七退一,马3进2,车六进一,车4进3,车七平六,马2进4,车六进二,车8进3,车六平三,马7进6,黑兵种好且多兵占优。

19. 仕六进五　车6进6

黑不顾己方右翼受攻,积极进车开辟新战场,已是骑虎难下。此着黑如改走卒3进1吃兵,红则马六进五! 踩中卒,以下黑有多种应着:

(1)士6进5,马五进七,车6平3,炮五平七打死车,红胜定。

(2)士4进5,车八平七! 马3退4,车六进八! 士5退4,马五退三,士6进5,马三进四,将5平6,炮三平四,马7进6,车七平四,红胜定。

(3)马3进5,炮五进四打空头,黑也难守。

(4)马3进2,马五进七,士6进5,车六进八,绝杀,红胜。

20. 马六进五 ……

马踩中卒,操之过急。红应改走兵七进一吃卒捉马,黑如接走车6平7,红则帅五平六,车7进1,车六进一,车7退2,帅六进一,士6进5,兵七进一,车7退4,兵七进一,红有攻势。

20. ……	马7进5	**21.** 炮五进四	马3进5
22. 炮三平五	车8进3	**23.** 车六进五	士6进5

补士,明智之着。黑如改走车6平7捉相,红则炮五进四,车7进1,帅五平六! 红胜势。

24. 炮五进四 ……

红如改走车六平五吃马,黑则车8进5! 车八退四,车6平7,帅五平六,车7进1,帅六进一,炮8平6! 黑有强烈攻势。

24. ……	将5平6	**25.** 车八退三	卒3进1
26. 车八平三	象7进5	**27.** 车六平九	卒3进1
28. 兵五进一	卒3进1	**29.** 兵五进一	车8进1
30. 车九退四	炮8平6!		

炮轰仕,妙着! 黑如改走车8平5吃兵,红则车九平四,车6退1,车三平四,将6平5,车四平二,车5退1,车二退二,和棋。

31. 车九平五	车6退6(图98-2)
32. ……	相七进九

红如改走车三平四,黑则炮6平3,车四进五,士5进6,车五平四,士4进5,兵五平四,炮3平7,黑大优。

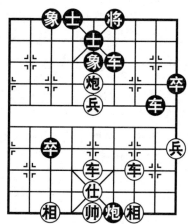

图98-2

32. ……	炮6退4
33. 车三平二	车8平7
34. 车五平三	车6平7
35. 车二进七	象5退7
36. 车三进三	车7进2
37. 相三进五	车7平5
38. 车二平三	将6进1
39. 车三退三	车5进3
40. 炮五平一	炮6平2
41. 车三平八	炮2进1
42. 兵一进一	车5平1
43. 炮一进三	车1进2

44. 仕五退六　车1退4　　**45.** 兵一进一　车1平5

46. 仕六进五　士5进6　　**47.** 车八进二　将6退1

48. 车八平七　车5进1

红认负。

第99局　四川吴一苇(红先负)江苏张国凤

(2002年5月26日弈于四川绵阳)

本局选自2002年第2届全国体育大会。

1. 炮二平五　马8进7　　**2.** 马二进三　车9平8

3. 车一平二　卒7进1　　**4.** 车二进六　马2进3

5. 兵七进一　炮8平9　　**6.** 车二平三　炮9退1

7. 马八进七　车1进1　　**8.** 炮八平九　车1平6

9. 车三退一　炮2平1　　**10.** 车九进一　车6进1

11. 马七进六　炮9平7(图99-1)

如图99-1形势,对屏风马横车造诣很深的江苏张国凤选择直接平炮打车。

12. 车三平八　炮1进4

13. 炮九平七　……

红可改走车九平七,黑如接走炮1平7,相三进一,车8进4,车八平二,马7进8,兵七进一,卒3进1,车七进四,车6平8,车七平四,象7进5,双方对攻。

13. ……　　炮1平3

14. 相七进九　炮3平7

15. 相三进一　……

黑炮东扫西荡,逼红相蝴蝶双飞。

15. ……　　士6进5

黑也可改走车6平4捉马,红如接走马六进五,则车4进5!黑优。

16. 车八进二　……

红如改走兵七进一,黑则马7进6,马六进四,车6进2,下一步伏有炮换马后再车捉双炮的妙手,黑优。

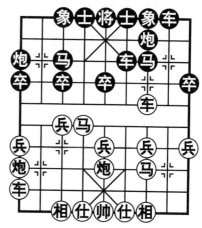

一 二 三 四 五 六 七 八 九

图99-1

16. …… 　　　车 6 平 4　　　**17.** 马六进五　　车 4 进 5!

18. 马五退四　……

红如改走马五退六,黑则马 3 进 5! 炮五进四,马 7 进 5,马六进五,象 7 进 5! 马三退五,车 8 进 8! 黑少子有强烈攻势。

18. …… 　　　车 4 平 3　　　**19.** 车八平七　　象 7 进 5

20. 马三退五　……

红如改走车七退一吃卒,黑则车 8 平 6! 马三退五,车 3 平 4,马五退七,车 4 平 3,车九平四,车 3 平 5! 马四退五,车 6 进 8,马五进三,炮 7 进 5,车七平三,象 5 进 7! 车三退一,马 7 进 6,马七进六,车 6 退 1,仕四进五,象 3 进 5! 车三退一,车 6 平 9,黑得子大优。

20. …… 　　　车 3 平 4　　　**21.** 炮五平三　　车 8 平 6

黑也可改走车 8 进 5 捉马。

22. 炮三进五　　车 6 进 5　　　**23.** 马五进三　……

红如改走马五退七捉车,黑则车 4 平 5,仕四进五(红如仕六进五,则前炮进 3,相一退三,炮 7 进 8,连将杀,黑胜),将 5 平 6,绝杀,黑胜。

23. …… 　　　车 6 退 3　　　**24.** 炮三退三　……

红如改走仕六进五,黑则车 4 平 2,炮三退三,前炮平 8,红亦难应。

24. …… 　　　前炮平 8　　　**25.** 车九平二　　车 6 进 4

黑此时如改走炮 8 退 4 亦好。

26. 马三进二　　炮 8 平 5　　　**27.** 炮三进二　　车 6 退 3

28. 车二进二　　车 4 平 6　　　**29.** 车二平五　　前车进 2

30. 帅五进一

至此,红仕相被毁,难以抵挡黑如潮攻势,遂停钟认负。

第 100 局　　成都冯倩(红先负)广东欧阳婵娟

(1997 年 10 月 13 日弈于上海松江)

本局选自 1997 年全国象棋团体赛。

1. 炮二平五　　马 8 进 7　　　**2.** 马二进三　　车 9 平 8

3. 车一平二　　卒 7 进 1　　　**4.** 车二进六　　马 2 进 3

5. 兵七进一　　炮 8 平 9　　　**6.** 车二平三　　炮 9 退 1

7. 马八进七　　车 1 进 1　　　**8.** 炮八平九　　车 1 平 6

9. 车三退一　　炮 2 平 1　　　**10.** 车九进一　　车 6 进 1

11. 马七进六　　象7进5(图100－1)

如图100－1形势,黑也可改走炮9平7
打车,对攻也很激烈。

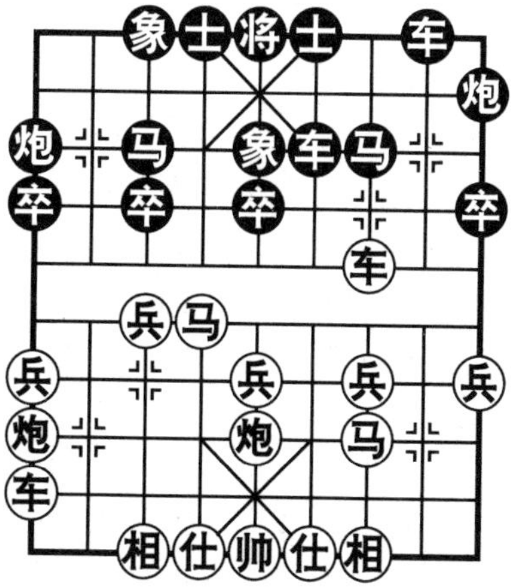

12. 车三平八　　……

红如改走车三退一,黑则炮9平7打
车,车三平一,炮1进4,车九平六,炮1平7,
相三进一,士6进5,炮九平七,前炮平8,车
六平二,炮7进6,炮七平三,马7进6,马六
进四,车6进2,车一进二,车6进2,仕六进
五,车8平7,黑兵种好,占优。

12. ……　　　　炮1进4

13. 车九平七　　炮1平7

14. 相三进一　　炮9平8

平炮,暗伏沉底攻势。

15. 马六进五?……

马踩中卒劣着,没有一点危机感。红应
立即改走车七平二,以下炮8进5,炮五进四,马3进5,马六进五,士6进5,双方
对攻。

图 100－1

15. ……　　　　炮8进8!

大炮沉底,发起反攻,黑胜利在望。

16. 马三退二　　车8进9　　　**17.** 仕六进五　　车8退1!

退车塞相眼做杀,妙着!

18. 炮五平三　　……

平炮弃马解杀,无奈之着。红如改走帅五平六,黑则炮7进3,帅六进一,炮
7退1,黑得车胜。

18. ……　　　　马3进5	**19.** 车七进一　　车6进2
20. 车八进三　　士6进5	**21.** 炮九退一　　车8退1
22. 相一进三　　马7进8	**23.** 炮九进一　　马8进9
24. 车八退六　　马9退7	**25.** 车七平四　　车6进3
26. 车八平四　　炮7平9	**27.** 车四平六　　马7进5
28. 帅五平六　　炮9进3	**29.** 炮三退二　　车8平4
30. 仕五进六　　后马进6	**31.** 相七进五　　马5进3
32. 帅六平五　　马6进5	**33.** 仕六退五　　马5进7

绝杀,黑胜。

第101局 浙江朱龙奎(红先负)江苏徐天红

(2005年9月4日弈于浙江嘉兴)

本局选自2005年"三环杯"浙江省象棋公开赛第5轮。

1. 炮二平五　马8进7　　2. 马二进三　车9平8

3. 车一平二　马2进3　　4. 兵七进一　卒7进1

5. 车二进六　炮8平9　　6. 车二平三　炮9退1

7. 马八进七　车1进1　　8. 炮八平九　车1平6

9. 车三退一　炮2平1　　10. 车九进一　车6进1

11. 马七进六　象7进5

黑飞象逐车,工整稳健。此着黑也有改走炮9平7打车手段。

12. 车三平八　炮1进4　　13. 车九平六　炮1平7

14. 相三进一　炮9平8(图101-1)

15. 仕六进五　……

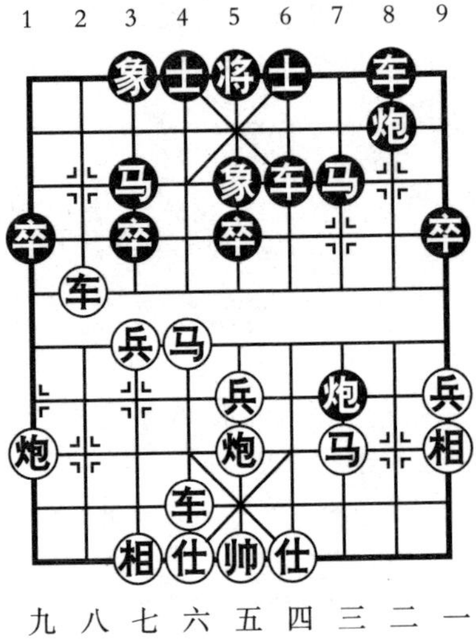

红另有两种着法:

(1)车八进二,炮8进8,马三退二,车6
进7!帅五平四,车8进9,帅四进一,车8退
1,帅四退一,车8平4,马六进七,车4进1,
帅四进一,车4平3,车八平七,车3退4,车
七进一,士6进5,黑少子有攻势优。

(2)车六平二,炮8进5,炮五进四,马3
进5,马六进五,士6进5,双方对攻。

15. ……　　炮8进8

黑可改走车6进6。

16. 马三退二　车8进8!

进车压马叫杀,佳着!不愧是特级大
师。一般象棋爱好者此着多走车8进9
吃马。

17. 炮五平三　炮7平8　　18. 马二进四　车8平6

19. 炮三平二　……

红如改走车八进二捉马,黑则炮8进3,炮三退二,后车进5,仕五进四,车6
平4,马六进七,车4平3,车八平七,车3进1,帅五进一,车3退1,帅五退一,马

图101-1

7 进 6,黑少子有攻势。

19.…… 卒 3 进 1

冲卒捉车,刻不容缓。

20. 车八进二 马 3 进 4　　**21.** 兵七进一 象 5 进 3

22. 车八进二 象 3 退 1　　**23.** 车八退四 马 4 进 6

24. 车六进一 前车平 7　　**25.** 车六平四 士 6 进 5

上士给车生根,防止红马踩中卒偷袭。

26. 车四进一 炮 8 退 1　　**27.** 马六退五 车 7 退 5

28. 炮九平六 马 6 进 4　　**29.** 车四平二 ……

红如改走车四进四兑车,黑则士 5 进 6,车八平六,马 4 退 3,炮六平七,象 3 进 5,黑略优。

29.…… 炮 8 进 2　　**30.** 车二退一 车 6 平 3

31. 车八退五 车 7 进 1

32. 车二进二 车 7 平 5(图 101 - 2)

33. 车二平五 ……

红如改走兵五进一,黑则车 5 平 3,相七进九,前车进 3!车八进三(红如车二退一,黑则前车平 4!仕五进六,马 4 进 6,帅五平六,马 6 退 8,黑得子胜定),马 4 进 3,车八平九,后车平 2,马五进六,车 2 进 7,炮六退二,车 3 平 9,黑优。

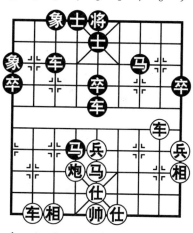

图 101 - 2

33.…… 车 5 进 1

34. 兵五进一 车 3 进 3

35. 马五进三 马 4 退 3

36. 炮六平三 车 3 进 1

37. 炮三进五 车 3 平 7

38. 炮三平一 车 7 进 1!

捉死相,黑大优。

39. 兵五进一 卒 5 进 1

40. 车八进六 车 7 平 9　　**41.** 车八平二 车 9 平 3

42. 炮一进二 士 5 进 4　　**43.** 车二平一 车 3 进 2

黑可改走马 3 进 4,红如接走车一平六捉马,则车 3 进 2 吃相叫将,仕五退六,马 4 进 6,帅五进一,车 3 退 1,帅五进一,马 6 进 8!车六平五,士 4 进 5,车五退一,马 8 进 6,帅五平四,车 3 退 2,帅四退一,车 3 平 6,帅四平五,马 6 退 7,

帅五进一,车6平9(捉炮并伏抽车的妙手!),黑胜定。

44. 仕五退六　车3退3　　　**45.** 仕四进五　车3平8

46. 兵一进一　卒5进1　　　**47.** 车一平四　卒5进1

黑可改走马3进4,车四平五,将5平6,车五平四,将6平5,车四平六,车8进3,仕五退四,马4进6,帅五进一,车8退1,帅五进一,卒5进1,帅五平四,卒5进1,连将杀,黑胜。

48. 车四退四　车8进3　　　**49.** 仕五退四　车8退5

50. 仕四进五　车8平5　　　**51.** 帅五平四　卒5进1

52. 车四进七　将5进1　　　**53.** 炮一平六　卒5进1

54. 炮六平五　卒5进1　　　**55.** 帅四进一　象3进5

红认负。

第102局　湖北柳大华(红先负)广东许银川

(2001年10月12日弈于湖南衡阳)

本局选自2001年"三桥杯"全国象棋精英邀请赛。

1. 炮二平五　马8进7　　　**2.** 马二进三　车9平8

3. 车一平二　马2进3　　　**4.** 兵七进一　卒7进1

5. 车二进六　炮8平9　　　**6.** 车二平三　炮9退1

7. 马八进七　车1进1　　　**8.** 炮八平九　车1平6

9. 车三退一　炮2平1　　　**10.** 车九进一　车6进1

11. 兵三进一　……

进三兵,不妥。红可改走马七进六或车三平八。

11. ……　　　卒3进1!(图102-1)

如图102-1形势,黑弃卒困车,构思巧妙,是反先的精妙之着。

12. 车三平七　……

红另有两种应着:

(1)兵七进一,象7进5,兵七进一,象5进7,兵三进一,炮9平7,兵七进一,炮7进3,相三进一,车6平3,黑得子优。

(2)马七进六,象7进5,马六进五,马3进5,车三平六,马5进6,马三进四,车6进3,黑得子大优。

12. ……　　　炮9平3　　　**13.** 兵三进一　……

弃车,无奈之着。红如改走车七平三,黑则象7进5,车三进一,炮3平7打死车,黑大优。

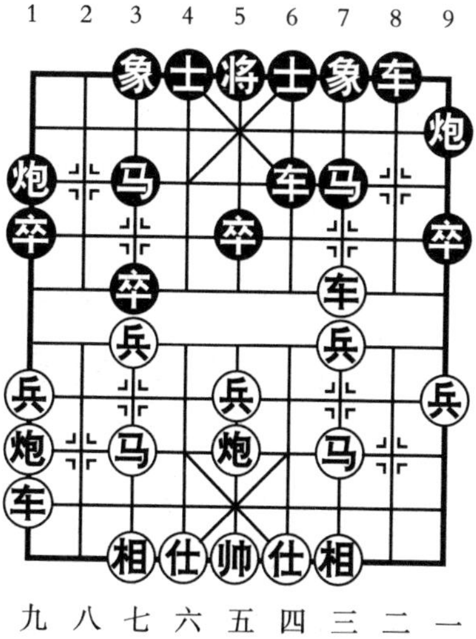

13.…… 　　炮 1 退 1！

退炮妙手。黑如改走炮 3 进 3 打车,红则兵七进一,象 7 进 5,兵三进一,象 5 进 3,兵三进一,车 6 平 7,马七进六,红可以一战。

14.车九平四 　　……

弃车,寻找对攻机会。红如改走兵三进一,黑则炮 3 进 3,兵七进一,炮 1 平 7,兵三进一,车 6 平 7,马三退一,炮 7 平 3,马七进六,车 8 进 5,马六进八,马 3 进 2,兵七平八,车 7 平 3,黑大优。

14.…… 　　　车 6 进 6

15.车七进二 　炮 3 平 5

16.兵三进一 　……

红如改走车七平三吃马,黑则车 6 平 3,马七进六,车 3 进 1,黑略优。

16.…… 　　　象 7 进 5　　**17.兵三进一** 　车 8 平 7

18.车七进一 　车 7 进 2

车吃兵,着法简明。

19.车七平九 　车 7 进 5　　**20.仕六进五** 　……

上仕不妥。红此时宜改走车九平六,黑如接走车 7 进 2,则仕六进五,炮 5 平 7,车六退四,红尚可抵挡。

20.…… 　　　炮 5 平 7　　**21.车九平三** 　……

红如改走相三进一,黑则士 6 进 5,车九退二,炮 7 平 8,帅五平六,车 7 平 9,炮五平二,车 6 退 3,也是黑优。

21.…… 　　　车 7 退 6　　**22.炮五进四** 　士 6 进 5

23.相七进五 　车 7 进 2　　**24.马七进六** 　……

红如改走炮五退二,黑则车 6 平 9 捉边兵,黑大优。

24.…… 　　　车 7 进 6　　**25.炮九退一** 　车 7 平 6

26.仕五退四 　车 6 平 1

一车换取炮仕相后,黑车双卒定胜红马炮单仕相。

27.仕四进五 　车 1 进 1　　**28.仕五退六** 　车 1 退 3

29.马六进四 　将 5 平 6　　**30.炮五退二** 　……

红如改走兵一进一,黑则车 1 退 2,马四进三,将 6 平 5,黑胜定。

30.…… 　　　卒 9 进 1　　**31.炮五平四** 　将 6 平 5

图 102-1

32. 炮四退二　士5进6　　　**33.** 仕六进五　士4进5

34. 炮四退二　车1退2　　　**35.** 仕五进四　车1平5

36. 帅五进一　将5平4

红自忖马炮三兵单仕相不敌黑方车双卒,遂停钟认负。

第103局　云南郑新年(红先胜)江苏徐天红

(1995年10月13日弈于江苏吴县)

本局选自1995年"吴县市杯"全国象棋个人赛第9轮。

1. 炮二平五　马8进7　　　**2.** 马二进三　车9平8

3. 车一平二　马2进3　　　**4.** 兵七进一　卒7进1

5. 车二进六　炮8平9　　　**6.** 车二平三　炮9退1

7. 马八进七　车1进1　　　**8.** 炮八平九　车1平6

9. 车三退一　炮2平1　　　**10.** 车九进一　车6进1

11. 兵三进一　卒3进1　　　**12.** 车三平七　炮9平3

13. 兵三进一(图103-1)　……

如图103-1形势,红车已被捉死,再逃无益。现红进兵,计划以一车换取双兵过河及对方一炮,力求对攻。

13. ……　　　　　　炮3进3

死子不要急着吃,黑改走炮1退1较为含蓄有力。

14. 兵七进一　车8进6

15. 兵三进一　车8平7

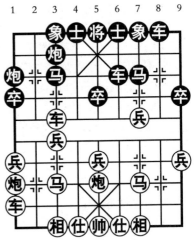

图103-1

黑应改走车6进2,红如接走兵七进一(红如兵三进一吃马,黑则炮1平7,马三退一,车8平6!仕四进五,后车平3,马七进六,车6平9,黑优),车8平7,兵三进一,车7进1,马七进六(红如兵七进一,则车7进2,仕六进五,车7退7,炮五进四,车7平3,马七退六,车3进7,炮九平五,炮1平8,黑大优),车6进5,帅五平四,车7进2,帅四进一,车7退1,帅四退一,车7平1,兵七进一,车1平4,马六进五,车4进1,帅四进一,士4进5,形成复杂的对攻局面,机会应是黑多一些。

16.兵三进一　车6进3

黑仍可改走车6进2。

17.炮五退一　车6平3　　**18.**炮五平三　车7平6

黑可改走车7平8,红如接走马七退五,则象7进5(黑如误走车3退1吃兵,红则马三进四,车8平5,炮三进八,士6进5,炮九平二,黑反而麻烦),炮九平七,车3退1,炮七进五,车3退2,黑优。

19.马七退五　车6进2　　**20.**炮九平七!……

平炮精巧,解捉妙手!

20.……　　车3退1

黑如改走车6平7吃炮,红必走炮七退一,则车7退1,马五进三,炮1平7,相七进五,车3退1,炮七进六,车3退2,和势。

21.炮七退一　车6退1

黑可改走车6退5防守,阵形较为稳固。

22.马三进二　马3进2

跃马过急,可改走象7进5或炮1平7打兵。

23.炮三进八　将5进1

上士比上将稍好。

24.马五进三　象3进5　　**25.**炮三平一　炮1平7

26.相三进五　炮7进4　　**27.**车九平八　象5退7

28.车八进三　炮7平8　　**29.**马三进四!……

跃马蹬炮,算定自己右翼有惊无险。

29.……　　炮8进3　　**30.**仕四进五　车6平8

31.马四进五　车3进4

黑此着宜改走炮8平9较好。

32.马五进三　将5退1

黑如改走将5平4,红则马三进四,将4平5,车八平五,象7进5,车五进三,将5平6,马四退二,红胜。

33.车八平五　士4进5　　**34.**车五进四　将5平4

35.车五平四　炮8平4

黑垂死挣扎,希望奇迹能发生。

36.车四进一　将4进1　　**37.**车四退一　将4进1

38.马三进四

红胜。

第104局 浙江俞云涛(红先胜)江西孙浩宇

(2008年10月27日弈于福建泉州)

本局选自2008年第6届全国农民运动会第2轮。

1. 炮二平五	马8进7	2. 马二进三	车9平8
3. 车一平二	马2进3	4. 兵七进一	卒7进1
5. 车二进六	炮8平9	6. 车二平三	炮9退1
7. 马八进七	车1进1	8. 炮八平九	车1平6
9. 车三退一	炮2平1	10. 车九进一	炮9平7
11. 车三平八	马7进8	12. 马七进六	马8进6
13. 车九平四	车6进1	14. 车四进二	马6进8
15. 车八进二(图104-1)	车8进2		

黑如改走车6进4兑车,则以下红有四种应法:

(1)车八平七,马8进7,帅五进一,车6退1！马六进五(红如炮五进四,黑则车6平4吃马,车七平五,士4进5,车五平二,将5平4,黑胜),车6进4,炮九退一,象7进5,炮九平三,炮7进6,黑胜定。

(2)炮五进四,马3进5,马六退四,炮7进6,炮九平五,车8进3,黑净多两子,胜定。

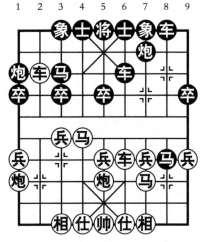

图104-1

(3)马六进五,马8进7,帅五进一,马7退5！马五退六,马5进3,黑胜定。

(4)马六退四,车8进2,炮五进四(红如兵七进一,黑则卒3进1,炮九平七,炮1进4,车八退四,车8平6,炮七进五,车6进4,车八平九,炮7进6,炮五进四,车6退3,车九退一,马8进7,帅五进一,炮7进2,炮五退二,炮7平9,车九平二,卒3进1,黑优),炮1进4,兵五进一,炮7进6,炮九平五,车8平6,马四进六,马8进7,帅五进一,炮1平9,帅五平六,炮9进2,后炮退一,马7退5,后炮退一,车6进6,仕六进五,车6退2,仕五进四,马5退3,马六退七,炮7进1,帅六进一 ,车6平4,帅六平五,车4进2,连将杀,黑胜。

16. 车四进四　车8平6　　**17.** 车八退六　……

退车求稳。红也可改走马六进五,黑如接走马8进7,则帅五进一,马7退5,相三进五,车6平5,马五退六,红优。

17. ……　　车6进3

18. 兵五进一　象7进5　　**19.** 马六进五　马3进5

20. 炮五进四　士6进5　　**21.** 相三进五　将5平6

黑应改走炮7进6,炮九平三,将5平6,车八平二(红如改走仕六进五,则车6平5,黑大优),车6进4,帅五进一,炮1进4,黑优。

22. 车八平二　炮1进4　　**23.** 兵三进一　车6进1

24. 仕四进五　炮7平8　　**25.** 马三进二　炮1退2

26. 炮九退一　……

红也可改走兵五进一,黑如接走卒3进1,则兵三进一,炮1平5,马二退四,炮8进7,兵三平四,炮5进2,兵七进一,象5进3,帅五平四,红略先。

26. ……　　炮1平8　　**27.** 炮五平二　车6平1

28. 车二平四　将6平5

29. 炮九平七　车1平3(图104－2)

30. 炮七平九　……

红可改走帅五平四,黑如接走士5进6,则车四进六,以下黑有两种应着:

(1)车3进2,车四进二,将5进1,车四退一,将5退1,炮二平五,象5进3,车四平二,车3退2,车二退三,车3平6,仕五进四,马8进6,车二进四,将5进1,车二退一,将5退1,马二进三,车6退3,炮五平九,红多子大优。

(2)士4进5,炮二平五,将5平4,车四退二,车3进2(黑如后炮进4,红则车四平六,将4平5,车六平二,车3平6,帅四平五,炮8平5,车二进四!车6退6,车二退六,红胜定),车四平六,士5进4,车六平二,炮8进4,车二退一,车3退2,炮五平三,红多兵优。

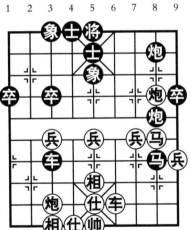

图104－2

30. ……　　车3平4　　**31.** 兵三进一　象5进7

32. 车四进七　士5进6

黑另有两种应法：

(1)车4退3,炮二平五! 车4平5,车四平二,炮8退1(黑如马8退6,红则仕五进四! 下一步红有炮九平四的恶手,黑方难应),兵五进一,车5平4,炮九平八,士5退6,马二退四,车4进3,车二退二,车4平6,车二平七,红多兵占优。

(2)象7退5,兵五进一,车4退3,炮二平五! 后炮进4,车四退五,后炮退4(黑如前炮平5,红则车四平二,炮5退2,兵五进一,车4进1,相七进九! 卒1进1,兵五平六! 红先),帅五平四,前炮平6,车四平二,炮8平6,帅四平五,卒1进1,炮九平七,红方先手。

33. 车四退一　车4退3　　**34.** 炮二进一　车4平5

35. 马二退四　象7退5

退象,无奈之着。黑如误走车5进2吃兵,红则炮二退四,后炮进5,马四进三,车5进1,车四退三! 红下面有马三进四叫将、车四平二捉双等手段,红胜势。

36. 炮二退四　后炮进5

双方交换后,红兵种好且多仕,明显占优。

37. 车四退三　后炮平2　　**38.** 车四平二　炮8平7

39. 车二平三　炮7平8　　**40.** 车三平二　炮8平7

41. 兵五进一　车5平6　　**42.** 马四进六　车6平7

43. 马六退七　炮2进2　　**44.** 马七进五　士4进5

45. 兵一进一　炮7平9　　**46.** 马五进三　炮9进3

47. 炮九进二　卒1进1　　**48.** 车二进五　士5退6

49. 车二退六　卒1进1　　**50.** 车二平八　卒1进1

51. 车八平九　　……

至此,形成红方车马三兵仕相全对黑车炮双卒单缺士的优势残局。

51. ……　　卒3进1　　**52.** 兵七进一　象5进3

53. 车九平一　炮9平8　　**54.** 车一平二　炮8平9

55. 兵五平四　象3退5　　**56.** 车二平一　炮9平8

57. 车一平二　炮8平9　　**58.** 车二平一　炮9平8

59. 车一平二　炮8平9　　**60.** 兵四进一　车7进1

61. 车二平一　炮9平8　　**62.** 车一平二　炮8平9

63. 兵四进一　车7退3　　**64.** 车二平一　炮9平8

65. 车一平二　炮8平9　　**66.** 车二进四　象5进7

67. 马三进五　士6进5　　**68.** 车二退二　士5退6

69. 马五进六　车7平4　　**70.** 兵四进一!

绝杀,红胜。

第105局 越南阮武军(红先负)中国蒋川

(2008 年 10 月 5 日弈于北京)

本局选自 2008 年第 1 届世界智力运动会快棋赛第 6 轮。

1. 炮二平五	马 8 进 7	**2.** 马二进三	车 9 平 8
3. 车一平二	卒 7 进 1	**4.** 车二进六	马 2 进 3
5. 兵七进一	炮 8 平 9	**6.** 车二平三	炮 9 退 1
7. 马八进七	车 1 进 1	**8.** 炮八平九	车 1 平 6
9. 车三退一	炮 2 平 1		

10. 车九进一 炮 9 平 7(图 105 - 1)

如图 105 - 1 形势,黑平炮打车最早出
现在 1992 年的全国个人赛上,是由四川李
艾东大师首先使用的。当时,这一着法并没
有引起大家注意,直到最近几年其才开始流
行,可以说是"早开花,迟结瓜"。

11. 车三平八 马 7 进 8

12. 马七进六 ……

红左马盘河是一路重要攻法。此外,红
方另有两路攻法:

(1)车八平三,象 7 进 9,车三退一,车 8
进 2,车九平二,炮 7 进 5,马三退一,车 6 进
4,车二进三,车 8 平 6,仕四进五,前车平 7,
车二平三,车 6 进 3,黑略优。

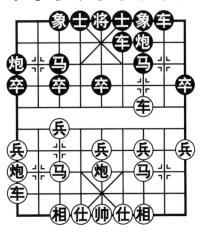

图 105 - 1

(2)车八进二,马 8 进 6,车八平七,马 6
进 7,仕六进五,马 7 进 6! 车七平三,马 6 退
5! 相七进五,炮 7 平 9,仕五退四,炮 9 进 5,车九平一,炮 9 平 8! 车一进五(红
如误走车一平二,则炮 8 平 5 抽车胜),炮 8 进 3,炮九退二,车 6 进 7,车三平六,
车 8 进 8,车一平五,士 6 进 5,帅五平六,象 7 进 5,车六进一,车 6 平 3(**注:伏车
8 平 4 再车 3 进 1 杀**)! 黑胜势。

12. ……	马 8 进 6	**13.** 车九平四	车 6 进 1

14. 车八进二 ……

进车牵制黑方车马。此着红也可直接走车四进二。

14. …… 车8进2 **15.** 车四进二 炮1进4

16. 兵五进一 马6进8!

弃炮抢攻,妙着!

17. 车四平九 马8进7 **18.** 帅五进一 车6进7

黑弃子后有很强的攻势。

19. 马六进五 象7进5!

飞象,再弃一子,艺高胆大!

20. 车八平七 炮7进6 **21.** 炮九退一 ……

红如改走炮九平三,黑则马7退5!帅五进一,车8进5,黑胜势。

21. …… 马7退5 **22.** 帅五进一 ……

红如改走相七进五,黑则车8平6,帅五平六,炮7进1!炮九平三,后车进6,仕六进五,前车平5,黑胜。

22. …… 车6平4

黑挥车斩仕,乘胜追击。

23. 马五退四 炮7进1 **24.** 炮九进一 车4平5

25. 帅五平六 车5平3

黑胜。

第106局 泰国吴多华(红先负)中国赵鑫鑫

(2009年8月30日弈于山东新泰)

本局选自2009年"恒丰杯"第11届世界象棋锦标赛第4轮。

1. 炮二平五 马8进7 **2.** 马二进三 车9平8
3. 车一平二 马2进3 **4.** 兵七进一 卒7进1
5. 车二进六 炮8平9 **6.** 车二平三 炮9退1
7. 马八进七 车1进1 **8.** 炮八平九 车1平6
9. 车三退一 炮2平1 **10.** 车九进一 炮9平7
11. 车三平八 马7进8 **12.** 马七进六 马8进6
13. 车九平四 车6进1 **14.** 车八进二 车8进2

15. 车八平七(图106-1) ……

如图106-1形势,红弃车砍马策划一车换双,很是罕见。以往此着一般走车四进二顶马。

15. …… 　　车 6 平 3

16. 车四进三　车 3 平 6

17. 马六进五　……

红另有两种着法：

(1)车四平三,车 6 平 7,马六进五,车 7 进 3,兵三进一,士 6 进 5,黑有车对无车,占优。

(2)车四平一,车 6 进 1,炮五进四,炮 7 进 6,炮五退二,车 6 平 4,黑得子优。

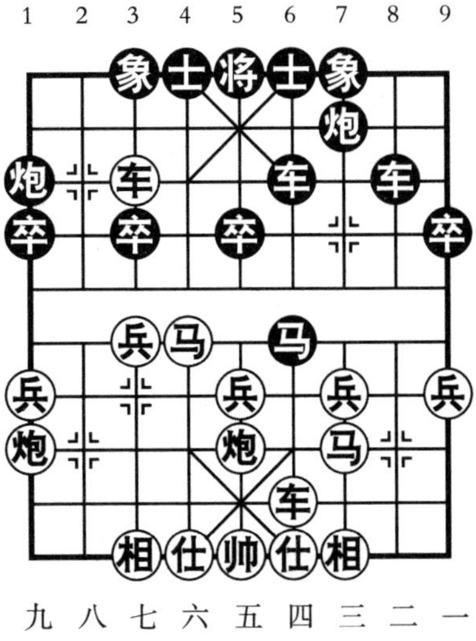

17. …… 　　车 6 进 3

18. 马五退四　士 6 进 5

19. 兵三进一　车 8 进 6

20. 仕四进五　象 7 进 5

21. 炮五平七　炮 1 进 4

22. 炮九进四　卒 9 进 1

23. 相三进五　车 8 退 1!

1 2 3 4 5 6 7 8 9

九 八 七 六 五 四 三 二 一

图 106－1

退车别马腿,下一步伏有炮打边兵,佳着!

24. 相五退三　……

红如改走兵五进一,黑则炮 1 平 6,马四进三,炮 6 平 7,前马退四(红如兵五进一,黑则后炮平 9,黑优),车 8 退 3,马三进五(红如马四进三,黑则车 8 平 1,炮九平八,车 1 退 1,黑必可得子胜),卒 9 进 1! 兵一进一,前炮平 9,黑优。

24. …… 　　车 8 退 3　　　**25.** 相三进五　车 8 平 6

26. 炮九退二　炮 1 平 3　　　**27.** 仕五退四　炮 7 平 8!

平炮好棋。下一步伏有炮 8 进 6 别马腿的棋。

28. 炮九退三　炮 8 进 6　　　**29.** 炮九平四　车 6 平 8

30. 炮四进一　炮 8 进 1　　　**31.** 炮四退一　炮 8 平 7

32. 仕四进五　炮 7 进 1(图 106－2)

如图 106－2 形势,红任由黑炮沉底,不妥。黑上着应改走炮四进一或炮四平九,尚可纠缠。

33. 兵三进一　车 8 平 7　　　**34.** 炮四平二　……

红此时改走炮四平三已无大用,因黑可接走车 7 平 6,红底相受牵制,最终还是吃不到炮。

34. …… 　　炮 7 平 9　　　**35.** 炮二平三　车 7 平 6

36. 炮三平四　车 6 平 7　　　**37.** 炮四平三　车 7 平 2

38. 炮三平二　炮 9 退 2　　　**39.** 炮七平六　炮 9 进 2

40. 炮六平七　车2平7

41. 炮二进二　车7进2

42. 炮二进三　炮9退2

43. 炮七平六　炮3平1

44. 炮六进一　车7退4

45. 炮六退一　炮1退1

46. 炮二退二　炮9进2

47. 炮六进二　炮1进1

48. 帅五平四　车7平6

49. 帅四平五　车6平7

50. 炮二平三　将5平6

51. 马四进六　车7平8

52. 马三进二　……

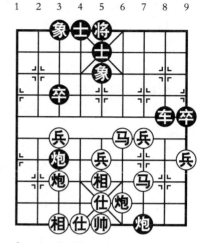

图 106－2

红改走炮三平二稍好,黑如接走炮1平9,则马六进四,后炮平8,仕五进六,车8平7,炮二平三,优于实战。

52. ……　　　车8进2!

进车好棋! 黑如改走炮1平9,则炮三平四,将6平5,马六进八,士5进4,炮六平五,象5退7,马八进七,将5进1,兵七进一,后炮平7,帅五平四,炮7进3,帅四进一,炮7退8,马七退五! 将5进1,马二进三,将5退1,炮四进一,车8进1,马三进五,车8平5,马五进三,红略优。

53. 马六进八　车8平6　　**54.** 仕五进四　炮1平9

55. 马二进三　车6平8　　**56.** 炮六进四　车8进5

57. 帅五进一　车8退1　　**58.** 帅五退一　后炮平7

59. 马三进二　将6平5

黑胜。

第107局　甘肃梁军(红先胜)山西李一力

(1993年4月20日弈于南京)

本局选自1993年全国象棋团体赛。

1. 炮二平五　马8进7　　**2.** 马二进三　车9平8

3. 车一平二　卒7进1　　**4.** 车二进六　马2进3

5. 兵七进一　　炮8平9

6. 车二平三　　炮9退1

7. 马八进七　　车1进1

8. 炮八平九　　车1平6

9. 车三退一　　炮2平1

10. 车九进一　　炮9平7

11. 车三平八　　马7进6（图107－1）

如图107－1形势,黑此时宜改走马7进8较好,可形成对攻局面。

12. 车九平四!　……

红横车过宫拴链黑方车马,策划先弃后取,高明!

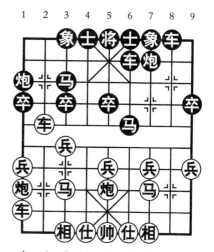

图 107－1

12. ……　　炮7进6

13. 马七进六　　炮7平1

14. 相七进九　　车8进4

15. 车八平四　　车8平6

16. 车四进四　　车6进3　　　17. 马六进四　……

经过以上一系列交换后,红已取得多兵优势。

17. ……　　象3进5

黑如改走炮1进4打兵,红则炮五平一,红优。

18. 炮五平七　……

针对黑方呆滞的右马,红卸炮瞄马,可走之着。红也可改走炮五平一瞄卒,黑如接走卒3进1,红则马四进六,炮1进4,兵七进一,炮1平7,马六进七,将5进1,兵七进一,马3退1,炮一平八,将5平6,炮八进六,将6进1,兵七平六,士6进5,兵六平五,下一步平兵叫将后再马七退八抽马胜。

18. ……　　炮1进4　　　19. 炮七进四　　卒9进1

20. 兵三进一　　炮1平9　　　21. 马四进六　　卒9进1

22. 兵七进一　　士4进5

黑如改走卒9平8,红则马六进七,将5进1,炮七平八,将5平6,兵七进一,马3退1,炮八进二,将6进1,兵七平六,以下着法与第18回合注解类同,红胜势。

23. 马六进七　　将5平4　　　24. 炮七平六　　卒9平8

25. 兵七进一　　马3退1　　　26. 炮六退二　　将4进1

27. 兵七平六　　士5进4　　　28. 兵六进一!　将4平5

29. 炮六平八

黑认负。续着如下:将5平6,兵六平五,马1进3,炮八进四,士6进5,前兵平六,马3进2,马七退八,士5进4,炮八退三,抽马红胜。

第108局 厦门蔡忠诚(红先负)前卫许文学

(1995年5月11日弈于成都)

本局选自1995年全国象棋团体赛第7轮。

1. 炮二平五	马8进7	**2.** 马二进三	马2进3
3. 车一平二	车9平8	**4.** 兵七进一	卒7进1
5. 车二进六	炮8平9	**6.** 车二平三	炮9退1
7. 马八进七	车1进1	**8.** 炮八平九	车1平6
9. 车三退一	炮2平1		

10. 车九进一 士6进5(图108-1)

如图108-1形势,黑补士巩固阵势,属创新着法。但一般认为,补士过早会带来阵形转换困难等一系列问题,其优劣有待更多的实战来检验。

11. 兵三进一 车6进1

进车保马,含而不露。

12. 车三平八 卒3进1

冲卒,试探性着法。

13. 车八退一 ……

红可改走车八平七吃卒,黑如接走炮1退1,则马七进六,炮1平3,炮五进四,马3进5(黑如将5平6,红则炮五平七,象7进5,车七平五,红优),马六进五,象7进5,车七进一,红多兵优。

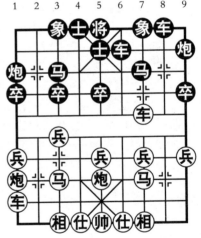

图108-1

13. …… 车8进4

黑如改走卒3进1,红则车八平七,炮1退1,马七进六,炮1平3,炮五进四,马3进5,马六进五,红优。

14. 马七进六 ……

跃马河口,嫌急。红可改走炮五平四,黑如接走车6进4,则炮四平六,红阵形工整,占优。

14.…… 炮 9 平 7

平炮瞄准红方三路线,着法灵活。

15. 相三进一 **……**

红飞边相不如改走炮五平七,黑如接走车 6 平 4,则兵七进一,炮 7 进 4,马三进四,车 8 平 3,马四进五,炮 7 平 2,马五退七,车 4 进 3,炮七进五,可成混战局面。

15.…… 马 7 进 6 **16.** 马六进四 **……**

红如改走兵七进一,黑则马 6 进 4,车八平六,车 8 平 3,黑亦占优。

16.…… 车 8 平 6 **17.** 仕六进五 炮 1 退 1

退炮好棋,可增强右翼的攻势。

18. 车九平七 **……**

红如改走炮五平七,黑则卒 3 进 1,车八进三,卒 3 进 1,车八平七,后车平 3,炮七进五,炮 7 进 6,炮九进四,车 6 平 3,炮七平八,车 3 退 1,炮九退二,卒 3 平 4,相七进五,卒 4 平 5,黑优。

18.…… 卒 3 进 1 **19.** 车八平七 **……**

红可改走车七进三吃卒,黑如接走炮 1 平 3,则车七平四,前车平 3,车八退四,红不吃亏。

19.…… 炮 1 平 3 **20.** 前车进三 炮 3 进 7

21. 车七退六 象 7 进 5 **22.** 车七进五 前车平 3

平车邀兑,正着。形成有车杀无车局面,黑稳占优势。

23. 车七退一 象 5 进 3

24. 马三进二 **……**

红如改走炮五进四,黑则象 3 退 5,相七进五,车 6 进 1,炮五退二,车 6 进 3,相一退三,炮 7 进 6,炮九平三,车 6 平 9,红守和有难度。

24.…… 象 3 退 5(图 108 - 2)

25. 兵三进一 **……**

红如改走炮五进四,黑则车 6 进 1,炮五退二(红如炮九平五,黑则车 6 平 8,前炮退二,车 8 平 3,相七进九,车 3 进 3,黑优),车 6 平 3,相七进五,车 3 进 3,也是黑优。

25.…… 车 6 进 3

26. 马二进四 车 6 平 3

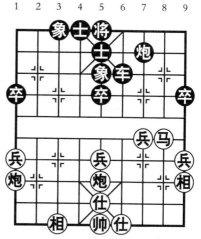

图 108 - 2

27. 炮九进四　车 3 进 4　　　28. 仕五退六　车 3 退 2

29. 帅五进一　象 5 进 7　　　30. 炮五进四　将 5 平 6

31. 马四进六　车 3 平 6　　　32. 炮五平四　士 5 进 4!

扬士制马,着法细腻。

33. 帅五退一　炮 7 平 4　　　34. 马六退五　……

红如改走仕六进五,黑则车 6 退 1,马六进四,车 6 退 3,马四进六,士 4 进 5,红仍难应。

34. ……　　　炮 4 平 5

平中炮攻击黑方中路,应着准确。

35. 仕四进五　……

红此时宜改走仕六进五稍好。

35. ……　　　车 6 退 1　　　36. 炮四平五　车 6 平 9

37. 马五进三　车 9 进 1　　　38. 马三进一　车 9 进 2

39. 仕五退四　车 9 平 6

破仕,毁去红方藩篱,已成必胜局面。

40. 帅五进一　将 6 进 1　　　41. 马一进三　车 6 退 7

42. 炮九进二　炮 5 退 1　　　43. 马三退一　车 6 进 1

44. 马一进三　车 6 平 7

红方失子认负。

第七章 平 车 八 路

第 109 局　煤矿开滦股份窦超(红先负)
浙江慈溪波尔轴承赵鑫鑫

(2008 年 6 月 25 日弈于杭州)

本局选自 2008 年惠州"华轩杯"全国象棋甲级联赛第 15 轮。

1. 炮二平五	马 8 进 7	**2.** 马二进三	车 9 平 8
3. 车一平二	马 2 进 3	**4.** 兵七进一	卒 7 进 1
5. 车二进六	炮 8 平 9	**6.** 车二平三	炮 9 退 1
7. 马八进七	车 1 进 1	**8.** 炮八平九	车 1 平 6
9. 车三退一	炮 2 平 1	**10.** 车三平八(图 109-1) ……	

如图 109-1 形势,红平车八路是近年流行的新着法。

10. ……　　　车 8 进 6

过河车是黑方主流应着之一,有较强的攻击力。

11. 炮五平六　……

过早卸中炮,易被对方利用。

11. ……　　　车 8 平 7

12. 相七进五　马 7 进 6!

左马盘河,一着三用:一可控制红七路马出路;二可给己方黑炮让路;三可下一步进马捉马,攻击红方右翼。

13. 车八进二　车 6 进 1

14. 仕六进五　炮 9 进 1

15. 车九平八　车 6 平 4

黑应改走炮 9 平 7。

16. 前车退三　炮 9 平 7

17. 兵七进一　卒 3 进 1

18. 前车平四　车 4 平 6

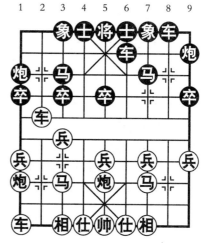

```
1 2 3 4 5 6 7 8 9
```

图 109-1

```
九 八 七 六 五 四 三 二 一
```

平车保马,着法不落俗套。

19.马七进八 ……

红如改走马七进六,黑则马6进4,车四平六,炮7进5,炮六平三,车7平5,黑略优。

19. ……	马6退4	20.车四平六	马4进2
21.炮六进一	车7退2	22.马三进二	炮7退1

23.车八平六 ……

平车,准备炮打底士。

23. …… 卒3进1

弃卒,冷着。

24.前车平七	炮7平3	25.马二退四	……

红也可改走马二进一,黑如接走车7平9,则车七平一,红不吃亏。

25. ……	车7平6	26.车七平三	前车进1!

进车邀兑,好棋!

27.马四退二 ……

退马正着。红如改走车三平四,则车6进3,黑优。

27. ……	炮1进4	28.炮六进三	炮1退1
29.炮六平一	前车平7	30.相五进三	炮3平2

31.炮一退二 ……

红此时宜改走马八进六较好。

31. …… 车6平8

32.相三进五 炮2平8

33.马二退三 车8进4(图109-2)

如图109-2形势,进车兵线捉双兵。至此,黑方占优。

34.马八进六 ……

红见形势对己方不利,现急忙跳马邀兑,但为时稍晚。

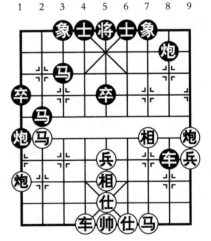

图109-2

34. …… 马3进4

35.车六进五 马2进3

36.车六退二 马3进1

37.炮一平九 马1进3

38.车六退二 马3退2

黑顺势调整马位。

39. 炮九退一　　　车 8 退 2

退车,下一步伏有车 8 平 1 捉死红炮的手段。

40. 车六平八　　马 2 退 4　　　　**41.** 车八平七　　车 8 平 1

42. 炮九平六　　车 1 进 2　　　　**43.** 炮六退一　　车 1 平 5

吃掉中兵,黑方优势更加明显。

44. 马三进二　　象 7 进 5　　　　**45.** 兵一进一　　……

红如改走马二进一,黑则马 4 进 6,仕五进四(红如炮六退一,则炮 8 进 8,相五退三,车 5 进 2,帅五平六,车 5 平 6!炮六平五,车 6 进 1,炮五退一,车 6 平 5,帅六进一,车 5 平 4,连将杀,黑胜),炮 8 进 8,仕四进五,马 6 进 8,帅五平六,车 5 平 9 捉死马,黑胜定。

45. ……　　　　车 5 平 8　　　　**46.** 马二退三　　车 8 平 6

47. 马三进二?……

进马劣着,红应改走相五退七。

47. ……　　　　马 4 进 5!

马踩中相,算定红马不敢吃车,妙手!

48. 仕五进四　　车 6 进 1!

弃车砍仕,先弃后取,黑大占优势。

49. 炮六平四　　马 5 进 3　　　　**50.** 帅五平六　　炮 8 平 4

51. 仕四进五　　士 6 进 5

52. 马二进四　　卒 5 进 1!(图 109 - 3)

如图 109 - 3 形势,马口送卒,算定红不敢吃,佳着!

53. 炮四退一　　……

红如改走马四进五吃卒,黑则马 3 退 4 抽马胜。

53. ……　　　　士 5 进 4

54. 仕五进六　　卒 5 进 1

55. 马四进五　　马 3 退 2

56. 马五进七　　炮 4 进 6

57. 炮四进五　　炮 4 退 4

58. 帅六平五　　士 4 退 5

59. 兵一进一　　卒 1 进 1

60. 兵一平二　　卒 1 进 1

61. 兵二平三　　卒 5 平 6

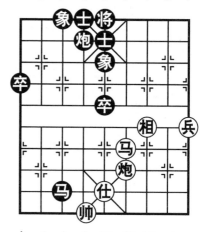

图 109 - 3

62. 相三退一　马2进3　　**63.** 帅五进一　马3退4

64. 帅五平四　卒1平2　　**65.** 兵三平四　卒2平3

66. 马七退九　卒3平4　　**67.** 马九进八　炮4平1

68. 马八进九　卒4平5　　**69.** 帅四退一　马4进5

70. 炮四平五　马5退7　　**71.** 帅四进一　卒5进1

72. 马九退七　将5平6　　**73.** 炮五退一　卒5平4

74. 兵四进一　马7退5　　**75.** 帅四退一　卒4进1

红认负。

第110局　轻工庄永熙(红先负)珠海杨小康

(1998年12月10日弈于深圳)

本局选自1998年全国象棋个人赛。

1. 炮二平五　马8进7　　**2.** 马二进三　车9平8

3. 车一平二　马2进3　　**4.** 兵七进一　卒7进1

5. 车二进六　炮8平9　　**6.** 车二平三　炮9退1

7. 马八进七　车1进1　　**8.** 炮八平九　车1平6

9. 车三退一　炮2平1　　**10.** 车三平八　车8进6

11. 炮五平六　车8平7　　**12.** 炮六进一(图110-1)……

如图110-1形势,此局面下,红进炮打车容易造成己方阵形失调,目前实战中已较少见。

12. ……　　　车7退1　　**13.** 车九平八　马7进6

黑也可改走车7平3吃兵,红如接走后车进二保马,则炮9平7,马七进八,车6平4,炮六平八,车4进4!前车进二,车3平2,前车平七,象7进5,红车炮被牵,黑优。

14. 前车进二　车6进1　　**15.** 炮六退二　马6进8

16. 马三进二　　……

吃马正着。红如改走炮六平三,黑则马8进7,前车平七,象7进5,相七进五,车7平6,仕六进五,炮9平8,马七进八,马7进5!黑胜定。

16. ……　　　车7平8　　**17.** 炮六平七　炮9进5

18. 仕六进五　　……

红如改走炮七平一拦炮,黑则车8平3吃兵,后车进二,卒3进1,炮九进四,车3平6,仕六进五,卒3进1,炮九平七,马3退5,黑优。

18. ……　　炮 9 进 3　　**19.** 相七进五　车 8 进 4!

沉车底线,攻杀要着! 打算下一步肋车点相眼做杀。

20. 后车进五?　……

红应改走帅五平六先避一手。

20. ……　　卒 3 进 1!

弃卒捉车,绝妙!

21. 后车平七　　象 7 进 5!

黑方先弃卒,再顺势飞象捉车,把来救援的红车阻隔在左翼。

22. 车七进一　车 6 进 6!　　**23.** 帅五平六　炮 9 平 7

24. 帅六进一　炮 7 退 1(图 110 − 2)

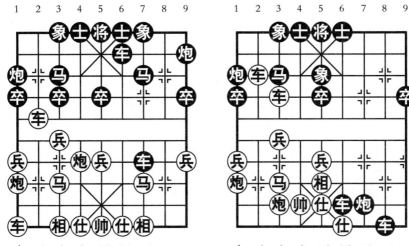

图 110 − 1　　　　　　　　　　图 110 − 2

25. 炮七退一　　……

红另有以下三种应着,均难解围:

(1)车八平七,车 8 平 6! 黑下一步有前车平 5 的棋,红难应。

(2)帅六退一,车 6 平 5! 炮七退一,车 5 平 6,黑胜势。

(3)帅六进一,炮 7 退 1,相五进三,车 6 退 1,相三退五,车 6 进 2! 帅六退一,车 6 平 3,车八退六,炮 7 平 3,黑胜定。

25. ……　　车 6 退 4　　**26.** 帅六退一　车 6 平 4

27. 帅六平五　炮 7 平 9

炮平边路,准备下一步再次沉底。因为红已残相,所以很难抵挡黑双车炮的攻势。

28. 兵七进一　车 4 进 4　　　**29.** 车八退三　炮 9 进 1

30. 车八平一　车 4 平 3　　　**31.** 兵七平六　炮 1 退 1！

退炮,冷着惊人!

32. 炮七平六　……

红如改走车七进一吃马,黑则炮 1 平 7 伏杀,车一平三,象 5 进 7(伏抽车)!车三进一,炮 7 平 2! 炮九平八,车 8 退 7,车三退五,车 8 平 3,车三平一,后车平 6! 马七进六,车 6 进 3,黑胜定。

32. ……　　　炮 1 平 7　　　**33.** 相五进三　……

飞相解杀,无奈之着。红如改走车一平三,黑则炮 7 平 3! 车七进一,炮 3 进 6,下一步伏有车 3 平 5、车 8 退 1 双重杀着,黑胜定。

33. ……　　　炮 7 平 2

黑应改走炮 7 平 3,车七进一,炮 3 进 6,以下红有三种应着:

(1)车七平八,炮 3 平 5! 仕五进六(红如相三退五,则车 3 平 5! 帅五进一,车 8 退 1,绝杀,黑胜),车 8 退 1! 车一退四,车 8 平 5,绝杀,黑胜。

(2)炮六进二,车 3 平 5! 帅五进一,车 8 退 1,绝杀,黑胜。

(3)仕五进六,炮 9 平 6! 炮六平四,车 3 进 1,帅五进一,车 8 平 6,黑亦胜定。

34. 马七进八　车 3 平 2　　　**35.** 马八退六　车 2 平 4

36. 马六退八　车 4 平 1　　　**37.** 炮六进二　炮 2 平 6

黑也可改走车 1 平 2 捉马,红如接走车七退四(红如马八进七,则炮 9 平 6,仕五退四,车 2 平 6,炮九退二,炮 2 进 8! 黑胜定),则马 3 进 4,黑大优。

38. 车七进一　炮 9 平 6　　　**39.** 仕五退四　车 1 平 6

40. 炮六退二　炮 6 进 8　　　**41.** 车一平二　车 8 退 4

42. 炮六平四　车 8 进 4　　　**43.** 炮九退二　车 6 平 2

红认负。

第 111 局　中国香港朱仲谦(红先负)越南赖理兄

(2008 年 11 月 23 日弈于新加坡)

本局选自 2008 年"怡和轩杯"第 15 届亚洲象棋锦标赛第 5 轮。

1. 炮二平五　马 8 进 7　　　**2.** 马二进三　车 9 平 8

3. 车一平二　马 2 进 3　　　**4.** 兵七进一　卒 7 进 1

5. 车二进六　炮 8 平 9　　　**6.** 车二平三　炮 9 退 1

7. 马八进七　车 1 进 1　　　**8.** 炮八平九　车 1 平 6

9. 车三退一　炮 2 平 1　　　**10.** 车三平八　车 8 进 6

11. 炮五平六(图 111 - 1) ……

如图 111 - 1 形势,红现卸中炮调整阵形,未打先逃,易受对方攻击。

11. ……　　　　　车 8 平 7

12. 相七进五　马 7 进 6

13. 车八进二　车 6 进 1

14. 马七进八　马 6 进 8

15. 马八进九　炮 9 平 7

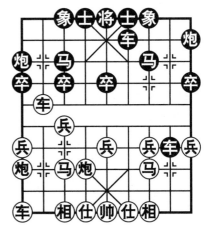

图 111 - 1

黑也可改走炮 9 平 1,红如接走车八平七,则车 6 平 3,马九进七,前炮进 5,马三退一,车 7 平 9,车九进一,车 9 平 5,黑优。

16. 车八平七　车 6 进 6!

黑如改走车 6 平 3,红则马九进七,炮 7 进 6,炮六平三,马 8 进 7,炮九进五,象 3 进 1,两难进取。

17. 仕四进五　马 8 进 7　　　**18.** 炮六平三　炮 7 进 6

19. 炮九退一　车 6 退 4　　　**20.** 炮九进一　炮 7 进 1

21. 炮九退一　炮 7 平 1

红方形势落后,逼黑方兑炮。

22. 车九进一　车 6 进 4!

车点要穴叫杀,妙手!

23. 相三进一　车 7 平 5　　　**24.** 车九进一　象 7 进 5!

飞象阻止红车右移,好棋! 至此,红方阵形散乱,黑方阵形工整,双方优劣不辩自明。

25. 车七退一? ……

退车劣着。红应改走兵九进一,防止黑炮打兵。

25. ……　　　　　炮 1 进 4　　　**26.** 车七平六　……

红如改走仕五退四,黑则车 5 平 6,仕六进五,炮 1 平 5,帅五平六,炮 5 进 2!黑胜定。

26. ……　　　　　车 5 平 8　　　**27.** 相一退三　车 8 进 3

28. 仕五退四　炮 1 平 5　　　**29.** 仕六进五　车 6 平 5!

30. 帅五平六　车 5 进 1

连将杀,红认负。以下续着是:帅六进一,车 8 退 1,仕四进五,车 8 平 5,帅六进一,前车平 4,黑胜。

第112局　上海棋院谢靖(红先胜)
上海棋院孙勇征

(2005 年 5 月 6 日弈于上海)

本局选自 2005 年"城大建材杯"全国象棋大师冠军赛第 5 轮。

1. 炮二平五	马 8 进 7	**2.** 马二进三	车 9 平 8
3. 车一平二	马 2 进 3	**4.** 兵七进一	卒 7 进 1
5. 车二进六	炮 8 平 9	**6.** 车二平三	炮 9 退 1
7. 马八进七	车 1 进 1	**8.** 炮八平九	车 1 平 6
9. 车三退一	炮 2 平 1	**10.** 车三平八	车 8 进 6
11. 兵三进一	车 8 平 7	**12.** 炮五退一	车 6 进 7

13. 兵七进一(图 112 - 1) ……

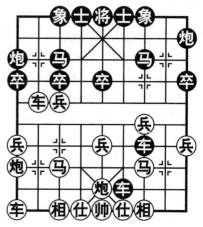

如图 112 - 1 形势,红方冲七兵较为新颖,可能是师弟谢靖想试试师兄孙勇征的应变能力吧。

13. ……　　炮 9 平 7?

黑平炮瞄兵不妥。黑应改走卒 3 进 1,车八平七,马 3 退 1,车九平八,炮 1 平 3,车八进八,士 6 进 5,车八退七,象 7 进 5,黑反先。

14. 相三进一　马 7 进 6?

跳马软着。黑应改走炮 7 平 8,以下红有三种应法:

(1)兵七进一,车 7 进 1! 车八平二,车 7 平 9! 炮九平一,马 7 进 8,兵七进一,马 8 进 9,炮五平九,车 6 退 1,黑得子胜定。

(2)相一退三,卒 3 进 1,车八平七,马 3 退 1,炮五平九,车 6 平 3,黑优。

(3)炮五平八,卒 3 进 1,炮八进二(红如车八进二捉马,黑则卒 3 进 1,车八平七,车 6 平 2,车七平三,车 2 退 1,马七退五,炮 1 平 5,黑弃子有攻势),车 7 进 1,炮九平三,马 3 进 2,炮三进五,卒 3 进 1,黑优。

15. 兵七进一　马 6 进 8　　**16.** 炮五平八! ……

图 112 - 1

九　八　七　六　五　四　三　二　一

卸窝心炮,攻守兼备,佳着!

16.…… 　　马 8 进 7　　**17.**仕四进五　……

红也可改走仕六进五,黑如接走车 6 退 3,则炮八进二,炮 1 进 4,炮九平三,车 7 进 1,马七进九,红优。

17.…… 　　车 6 退 6　　**18.**炮八进二　　车 7 平 5

弃车吃兵,无奈之着。黑如改走车 6 平 8,红则炮八平三,车 8 进 7,相一退三,炮 7 进 5,炮九平三,车 8 平 7,仕五退四,车 7 退 2,马七退五!红优。

19.马七进五　　炮 1 进 4　　**20.**马五退三!　……

退马吃马,机警。红如逃车,则黑可炮打中马,红反而麻烦。

20.…… 　　炮 1 进 3　　**21.**炮九平五　　象 7 进 5

黑如改走马 3 退 5,红则车八平三,也是红优。

22.马三进五　　马 3 退 1　　**23.**炮五进四　　士 6 进 5

24.车八平二　……

红平车攻黑空门,形成左右夹攻之势。

24.…… 　　炮 7 平 6　　**25.**马五进七

黑四面楚歌,停钟认负。